WITHDRAWN
HARVARD LIBRARY
WITHDRAWN

KLAUS KRÜGER

DER GOTTESBEGRIFF DER
SPEKULATIVEN THEOLOGIE

DER GOTTESBEGRIFF DER SPEKULATIVEN THEOLOGIE

VON

KLAUS KRÜGER

VERLAG WALTER DE GRUYTER & CO.
BERLIN 1970

THEOLOGISCHE BIBLIOTHEK TÖPELMANN
HERAUSGEGEBEN VON
K. ALAND, K. G. KUHN, C. H. RATSCHOW UND E. SCHLINK
19. BAND

© 1970 by Walter de Gruyter & Co., Berlin 30 (Printed in Germany)
Alle Rechte, insbesondere das der Übersetzung in fremde Sprachen, vorbehalten. Ohne ausdrückliche Genehmigung des Verlages ist es auch nicht gestattet, dieses Buch oder Teile daraus auf photomechanischem Wege (Photokopie, Mikrokopie) zu vervielfältigen.
Archiv-Nr. 3901703/19
Satz und Druck: Franz Spiller, Berlin 36

INHALTSVERZEICHNIS

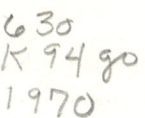

	Seite
Einleitung	1
I. Die Biographien Daubs und Marheinekes als Beitrag zur Erhellung des geistesgeschichtlichen Horizonts	10
a) Die Biographie Daubs	10
b) Die Biographie Marheinekes	14
II. Die spekulative Theologie und die Philosophie und Theologie ihrer Zeit	19
a) Die Auseinandersetzung mit dem Rationalismus und Supranaturalismus	19
1. Der Kampf gegen Rationalismus und Supranaturalismus in der Schellingschen Periode	20
2. Der Kampf gegen Rationalismus und Supranaturalismus in der Hegelschen Periode	22
b) Der Einfluß der spekulativen Philosophie auf die spekulative Theologie	26
1. Der Einfluß Schellings auf die spekulative Theologie	27
2. Der Einfluß Hegels auf die spekulative Theologie	30
c) Schleiermacher, De Wette und die spekulative Theologie	35
1. Schleiermacher und die spekulative Theologie	35
2. De Wette und die spekulative Theologie	39
III. Die Theologie als Wissenschaft	41
a) Der Wissenschaftsbegriff der spekulativen Theologie	41
1. Der Wissenschaftsbegriff Schellings nach den „Vorlesungen über die Methode des akademischen Studiums"	41
2. Der Wissenschaftsbegriff der spekulativen Theologie in der Schellingschen Periode	41
3. Der Wandel des spekulativen Wissenschaftsbegriffs in Daubs Aufsatz „Über das theologische Element in den Wissenschaften"	45
4. Der spekulative Wissenschaftsbegriff in der Hegelschen Periode	46

	b) Der Wissenschaftscharakter der Dogmatik	49
	1. Der Wissenschaftscharakter der Dogmatik auf Schellingschem Standpunkt	49
	2. Der Wissenschaftscharakter der Dogmatik auf Hegelschem Standpunkt	57
	3. Die Einteilung der spekulativen Dogmatik	64
	c) Die Religion als Gegenstand und Inhalt der spekulativen Dogmatik	65
	1. Der Religionsbegriff der Kantischen Periode	65
	2. Die Religion auf Schellingschem Standpunkt	66
	3. Die Religion auf Hegelschem Standpunkt	74
	d) Die Bedeutung der Philosophie für die spekulative Theologie	79
	e) Die Wissenschaftlichkeit der Theologie in der Spätphase der spekulativen Theologie (Vatke und Biedermann) . . .	84
IV.	*Das Problem der spekulativen Gotteserkenntnis*	87
V.	*Die Lehre von Gott dem Vater*	96
	a) Das Wesen Gottes	97
	1. Die Lehre vom Wesen Gottes in der Schellingschen Periode	97
	2. Die Lehre vom Wesen Gottes in der Hegelschen Periode	101
	b) Das Dasein Gottes (Die Gottesbeweise und deren Kritik)	107
	c) Die Eigenschaften Gottes	110
	1. Die Eigenschaftslehre in der Schellingschen Periode	110
	2. Die Eigenschaftslehre in der Hegelschen Periode	114
	α) Das Wesen der göttlichen Eigenschaften	114
	β) Daubs Methode der Entwicklung und Darstellung der göttlichen Eigenschaften	117
	γ) Vergleich der Eigenschaftslehren Daubs und Marheinekes	122
VI.	*Die Lehre von Gott dem Sohn*	124
	a) Die Lehre von Gott dem Sohn auf Schellingschem Standpunkt	124
	b) Die Lehre von Gott dem Sohn auf Hegelschem Standpunkt	127

VII. *Die Trinitätslehre* 131
    a) Die Trinitätslehre in der Schellingschen Periode 132
    b) Die Trinitätslehre in der Hegelschen Periode 137

Zusammenfassende Beurteilung 143

Anhang: Die spekulative Theologie im Urteil der Geschichte 158

Literaturverzeichnis 171

Register 180

EINLEITUNG

Das verschwommene Begriffsbild der spekulativen Theologie verlangt nach einer vorgängigen klaren Einfassung und Konturierung. Die folgende Untersuchung verwendet das Etikett „spekulative Theologie" als Sammelbegriff für die theologischen Systeme Karl D a u b s, des eigentlichen Initiators und Vaters der spek. Theologie, und seines Schülers und Freundes Philipp Konrad M a r h e i n e k e. Der spek. Theologie nahestehende Theologen wie F. H. C. S c h w a r z und die „spekulativen Epigonen" W. V a t k e und E. A. B i e d e r m a n n werden darum nur gestreift und selten zu Rate gezogen. H. Stephan hat recht, wenn er sagt: „In Reinkultur wurde sie (die spekulative Theologie) nur durch Daub und Marheineke bedeutend vertreten"[1].

Die spek. Theologie erhielt ihren Namen von der spek. Philosophie Schellings und Hegels; an ihr fanden Daub und Marheineke das philosophische Fundament ihres theologischen Denkens. Am Gerüst der Schellingschen und Hegelschen Philosophie zogen sie das Gebäude ihres theologischen Systems nach oben. Die spek. Theologie entwickelte sich so gleichsam im Fludium und im Horizont der spekulativ-idealistischen Philosophie.

Von einer spek. Theologie kann darum erst in dem Augenblick die Rede sein, in dem Daub und Marheineke sich anschicken, die christliche Dogmatik mit dem Sauerteig idealistischer Philosopheme zu durchsäuern und ihr den Mantel spekulativ-philosophischer Terminologie umzulegen. Negativ bedeutet diese Präzisierung des Begriffs der spekulativen Theologie für unsere Darstellung das bewußte Aussparen der sogenannten Kantischen Periode Daubs, in der dieser im Schlepptau der kritischen Philosophie Kants seine ersten theologischen Gehversuche unternimmt. Der „Kantianer" Daub kann den spek. Theologen noch nicht zugesellt werden, obwohl schon in dieser Periode, wie unten an einem Beispiel gezeigt werden soll, Gedanken der späteren eigentlich spek. Theologie begegnen.

Die große Intensität, mit der sich Daub und Marheineke der spek. Philosophie hingaben, hatte nun allerdings zur Folge, daß mit der Götterdämmerung der idealistischen Philosophie etwa seit der Mitte des vorigen

---

[1] Geschichte der deutschen evangelischen Theologie seit dem Deutschen Idealismus, 2. neubearbeitete Auflage von M. Schmidt, Berlin 1960, S. 75.

Jahrhunderts auch die spek. Theologie in wachsendem Maße in Mißkredit geriet und schließlich in deren Absturz und Zusammenbruch hineingezogen wurde. Wollen wir darum dem bekannten Wort D. F. Strauß', daß die wahre Kritik eines Dogmas seine Geschichte sei[2], Glauben schenken, so hat diese auch der spekulativen Theologie das Urteil gesprochen: D i e s p e k u l a t i v e T h e o l o g i e i s t a l s S y s t e m h e u t e w e i t g e h e n d t o t. Sie hat — wohlgemerkt als S y s t e m ! — nicht die Kraft besessen, sich an die theologischen Ufer des 20. Jahrhunderts hinüberzuretten und bietet der Theologie unserer Tage — sehen wir von einigen unterschwellig fortwirkenden Motiven und Tendenzen ab — im großen ganzen kaum noch Ansatz- und Anknüpfungspunkte dar.

E. Pfeiffer hat in seiner Arbeit über Daub[3] sehr gut herausgearbeitet, wie dessen theologischer Einfluß seit etwa 1850 mehr und mehr erlischt, da er nicht einmal mehr gelesen wird[4]. Pfeiffer weist mit Recht darauf hin, daß der Name Daub in der theologischen Literatur des 20. Jahrhunderts kaum noch erwähnt wird. „Nur wenige Monographien haben seine Gestalt und sein System bearbeitet"[5]. Von dem D o g m a t i k e r Marheineke läßt sich aufs Ganze gesehen Ähnliches sagen, wenn im Vergleich zu Daub auch mit gewissen Einschränkungen[6].

Diesem Sachverhalt entspricht, daß sich seit dem 1. Weltkrieg die erwähnte Arbeit Pfeiffers über Daub und die E. Ihles über Marheineke[7] als einzige, entgegen dem allgemeinen Trend, gründlich und ausführlich mit der spek. Theologie auseinandersetzen. Zu ihnen gesellte sich in neuester Zeit ein Artikel F. Wagners mit dem Titel „Der Gedanke der Persönlichkeit Gottes bei Ph. Marheineke. Repristination eines vorkritischen Theismus"[8].

---

[2] D. F. Strauß, Die christliche Glaubenslehre, 1. Band, Tübingen—Stuttgart 1840, S. 71.
[3] Karl Daub und die Krisis der spekulativen Theologie, Leipzig 1943. — Pfeiffer beginnt seine Arbeit mit dem Satz: „Karl D a u b ist eine in der Theologie heute fast vergessene Größe" (S. 7). — Pfeiffer veröffentlichte außerdem 1936 in der Zeitschrift für Theologie und Kirche einen kleinen Aufsatz mit dem Titel „Zur Erinnerung an Karl Daub".
[4] Pfeiffer, Karl Daub, S. 13.
[5] ebd. S. 7.
[6] vgl. dazu im Anhang: Die spekulative Theologie im Urteil der Geschichte.
[7] Philipp Konrad Marheineke. Der Einfluß der Philosophie auf sein theologisches System, Leipzig 1938.
[8] Neue Zeitschrift für systematische Theologie und Religionsphilosophie, 10. Band 1968, Heft 1, S. 44—88.

Pfeiffer geht es in seiner Arbeit zunächst um die Würdigung der theologiegeschichtlichen Bedeutung Daubs, dann aber vor allem auch um die Klärung des Periodenproblems, d. h. um die zeitliche Abgrenzung der sog. Kantischen, Schellingschen und Hegelschen Periode Daubs und die damit zusammenhängende Periodisierung seiner Schriften[9].

Der Verfasser stellt die Frage, ob der Anschluß an die philosophische Spekulation zum Ziel führt und führen kann und verneint sie. Nach Pfeiffer muß die spek. Methode auf die Dauer scheitern, weil sie sich des Empirisch-Geschichtlichen nicht bemächtigen kann[10]. Da die Spekulation letztlich auf der Zeitlosigkeit des Begriffs basiere, habe sie kein Verhältnis zur Geschichte. So kämen bei Daub alle in die geschichtliche Wirklichkeit weisenden Teile zu kurz[11].

Wie Rosenkranz[12] nennt auch Pfeiffer den Vorwurf, Daub sei der „Talleyrand der deutschen Philosophie", ein großes geschichtliches Unrecht, da der Wechsel denkerischer Überzeugung ein „Allgemeinsymptom" des deutschen Idealismus gewesen sei[13]. Die spek. Theologie stelle daher auch nicht „den Urtypus charakterloser Selbstvergessenheit evangelischer Theologie dar". Es handele sich vielmehr bei ihr „um den in deutscher Wissenschaftsentwicklung wohl einmaligen, gewaltigen Versuch, die christlichen Glaubenswahrheiten durch Bindung an einen sich bewußt christlich wissenden Philosophietypus ... zu begründen. Es war Ziel dieser Theologie, die Objektivität und Universalität des christlichen Glaubens philosophisch zu sichern. Dieser Versuch ist gescheitert" und „kann auch nicht erneuert werden"[14].

Trotz unterschiedlicher Frage- und Aufgabenstellung gelangt Ihle in der Beurteilung M a r h e i n e k e s zu einem ähnlichen Ergebnis. Die Verfasserin sieht die Theologie Marheinekes in dem größeren Rahmen des Einflusses der Philosophie auf die Theologie überhaupt. Sie hat sich deshalb die Aufgabe gestellt, diesen Einfluß an dem konkreten Beispiel der Einwirkung der idealistischen Philosophie auf das theologische System Marheinekes darzustellen. Die Verfasserin versteht infolgedessen ihre Untersuchung als einen Beitrag zur Auseinandersetzung zwischen Idealismus und Christentum.

---

[9] vgl. dazu unten die Biographie Daubs.
[10] Karl Daub, S. 171.
[11] ebd. S. 178.
[12] Erinnerungen an Karl Daub, Berlin 1837, S. 3.
[13] Pfeiffer, Karl Daub, S. 169.
[14] ebd. S. 182.

Für Ihle war Marheineke ein dogmatisierender Philosoph und ein philosophierender Dogmatiker[15]. Trotzdem bezeuge seine Anteilnahme an den wechselnden Zeitströmungen kein schwächliches Anlehnungsbedürfnis und keine Unselbständigkeit, sondern sei die Konsequenz seines Anliegens, den Wahrheits- und Absolutheitscharakter des Christentums den philosophisch gebildeten Zeitgenossen nahezubringen. Dieses Ziel habe Marheineke allerdings nicht erreicht, da er sowohl die Philosophie als auch die Theologie vergewaltige[16]. Außerdem zeige er sich hilflos gegenüber den radikalen Konsequenzen der Bibelkritik (Strauß, Bruno Bauer), da es bei ihm an einer historisch-kritischen Auseinandersetzung fehle[17].

„Marheinekes Wirken zeigt uns beispielhaft die Auseinandersetzung der Theologie mit der geistigen, der wissenschaftlichen, der philosophischen Lage einer Zeit, die Vergegenwärtigung des Christentums in einer bestimmten Situation"[18].

Anders als Ihle geht es F. Wagner in seiner Arbeit über M a r h e i n e k e nicht um dessen Theologie an sich und deren theologische Würdigung und Beurteilung, sondern nur um die Position Marheinekes innerhalb der sog. Hegelschule, insofern dieser als Vertreter eines sog. Rechtshegelianismus gilt. Von der Tatsache ausgehend, daß sich nach Hegels Tod der Streit um sein Erbe „auf die Fragen nach der Unsterblichkeit der Seele und der Persönlichkeit Gottes konzentrierte"[19], versteht Wagner seine Arbeit als einen Beitrag zur Erhellung der über die Frage nach der Persönlichkeit Gottes innerhalb der Hegelschule geführten Auseinandersetzungen und — damit verbunden — als Vergleich zwischen der Philosophie Hegels und den Positionen seiner Schüler.

Zu diesem Zweck werden die im wesentlichen in den „Grundlehren der christlichen Dogmatik als Wissenschaft" (1827) niedergelegte Wissenschaftslehre (die Prolegomena) Marheinekes, seine, wie Wagner sie nennt, Gottes-, Selbstoffenbarungs- und Trinitätslehre (bei Marheineke die Lehre von Gott dem Vater, dem Sohn und dem Geist) von Wagner ausführlich dargestellt und jeweils im Anschluß daran Zug um Zug kritisiert. Maßstab seiner Kritik ist die Hegelsche Dialektik und Spekulation, deren methodische Grundlage formuliert Wagner in dem Satz: „Marheineke

---

[15] Ihle, S. 119.
[16] ebd. S. 120.
[17] ebd. S. 121.
[18] ebd. S. 122/123.
[19] F. Wagner, Der Gedanke der Persönlichkeit Gottes bei Ph. Marheineke, S. 44.

kann nur danach beurteilt werden, was er de facto gedacht und dargestellt hat, nicht aber danach, was er zu denken und zu leisten vorgibt"[20].

Im großen ganzen läßt sich Wagners Beurteilung und Kritik der Theologie Marheinekes etwa folgendermaßen zusammenfassen: Marheineke stellt zwar für das spekulative Begreifen der religiösen Inhalte durchaus richtige Forderungen auf, wird diesen aber in seiner eigenen Darstellung nicht gerecht. „Der Gebrauch Hegelscher Termini erfolgt bei Marheineke ohne Ernst und bleibt insofern Spielerei"[21]. Da in Marheinekes Denken der Aufhebung das Moment der Negation fehle, würden Glauben und Wissen, Vernunft und Offenbarung, Religion und Wissenschaft ohne Negation in eine rein äußerliche Einheit übergeführt[22]. Indem Marheineke das negativ-dialektische Denken entgegen seiner Versicherung vom spekulativen Denken ausschließe, würde dieses zu einer bloßen Behauptung und verkehre sich in einen sterilen Dogmatismus[23]. Wagner charakterisiert Marheinekes Denken daher als „ein unkritisch-pseudometaphysisches Vorstellungsdenken"[24]. Infolgedessen etabliere Marheineke „eine unkritische und restaurative... theologische Spekulation"[25], mit der er noch hinter Kant zurückfalle. „Marheineke treibt der Verwendung Hegelscher Termini zum Trotz unkritische, d. h. vorkantische Metaphysik"[26].

Wagner sieht aus diesem Grund in Marheineke ein warnendes Beispiel dafür, Denkbestimmungen aus Hegels Philosophie bloß äußerlich aufzugreifen, ohne sie auf dem Hegel entsprechenden Niveau zu denken. Aus dieser Sicht reduziert sich für Wagner die Abhängigkeit Marheinekes von Hegel auf die rein äußerliche Übernahme Hegelscher Begriffe. Marheineke könne daher auch nicht als Schüler Hegels bezeichnet werden[27]. Ein wenig pathetisch stellt Wagner fest: Das „Hegelianer"-Sein Marheinekes sei eine theologie-historische Legende[28]. Darum sieht auch er, wie Barth, in Marheineke „eine tragische Gestalt, weil er dem Begriff

---

[20] ebd. S. 83/84.
[21] ebd. S. 67.
[22] ebd. S. 54/55.
[23] ebd. S. 71.
[24] ebd. S. 65.
[25] ebd. S. 87.
[26] ebd. S. 57.
[27] ebd. S. 86.
[28] ebd. S. 83.

der Darstellung seiner Dogmatik nach gar nicht die Position vertritt, um derentwillen er in der Theologiehistorie als ‚philosophischer Gnostiker' disqualifiziert wird"[29]. Es wird zu prüfen sein, inwieweit Wagners Sicht der Theologie Marheinekes und seine Kritik an ihr gerechtfertigt sind.

Leider — und das darf hier vielleicht kritisch angemerkt werden[30] — geht Wagner nun der eigentlich zu erwartenden Auseinandersetzung mit Ihle aus dem Weg. Denn ohne so etwas wie kanonische Autorität zu besitzen, sind doch die Arbeiten Pfeiffers und Ihles für das heutige Verständnis der Theologie Daubs und Marheinekes von grundlegender Bedeutung. Eine Auseinandersetzung und Beschäftigung mit der spek. Theo-

---

[29] ebd. S. 88.
[30] In diesem Zusammenhang sei noch auf einige andere offenkundige Schwächen der Wagnerschen Arbeit hingewiesen. Es bleibt unverständlich, wieso Wagner ausgerechnet die Theologie Marheinekes vom Begriff der Persönlichkeit Gottes her angeht, der doch, wie Wagner selbst erkennen läßt, bei Marheineke eine völlig untergeordnete Rolle spielt. Seine Arbeit zeigt dann insofern auch selbst die Berechtigung dieses Einwandes, als in ihr von der Persönlichkeit Gottes nur sehr wenig die Rede ist. — Des weiteren wird die von Marheineke konzipierte Einheit der von Wagner so genannten Gottes-, Selbstoffenbarungs- und Trinitätslehre verkannt oder doch zumindest nicht ausreichend berücksichtigt, wenn diese jeweils einer gesonderten Betrachtung und Beurteilung unterworfen werden. Diese wollen nur als Ganzes gesehen, verstanden und beurteilt werden. — Und schließlich sieht Wagner Marheineke zu wenig als christlichen Theologen, zumal dann, wenn er seine Theologie mit der Elle der Hegelschen Philosophie mißt. Soll die Theologie Marheinekes nicht von vornherein in ein falsches Licht geraten, so gibt es für ihr Verständnis, für ihre Beurteilung und Kritik nur einen gültigen Maßstab, nämlich den an der Schrift und dem Wort Gottes orientierten christlichen Glauben. Hegels Philosophie oder besser: dessen Methode war für Marheineke immer nur Mittel zum Zweck. Marheineke hat sich zwar als Hegelschüler verstanden, erstrebte aber doch keine Religionsphilosophie nach Hegelschem Muster oder gar eine Hegelsche Theologie. Sein Ziel war die Darstellung einer c h r i s t l i c h e n D o g m a t i k unter Verwendung bestimmter spekulativer Elemente (dazu s. u.). — Außerdem leidet Wagners Arbeit insofern an einer gewissen Einseitigkeit, als sie sich nahezu ausschließlich auf Marheinekes „Grundlehren der christlichen Dogmatik als Wissenschaft" stützt, sein „System der christlichen Dogmatik" (1847) hingegen ganz und die „Einleitung in die öffentlichen Vorlesungen über die Bedeutung der Hegelschen Philosophie für die christliche Theologie" (1842) und deren Schluß („Zur Kritik der Schellingschen Offenbarungsphilosophie", 1843) fast völlig unberücksichtigt läßt.

logie kann an ihnen nicht vorübergehen. Wir verwerten daher die Ergebnisse ihrer Untersuchungen — vor allem hinsichtlich der Periodisierung der Schriften Daubs und Marheinekes — als eine Art Fundament, auf dem am Verständnis der spek. Theologie weitergebaut werden kann.

Die folgende Darstellung weiß sich mit Pfeiffer und Ihle, obwohl beide das nicht ausdrücklich formulieren, in der letzten Zielsetzung einig, die spek. Theologie aus der Tiefe des Vergessens heraufzuholen und dem theologischen Denken und Bewußtsein unserer Zeit zurückzugewinnen. Denn sicherlich wäre es ein theologisches und geschichtliches Unrecht, die spek. Theologie im Sande des theologischen Unterbewußtseins versickern zu lassen, darf doch auch sie wie jedes zu seiner Zeit neue und große theologische und philosophische System den berechtigten Anspruch erheben, in der Erinnerung der Nachwelt aufbewahrt und den nachfolgenden Generationen weitervermittelt zu werden — und sei es nur, um an ihrer N e g a t i o n die eigene theologische P o s i t i o n zu erhellen und zu vertiefen. Die spek. Theologie hat e i n e — und zwar völlig n e u e — Möglichkeit des Theologisierens aufgewiesen, eine Möglichkeit zwar, die sich als System nicht mehr im Raum unserer theologischen Möglichkeiten bewegt, aber als ehemals möglicher Denkansatz es eben doch verdient, dem theologischen Denken stets gegenwärtig zu bleiben.

Die vorliegende Arbeit verfolgt daher zunächst das sehr allgemeine Ziel, die spek. Theologie dem Dunkel der Vergessenheit zu entreißen und im Licht unseres heutigen theologischen Wissens erscheinen zu lassen. Anders jedoch als Pfeiffer, dessen Interesse sich im Rahmen einer Gesamtschau der Daubschen Theologie nahezu ausschließlich auf Daub und dessen theologiegeschichtliche Bedeutung konzentriert, und auch anders als Ihle, der es an Hand einer Gesamtdarstellung der Theologie Marheinekes — die dann, wie bei Pfeiffer, das Zentrum und den Wesenskern der spek. Theologie nicht immer scharf genug heraustreten läßt — vornehmlich um den Einfluß der idealistischen Philosophie auf Marheinekes theologisches Denken geht, richtet sich unser Blick auf die Eigenart der spek. Theologie schlechthin. Die folgende Arbeit bietet daher keine umfassende und abgerundete Einzeldarstellung der theologischen Systeme Daubs und Marheinekes, sondern stellt statt dessen beide nebeneinander, schließt sie gleichsam in einer systematischen Klammer zusammen und greift aus beiden Systemen einen einzelnen dogmatischen locus, die Gottes- bzw. Trinitätslehre, heraus, um an ihm das Charakteristische und Eigentümliche des spekulativ-theologischen Denkens und seiner Ausprägung im theologischen System aufzuzeigen. Nur so ist es nach unserer Überzeugung möglich, dem eigentlichen Wesen und Charakter der spek. Theologie auf die Spur zu kommen.

Diese Zielsetzung macht es erforderlich, die die spek. Theologie tragenden „Säulen": den W i s s e n s c h a f t s b e g r i f f (das Wissenschaftspathos) auf der einen, den G o t t e s b e g r i f f oder besser: die T r i n i t ä t s l e h r e auf der anderen Seite, scharf herauszuarbeiten, sie gleichsam aus dem übrigen theologisch-philosophischen Felsgestein herauszuschlagen und als d i e Eckpfeiler dieser Theologie verständlich zu machen. Der Wissenschaftsbegriff ist ohne den Gottesbegriff leer und blind, dieser ohne jenen grund- und bodenlos.

Der Gottesbegriff der spek. Theologie umfaßt keineswegs die spek. Gotteslehre insgesamt. Diese ihrem ganzen Umfang nach darstellen zu wollen, hieße letztlich, der spek. Dogmatik von Anfang bis Ende nachzugehen. Wir beschränken uns aus diesem Grunde auf die Trinitätslehre, oder genauer: auf die sog. o p e r a t r i n i t a t i s a d i n t r a und begreifen diese opera, in denen die spek. Theologie zu sich selbst kommt und zu ihrem Kern vorstößt, als den eigentlich spek. Gottesbegriff, an dem die übrigen dogmatischen loci und Artikel aufgehängt sind. —

Ausführliche Darstellung, Herausarbeitung und Interpretation des spekulativ-theologischen Wissenschaftsbegriffs und der spek. Trinitätslehre als Einfallstor in den innersten Bezirk der spek. Theologie, d. h. als Leitfaden zur Charakterisierung ihres Wesens ist die eine Aufgabe der folgenden Untersuchung. Daraus ergibt sich nun sogleich ein weiteres Problem. Kann diese Aufgabe, wie schon angedeutet, nur durch eine Zusammenstellung und Zusammenfassung der sich naturgemäß keineswegs deckenden theologischen Systeme Daubs u n d Marheinekes geleistet werden, so gilt es, in jedem Einzelabschnitt deren theologische Positionen jeweils miteinander zu vergleichen und gegeneinander abzugrenzen, sie auf ihre Gemeinsamkeiten bzw. Unterschiede hin abzuklopfen und abzuhorchen, um mittels dieser Untersuchung die schwierige und bis heute ungelöste Frage des Abhängigkeitsverhältnisses zwischen Daub und Marheineke einer Lösung näherzubringen.

Schließlich fordert auch die „Wende" von der Philosophie Schellings zu der Hegels hinsichtlich der philosophischen Grundlagen im theologischen Denken Daubs und Marheinekes zu einem Vergleich heraus. Die Ablösung der Schellingschen durch die Hegelsche Periode im Gesamtrahmen der spek. Theologie stellt vor das Problem, inwieweit Gedanken, Vorstellungen, Begriffe, Kategorien usw. der Schellingschen Periode in der Hegelschen aufgenommen und durchgehalten werden, bzw. ob und wieweit diese eine Modifizierung und Umbiegung erfahren. Auf diesem Hintergrund erwächst auch die Frage, ob die Hegelsche Periode gegenüber der Schellingschen ein theologischer Fortschritt oder ein Rückfall war, bzw. ob nicht gar die Hegelsche Periode überhaupt in der Entwicklung der spek. Theologie einen radikalen Bruch und damit etwas völlig Neues darstellt. Fragen dieser Art sollen an Hand der Erörterung und Erhellung des spek. Gottesbegriffs eine Antwort finden.

Die der vorliegenden Untersuchung gestellte Aufgabe läßt sich demnach im wesentlichen in vier Punkten zusammenfassen:

1. Herausarbeitung und Interpretation des Wissenschaftsbegriffs und der Trinitätslehre der spek. Theologie.
2. Vergleich der theologischen Positionen Daubs und Marheinekes zur Lösung der Frage ihres wechselseitigen Abhängigkeitsverhältnisses.
3. Klärung des Verhältnisses der Schellingschen zur Hegelschen Periode und Beantwortung der sich mit dem Übergang von der Schellingschen zur Hegelschen Periode stellenden Fragen.
4. Herausstellung der Eigenart der spek. Theologie und Charakterisierung ihres Wesens. —

Der Aufbau der spek. Dogmatik läßt eines ihrer wesentlichen Merkmale, den zwingenden Charakter und konsequenten Monismus des spek. Denkens, sichtbar werden. Darum folgt die Darstellung des spek. Wissenschafts- und Gottesbegriffs, soweit möglich, dem Gang der spek. Dogmatik selbst. Vorausgeschickt wird dieser eine kurze geistesgeschichtlich orientierende Skizze der Biographien Daubs und Marheinekes zur vorläufigen Markierung und Erhellung des Horizonts, innerhalb dessen die spek. Theologen sich bewegen, und als deren systematische Ausweitung und Vertiefung ein zusammenfassender Überblick über die Beziehungen der spek. Theologie zur Philosophie und Theologie ihrer Zeit.

I. Die Biographien Daubs und Marheinekes
als Beitrag zur Erhellung des geistes-
geschichtlichen Horizontes

a) Die Biographie Daubs

Karl Daub wurde am 20. März 1765 zu Kassel in ärmlichen Verhältnissen geboren. Schon während seiner Gymnasialzeit auf dem Carolinum in Kassel soll, wie Eberlin berichtet[1], die Lektüre der platonischen Schriften seine Neigung zum Philosophieren geweckt haben. Seit 1786 studierte er Philologie, Philosophie, Geschichte und Theologie in Marburg, wo er im Hause des dortigen Philosophen Tiedemann Aufnahme und Förderung gefunden hatte. Wegen ausgezeichneter Leistungen durfte er schon nach drei- statt fünfjährigem Studium 1789 das theologische Examen ablegen, promovierte 1790 zum Doktor der Philosophie und wirkte seit 1791 als Stipendiatenmajor und Dozent in Marburg. Er trat hier mit Nachdruck für die kritische Philosophie Kants ein[2], was der Landesregierung von Hessen-Kassel gefährlich erschien[3]. Sie versetzte ihn daraufhin im Jahre 1794 gegen seinen Willen als Professor der Philosophie an die hohe Landesschule zu Hanau. In dieser von ihm wenig geliebten Stellung blieb er jedoch nicht lange. Auf Empfehlung eines Bruders des in Heidelberg wirkenden Kirchenrates Mieg veranlaßte dieser 1795 Daubs Berufung an die dortige Universität zum ordentlichen Professor der Theologie[4]. Hier hat er von 1796 an ohne Unterbrechung bis zu seinem Tode gelebt und gewirkt.

---

[1] Eberlin, Nekrolog des Geh. Kirchenrats und Professors der Theologie D. Karl Daub zu Heidelberg, Allgemeine Kirchenzeitung Nr. 25, 1837, Sp. 201.

[2] „Daub hatte schon als Docent den Kantianismus selbständig erfaßt und auf die Theologie angewendet" (Eberlin, Sp. 202).

[3] Pfeiffer vermutet wegen der Metaphysikfeindlichkeit dieser Philosophie (Karl Daub, S. 16).

[4] Nach Eberlin (Nekrolog, Sp. 202) hat zu dieser Berufung auch Daubs Abhandlung „Über Lebensgenuß" (1793) in dem von Schmidt und Snell herausgegebenen philosophischen Journal beigetragen, in welcher Mieg „philosophischen und theologischen Gehalt und vielversprechendes Talent gefunden hatte".

Heidelberg wurde damals von Romantikern wie Goerres, Brentano, Arnim, Creuzer usw. beherrscht. Zu ihnen trat Daub bald durch Mitarbeit an den von ihm seit 1804 zusammen mit Fr. Creuzer herausgegebenen „Studien" und an den seit 1807 erscheinenden Heidelberger Jahrbüchern in engere Beziehung[5]. Hier erfolgte auch allmählich seine Loslösung von der Philosophie Kants, für die er, wie in Marburg, auch noch anfangs in Heidelberg eingetreten war, was sein „Lehrbuch der Katechetik" (1801) bezeugt[6]. Statt dessen wendet er sich nunmehr der Identitätsphilosophie Schellings zu[7]. Rein äußerlich wird das schon daraus ersichtlich, daß Daub bereits im Sommer- und Wintersemester 1801 über Schellings Transzendentalphilosophie las[8]. Diese Tendenz wurde durch die Romantiker, vor allem Creuzer, stark gefördert und fand ihren ersten Niederschlag in der 1805 im 1. Band der „Studien" erscheinenden Abhandlung „Orthodoxie und Heterodoxie. Ein Beitrag zur Lehre von den symbolischen Büchern". Schon im folgenden Jahr veröffentlichte Daub im 2. Band der „Studien" seinen Aufsatz „Die Theologie und ihre Enzyklopädie im Verhältnis zum akademischen Studium beider", außerdem die „Theologumena", das reifste und umfassendste Werk seiner Schellingschen Periode, und 1810 die „Einleitung in das Studium der christlichen Dogmatik". Diese soll er nach Rosenkranz aufgrund der Reaktion gegen Romantik und Spekulation herausgegeben haben, um eine offizielle Kostprobe seiner Lehre und Lehrart zu geben[9].

Aufgrund dieser Schriften und seiner akademischen Lehrtätigkeit wurde Daub, wenigstens bis zum Jahre 1811, zum Mittelpunkt der theologischen Fakultät in Heidelberg. In Gemeinschaft mit Creuzer vertrat er

---

[5] vgl. Pfeiffer, Karl Daub, S. 17.

[6] Bereits 1793 waren seine schon erwähnte, ganz im Kantischen Geist verfaßte Abhandlung „Über Lebensgenuß" und 1794 seine „Predigten nach Kantischen Grundsätzen" erschienen. Was Inhalt, Würdigung und Periodisierung der Schriften Daubs angeht, verweisen wir auf E. Pfeiffer, Karl Daub und die Krisis der spek. Theologie.

[7] Rosenkranz meint, Daubs Übergang zu Schelling sei besonders durch die Aufsätze im Neuen Kritischen Journal der Philosophie bestimmt gewesen (Erinnerungen, S. 7).

[8] R. A. Keller, Geschichte der Universität Heidelberg (1803—1813), Heidelberg 1913, S. 80.

[9] Erinnerungen, S. 11.

die romantisch-spekulative Richtung gegen den 1805 nach Heidelberg berufenen Voß, wie später auch gegen Paulus[10].

Johann Heinrich V o ß galt als unentwegter Vorkämpfer der Aufklärung und des Rationalismus. Er war nach Heidelberg gerufen, nicht um dort Vorlesungen zu halten, sondern nur um mit seinem Rat die Universität zu unterstützen[11]. „Er witterte in Creuzer's Phantasien von einer pädagogischen ägyptischen Priesterkaste Obscurantismus und Kryptokatholizismus... und da gerade in jene Zeit die zahlreichen Übertritte der Romantiker und Nazarener zur katholischen Kirche fielen, glaubte der argwöhnische Lichtfreund, ‚die beiden rothaarigen Schurken' Creuzer und Görres seien verbündet, um die Jugend katholisch zu machen."[12] Nicht minder groß jedoch war seine Abneigung gegen Daub, weil dieser sich mit Creuzer zu den „Studien" vereinigt hatte und die spek. Philosophie zur Lösung theologischer Probleme heranzog[13].

Die Auseinandersetzungen nahmen an Heftigkeit zu, als es Voß gelungen war, nach dem Fortgang Marheinekes und De Wettes nach Berlin die Berufung des durch seine rationalistische Evangelienkritik bekannten H. E. G. P a u l u s nach Heidelberg durchzusetzen. Im Mai 1811 kam dieser als Professor der Kirchengeschichte und Exegese nach Heidelberg, wo er nicht nur zum „entschiedensten Mitstreiter und Adjutanten des Dichters und Altertumsforschers Voß"[14] wurde, sondern auch bald zur ersten Autorität der theologischen Fakultät aufstieg und damit Daub aus dieser Stellung verdrängte[15]. Schließlich verstieg sich Voß aufgrund einiger Äußerungen Daubs im „Judas Ischarioth" sogar zu der Beschuldigung, Daub wolle insgeheim eine „katholisch-protestantische Idealkirche kryptisch" begründen. Die Regierung wurde eingeschaltet und die Denunziation untersucht. Das für Daub günstig ausfallende Urteil, das Voß' Anschuldigung zurückwies, erging 1826, als dieser bereits im Sterben lag[16]. Mit diesem Urteil und Voß' Tod war der Streit endgültig beigelegt.

---

[10] H. Holtzmann, Karl Daub, in: Badische Biographien, hg. v. Fr. Weech, 2. Ausgabe, 1. Teil 1881, S. 162.

[11] A. Hausrath, Geschichte der theol. Fakultät zu Heidelberg im 19. Jahrh., Heidelberg 1901, S. 5—6.

[12] ebd. S. 7.

[13] G. Weber, Heidelberger Erinnerungen, Suttgart 1886, S. 151.

[14] ebd. S. 150.

[15] „Paulus wurde für die Pfalz der eigentliche Repräsentant der Heidelberger Theologie. Kein Heidelberger Theologe ist bei den Pfälzern je wieder so beliebt geworden" (Hausrath, Geschichte, S. 7).

[16] Rosenkranz, Erinnerungen, S. 12.

Inzwischen hatte sich in Daubs theologischem Denken einiges gewandelt. In seinem wohl umstrittensten Werk, dem „Judas Ischarioth oder das Böse im Verhältnis zum Guten" (1816—1818), unternahm er noch einmal den Versuch, Schellings bereits 1809 mit seiner Schrift über die Freiheit vollzogene Schwenkung mitzuvollziehen und dessen Freiheitsphilosophie für das eigene theologische System fruchtbar zu machen. Dieser Versuch mißlang, der „Judas Ischarioth" blieb Fragment[17].

Zu dieser Zeit machte sich bereits der Einfluß der Philosophie Hegels auf Daub bemerkbar[18]. Hegel war 1816 vor allem auf Betreiben Daubs nach Heidelberg berufen worden und gewann — auch nach seinem Fortgang 1818 nach Berlin — dauernden und stets wachsenden Einfluß auf die Theologie Daubs[19]. Damit begann die dritte Periode in Daubs Leben, die die Jahre von 1818 bis zu seinem Tode 1836 umspannt.
Zunächst folgte seit 1818 eine lange Schweigeperiode, die Daub erst 1827 durchbrach. In diesem Jahr[20] erschien in Hegels „Berliner Jahrbüchern für wissenschaftliche Kritik" Daubs Besprechung von Marheinekes „Grundlehren der christlichen Dogmatik als Wissenschaft", ein Buch, das von Anfang bis Ende den philosophischen Geist Hegels atmet. Daub hat diese Abhandlung in den folgenden Jahren weiter ausgebaut und 1833 als ein umfangreiches Buch herausgegeben unter dem Titel „Die dogmatische Theologie jetziger Zeit oder die Selbstsucht in der Wissenschaft des Glaubens und seiner Artikel". Hatte Daub mit diesem großen Werk auf Anerkennung und Zustimmung gehofft, so sah er sich darin getäuscht. Das Buch fand — sicherlich nicht zuletzt aufgrund der Schwerverständlichkeit seiner Gedankenführung und Sprache — keinen Widerhall. In demselben Jahr 1833 erschien außerdem in den von Ullmann und Umbreit herausgegebenen Theologischen Studien und Kritiken seine Abhandlung „Über den Logos. Ein Beitrag zur Logik der göttlichen Namen" und kurz vor Daubs Tod als Antwort auf Strauß' „Leben Jesu" (1835) in Bruno

---

[17] vgl. Pfeiffer, Karl Daub, S. 18 und S. 76—85.

[18] Rosenkranz weiß zu berichten, Daub habe öfter gesagt, mit Hegels „Logik" einen Kampf auf Leben und Tod bestanden zu haben (Erinnerungen, S. 14) und meint, daß sich Daub bereits in den „Theologumena" Hegel angenähert habe (ebd. S. 9).

[19] Es heißt sogar, Daub habe sich nach Hegels Abschied 1818 der Schriften seines Freundes noch inniger bemächtigt und sich noch intensiver mit diesen beschäftigt (Rosenkranz, Erinnerungen, S. 15).

[20] Mitte April dieses Jahres kam auch Rosenkranz nach Heidelberg, wo er, wie er in seinen Erinnerungen selbst berichtet, Daub begegnete und mit ihm in engeren Kontakt trat.

Bauers Zeitschrift für spek. Theologie sein Aufsatz „Die Form der christlichen Dogmen- und Kirchenhistorie" (1836). Dieser Aufsatz war zwar als Abwehr gegen die historische Kritik gedacht, zeigt aber doch sehr deutlich deren unbewußte Einwirkung[21].

Daubs Portrait bliebe unvollständig, würde diesem nicht, wenn auch nur mit einigen wenigen Strichen, seine Tätigkeit als akademischer Lehrer eingezeichnet. Daub hielt Vorlesungen über alle Disziplinen der Theologie. Außerdem las er, wie schon erwähnt, über Schellings Transzendentalphilosophie und im Wintersemester 1802 Moral nach Kant, in späterer Zeit auch Enzyklopädie, Phänomenologie nach Hegel, Geschichte der Philosophie und Anthropologie[22].

Von Rosenkranz hören wir[23], daß Daub nur in der Vorlesung über Anthropologie eine größere Zuhörerschaft hatte, in den theologischen Vorlesungen habe diese selten ein Dutzend überstiegen. Gerühmt wird besonders sein freier Vortrag auf dem Katheder.

War Daub vor allem ein Mann der Wissenschaft — sein Tod auf dem Katheder hat hier geradezu symbolische Bedeutung[24] — und hat er nie ein Predigtamt bekleidet, so fehlte ihm doch nicht jedes kirchliche Interesse. Bereits 1805 wurde er zum badischen Kirchenrat ernannt, 1810 erhielt er den Titel eines Geh. Kirchenrats und war dann als Mitglied der konstituierenden Generalsynode zur Vereinigung der beiden Kirchen im Jahre 1821 maßgeblich am Zustandekommen der Union in Baden beteiligt, die 1828 gelang[25].

b) Die Biographie Marheinekes

Philipp Konrad Marheineke[26] wurde am 1. Mai 1780 in Hildesheim geboren, wo er bis zum Jahre 1798 die Schule besuchte. Schon früh zeigte

---

[21] Pfeiffer, Karl Daub, S. 20 und S. 164—169. E. Hirsch hat im 3. Heft seiner Kierkegaard-Studien (S. 93—105) gezeigt, wie dieser Aufsatz für Kierkegaard eine gewisse Bedeutung erlangt hat.

[22] vgl. dazu Pfeiffer, Karl Daub, S. 20. — Daubs philosophische und theologische Vorlesungen sind teilweise nach seinem Tode von Marheineke und Daubs Schwiegersohn Dittenberger in den Jahren 1838—1844 herausgegeben worden.

[23] Erinnerungen, S. 34.

[24] vgl. dazu die eindrucksvolle Schilderung bei Eberlin, Nekrolog, Sp. 213/214.

[25] Pfeiffer, Karl Daub, S. 30 Anm. 47.

[26] Wir folgen im wesentlichen ADB XX, S. 338—340, und den Darlegungen W. Vatkes, Marheinekes Lebensgang (Marheinekes theologische Vorlesun-

er große Neigung zum Predigtberuf. Von 1798 bis 1802 studierte er an der Universität Göttingen. Hier zog ihn besonders der Kirchenhistoriker Planck an, ein Vertreter des rationalen Supranaturalismus. Sein Einfluß führte Marheineke zunächst zur Beschäftigung mit geschichtlichen Problemen. Die praktische Seite seiner Ausbildung leitete der Universitätsprediger Ammon. Für das Gebiet der biblischen Exegese und Kritik, in Göttingen damals durch Eichhorn vertreten, zeigte Marheineke von Anfang an nur geringes Interesse[27].

Im Jahre 1802 verließ Marheineke Göttingen, wurde Hauslehrer und promovierte am 23. Juli 1803 an der Universität Erlangen zum Doktor der Philosophie. 1804 erhielt er die Stelle eines Repetenten an der theologischen Fakultät in Göttingen, wurde aber bereits 1805 auf Ammons Empfehlung zum ao. Professor und zweiten Universitätsprediger in Erlangen ernannt[28]. Zu dieser Zeit begannen Schleiermacher, Fichte und Schelling allmählich Einfluß auf Marheineke auszuüben[29]. Es war dieselbe Zeit (1805/06), in der auch Daub seinen Übergang zu Schelling endgültig vollzogen hatte[30].

Im Jahre 1806 veröffentlichte Marheineke sein erstes größeres Werk, den ersten Teil einer „Universalhistorie des Christentums"[31]. Sie verschaffte ihm 1807 einen Ruf zum ao. Professor der Theologie nach Heidelberg. Hier hielt er Vorlesungen über allgemeine Kirchengeschichte, Dogmengeschichte, Reformationsgeschichte, las Geschichte der Hierarchie, der Kirchenverfassung und des kanonischen Rechts, Symbolik und Homiletik. Mit den Vertretern der Romantik (Goerres, Brentano, Arnim, Creuzer usw.) stand er in einem freundschaftlichen Verhältnis und unterstützte sie in ihrem Kampf gegen die Rationalisten (Voß)[32].

Ungleich wichtiger jedoch sollte Marheinekes Bekanntschaft mit Daub werden. Er wurde ein enger Mitarbeiter an den von Daub und Creuzer

---

gen, hg. v. Matthies und Vatke, Band I, 1847, S. IX—XXIV) und E. Ihles (Ph. K. Marheineke, Der Einfluß der Philosophie auf sein theol. System, S. 13—26; hier weitere Literatur).

[27] Vatke, Marheinekes Lebensgang, S. XI.
[28] ebd. S. XII.
[29] vgl. dazu Ihle, S. 14—16; über Marheinekes Verhältnis zu Schleiermacher vgl. M. Lenz, Geschichte der Universität Berlin, Band I, 1910, S. 612/613.
[30] Anders als Marheineke hat Daub freilich nie einen Einfluß Schleiermachers auf seine Theologie erkennen lassen; er hat Schleiermachers Glaubenslehre nicht einmal gelesen, weil ihn dessen Anordnung der Trinitätslehre ärgerte!
[31] In den Jahren davor hatte er bereits einige seiner Predigten herausgegeben.
[32] Ihle, S. 16.

herausgegebenen Heidelberger Studien, in denen er von 1807 bis 1809 drei größere kirchengeschichtliche Aufsätze veröffentlichte. Die wesentliche Frucht der Heidelberger Jahre war jedoch seine dreibändige christliche Symbolik, ein Werk, das Marheineke erst eigentlich berühmt machen sollte.

1811 folgte er einem Ruf an die neu gegründete Universität Berlin, nachdem er kurz zuvor noch mit einer Dissertation über die Geschichte der Abendmahlslehre die Doktorwürde der theologischen Fakultät Heidelberg erworben hatte[33]. Hier in Berlin hat Marheineke als Fakultätskollege Schleiermachers, De Wettes und Neanders bis zu seinem Tode im Jahre 1846 gewirkt. Seit 1820 war er neben Schleiermacher zugleich auch Prediger an der Dreifaltigkeitskirche.

Lenz charakterisiert Marheineke folgendermaßen: „In Marheineke war alles Gemessenheit und Würde, eine Geradlinigkeit, die wie mit dem Winkelmaß ausgemessen war, ohne daß doch alle Ecken ausgehobelt waren: ‚Don Philipp' oder den ‚Kardinal' nannten ihn seine Studenten. Er war fleißig und, wenn man dies nach der Zahl der Bücher berechnet, auch produktiv, ehrlich und im Grunde seines Herzens gutmütig."[34]

Nach Vatke[35] müssen für Marheinekes Tätigkeit in Berlin zwei Entwicklungsstadien unterschieden werden: die Zeit vor seiner näheren Bekanntschaft mit der Hegelschen Philosophie und die Zeit danach. Dabei läßt sich der äußere Einschnitt ziemlich genau festlegen: es ist das Jahr 1827. In diesem Jahr erschien die bereits erwähnte zweite, völlig umgearbeitete Ausgabe von Marheinekes „Grundlehren der christlichen Dogmatik" (nunmehr mit dem Zusatz „als Wissenschaft"), ein Werk, das auch für Daub erhebliche Bedeutung erlangen sollte (s. o.).

Standen die „Grundlehren" von 1819 — Marheinekes erstes größeres dogmatisches Werk — noch ganz unter Schellings Einfluß[36], so war dieser in der zweiten Auflage von dem Hegels abgelöst worden, der seit 1818

---

[33] Vatke, Marheinekes Lebensgang, S. XVI.
[34] M. Lenz, Geschichte der Universität Berlin, Band I, S. 613. — Über Marheinekes Verhältnis zu Schleiermacher, Neander, De Wette und Hengstenberg vgl. Hallische Jahrbücher 1841, S. 101 ff. (Die Theologische Fakultät Berlin); außerdem M. Lenz, Geschichte der Universität Berlin, Band I, und E. Ihle, S. 19—22.
[35] Marheinekes Lebensgang, S. XVII.
[36] F. Zoeller hat das in seiner Arbeit über „Marheinekes ‚Grundlehren der christlichen Dogmatik' in ihrer Abhängigkeit von Schelling" (Diss., Erlangen 1909) sehr klar gezeigt.

in Berlin lehrte und zu dem Marheineke seitdem in einem freundschaftlichen Verhältnis stand.

Marheineke war damit „Hegelianer" geworden und blieb es bis zu seinem Tode. Nach Hegels Tod gab er dessen Religionsphilosophie heraus und wurde zum eigentlichen Mittelpunkt der sog. rechten Hegelschule[37]. Lebhaft nahm er an dem um Hegels Philosophie entbrennenden Streit Anteil, als 1841 Schelling gegen „die Drachensaat des Hegelschen Pantheismus" von Friedrich Wilhelm IV. nach Berlin berufen wurde. Marheineke hielt aus diesem Anlaß seine „Vorlesungen über die Bedeutung der Hegelschen Philosophie für die christliche Theologie", deren Einleitung und Schluß er 1842 bzw. 1843 veröffentlichte[38].

Seit Juni 1844 mußte Marheineke aus Gesundheitsgründen Kanzel und Katheder meiden. Er starb am 31. Mai 1846. „Bis zuletzt gab Marheineke den Kampf nicht auf, seine nach seinem Tode 1847—49 herausgegebenen Vorlesungen zeugen von der immer erneuten Auseinandersetzung mit der Theologie eines Strauß, Feuerbach u. a., seine Überzeugung von der Wahrheit und Heilsamkeit der Hegelschen Philosophie ließ er sich nicht erschüttern."[39] —

Überblicken wir diese kurzen Lebensabrisse Daubs und Marheinekes, so lassen sich neben auffallenden Gemeinsamkeiten[40] tiefgreifende Unterschiede nicht übersehen. Diese gründen einmal in der unterschiedlichen theologisch-philosophischen Ausbildung und Entwicklung Daubs und Marheinekes, zum andern aber und vor allem in ihrer Gesamtpersönlichkeit. Dabei ist weniger entscheidend, daß Daub als Kantianer begann, Marheineke sich dagegen von Kant kaum beeinflußt zeigt, sondern zunächst

---

[37] „... Philipp Marheineke, welchen nach dem Tode des großen Philosophen die s. g. Rechte seiner Schule gewöhnlich als den rechtmässigen Nachfolger, als das eigentliche Haupt zu proclamieren liebte" (H. Holtzmann, Die Entwicklung des Religionsbegriffes in der Schule Hegels, Zeitschrift für wissenschaftliche Theologie, 21. Jahrg., Leipzig 1878, S. 209).

[38] 1842 „Einleitung in die öffentlichen Vorlesungen über die Bedeutung der Hegelschen Philosophie in der christlichen Theologie", 1843 „Zur Kritik der Schellingschen Offenbarungsphilosophie". Beide Schriften lassen in wünschenswerter Klarheit den theologischen Standort des späten Marheineke erkennen.

[39] Ihle, S. 25/26.

[40] Besonders die enge Anlehnung an die spekulative Philosophie, ihr gemeinsamer Weg von Schelling zu Hegel und der Kampf gegen Rationalismus und Supranaturalismus.

ganz unter dem Eindruck Schleiermachers steht, dem Daub nun wiederum wenig Sympathie entgegenbringt. Viel wichtiger ist, daß Marheineke von Anfang an weitaus größere geschichtliche Neigungen als Daub erkennen läßt[41], der im Grunde seines Wesens zeitlebens immer nur Systematiker gewesen und geblieben ist. Außerdem hatte Marheinekes stark ausgeprägte „kirchliche" Haltung nicht nur eine umfassende Predigttätigkeit und seine Teilnahme an vielen kirchlichen und kirchenpolitischen Auseinandersetzungen[42] zur Folge, sondern gab seinem Denken auch eine Richtung auf praktisch-theologische Fragen (Grundlegung der Homiletik, 1811; Entwurf der praktischen Theologie, 1837).

Die nachfolgende Theologiegeschichte hat diese Unterschiede sehr genau erspürt und ihnen in ihrem Urteil über Daub und Marheineke insofern Rechnung getragen, als sie Marheineke noch einen, wenn auch äußerst bescheidenen Raum im theologischen Bewußtsein unserer Zeit einräumt, während Daub nahezu ganz dem Vergessen anheimgefallen ist[43].

Der b i o g r a p h i s c h - g e i s t e s g e s c h i c h t l i c h e Abriß gibt uns nunmehr die Möglichkeit, auf seinem Hintergrund die Querverbindungen der spek. Theologie zur Philosophie und Theologie ihrer Zeit s y s t e - m a t i s c h zu entwickeln.

---

[41] Hier ist besonders an die beiden Bände von Marheinekes Geschichte der Reformation (1816) zu erinnern.
[42] vgl. dazu Ihle, S. 24, und Vatke, Marheinekes Lebensgang, S. XXII.
[43] vgl. dazu im Anhang: Die spek. Theologie im Urteil der Geschichte.

II. Die spekulative Theologie und die Philosophie und Theologie ihrer Zeit

Das Studium der systematisch-theologischen Schriften Daubs und Marheinekes läßt drei bemerkenswert gleichförmige, sich durch diese mit starrer Konsequenz hindurchziehende Linien erkennen:
1. die ständige direkte oder indirekte Auseinandersetzung mit dem zeitgenössischen Rationalismus und Supranationalismus[1],
2. ein erstaunlich intensives, der spek. Theologie den Namen gebendes Sicheinlassen auf die Philosophie des deutschen Idealismus (besonders Schellings und Hegels) und
3. ein auffallend geringes Interesse an den zu dieser Zeit bedeutsamen theologischen Systemen eines Schleiermacher und De Wette.

a) Die Auseinandersetzung mit dem Rationalismus und Supranaturalismus

Etwa seit den neunziger Jahren des 18. Jahrhunderts ging die Neologie in den Gegensatz des Rationalismus und Supranaturalismus über[2]. Während der Rationalismus, der seine Hauptvertreter in J. F. R ö h r und J. A. L. W e g s c h e i d e r fand, sein Pathos in dem unbegrenzten Gebrauch der Vernunft hatte und daher jede geschichtliche Offenbarung dem Urteil und der Auslegung der Vernunft unterstellte[3], behauptete der Supranaturalismus, im wesentlichen vertreten durch die Tübinger G. C. S t o r r, J. C. F. S t e u d e l und den Oberpfälzer F. V. R e i n h a r d,

---

[1] Daß dieser Kampf für Daub in seinem Streit mit Voß und Paulus sehr persönliche Züge annimmt, haben wir bereits gesehen.

[2] Zum folgenden vgl. E. Hirsch, Geschichte der neueren evangelischen Theologie, Band V, 3. Auflage, Gütersloh 1964.

[3] So schreibt K. G. B r e t s c h n e i d e r in der Vorrede zur 1. Auflage seines Handbuchs der Dogmatik: „Mein Plan bei dieser Schrift war, die öffentliche Lehre der Kirche richtig darzustellen, sie mit den Aussprüchen der heil. Schrift zu vergleichen und die Lehre der Kirche sowohl als die der Schrift n a c h d e n G r u n d s ä t z e n d e r V e r n u n f t z u p r ü f e n" (vom Verf. hervorgehoben) (Handbuch der Dogmatik, 1. Band, 2. Auflage, Leipzig 1822, S. XI).

die Unzulänglichkeit der natürlichen und die Notwendigkeit einer übernatürlich geoffenbarten Religion. Sein Glaubensbekenntnis lautete: „Offenbarungsglaube ist Bibelglaube oder er ist nichts."[4] Trotzdem orientierte sich auch der Supranaturalismus stark an der menschlichen ratio und blieb wie der Rationalismus, nur in anderer Ausprägung, historisch ausgerichtet. „Der Unterschied der Supranaturalisten von den Rationalisten und Kritikern wird, sobald man auf das sachliche Verhältnis zum Schriftinhalte achtet, ein Unterschied des Prozentsatzes des allein nach Umdeutung für wahr Befundenen."[5]

1. Der Kampf gegen Rationalismus und Supranaturalismus in der Schellingschen Periode

Daub und Marheineke lassen kaum eine Gelegenheit aus, um gegen eine solche rein rational (im Sinne des philosophisch-aufklärerischen ratio-Begriffs) begründete und historisch orientierte Theologie zu Felde zu ziehen.

Das beginnt bereits in D a u b s „Theologumena", in denen die nur „gelehrten Dogmatiken" und „popularen Darstellungen" abgelehnt werden und die experientia (gemeint sind die Schrift und die Berufung auf einzelne Schriftstellen) zur Begründung und Darstellung der Theologie für unzureichend erklärt wird[6]. Daub räumt freilich ein, daß die, „qui mentem rerum naturae pio sensu advertere didicerunt", erfahren können, 1. daß Gott ist, 2. daß der Ursprung und das Wesen der christlichen

---

[4] Hirsch, Geschichte, S. 71. — Vgl. auch F. V. R e i n h a r d : „Fons, a quo manare debet omnis de religione doctrina, est scriptura sacra, inprimis corpus librorum, quod novum testamentum appellatur" (Vorlesungen über die Dogmatik, hg. v. J. G. Berger, 3. Auflage, Sulzbach 1812, Leitsatz § 16 S. 39. — Die hl. Schrift ist die collectio librorum, „qui ob auctoritatem, qua pollent, divinam sunt fidei ac vitae certissima norma" (ebd. S. 39). — „Der Hauptvorzug also, den die Schrift durch die Theopneustie bekommt, besteht nach unsrer Meinung darinn, daß sie ein von Gott auf eine ausserordentliche Weise herrührender u n t r ü g l i c h e r Religionsunterricht ist, auf welchen man sich sicher verlassen, und bey dessen Aussprüchen man sich gänzlich beruhigen kann" (ebd. S. 50).

[5] Hirsch, Geschichte, S. 79.

[6] „... nisi eam (theologiam) condituri ... ad summum ipsi cuiuscunque cognitionis fontem accedere, eumque sibi et studiosis doctrinae de religione aperire, inde autem theologiae non minus formam, quam materiem haurire atque accipere moliantur" (§ 11 S. 22).

Religion göttlich ist und daß 3. diese die Menschen zu einem seligen Leben führt[7]. In Daubs „Einleitung" von 1810 wird das weiter ausgeführt.

Mit Nachdruck wird darauf hingewiesen, daß die Erfahrung niemals äußere oder innere Wahrheiten begründen oder beweisen, sondern bestenfalls bestätigen kann[8]. Der Glaube des Menschen an Gottes Offenbarung in Bibel, Natur und Gewissen ist einzig und allein begründet in d e m Glauben an Gott, der unmittelbar mit dem Bewußtsein von Gott bzw. mit der Idee der Gottheit in der Vernunft verknüpft ist[9]. Wie der Inhalt der Dogmatik philosophische Vorarbeiten und Untersuchungen verlangt, die auf das Ewige und Übersinnliche gerichtet sind, so sind für den Gegenstand der Dogmatik gelehrte, d. h. grammatische und historisch-kritische Vorarbeiten erforderlich, die sich jedoch nur auf das Zeitliche richten[10]. Diese „gelehrten" Untersuchungen, in denen sich in gleicher Weise die Theologie der Rationalisten und Supranaturalisten erschöpft, werden also keineswegs verworfen; es wird im Gegenteil betont, daß die Bearbeitung der christlichen Theologie gleich große Gelehrsamkeit und spekulative Tätigkeit des Geistes erfordere[11]. Bemängelt wird nur, wenn der ausschließlich vorbereitende Charakter dieser gelehrten Untersuchungen übersehen oder vergessen und die „gelehrte Dogmatik" für Wissenschaft ausgegeben wird[12]. Alle Vorarbeiten für die christliche Dogmatik müssen in diese eingehen und in ihr, in der kein Problem unaufgelöst bleiben darf, aufgehoben werden[13].

Noch deutlicher werden die Vorbehalte gegenüber einer bloß gelehrten, biblisch-kirchlichen, historisch begründeten Dogmatik bei M a r h e i n e k e. Wenn auch für ihn (wie für Daub) wahre Wissenschaftlichkeit ohne Gelehrsamkeit nicht denkbar ist[14] und die Erkenntnis des geschichtlichen Ursprungs, Daseins und Lebens historische Kritik erforderlich macht[15]

---

[7] § 11 S. 20/21.
[8] Einleitung 1810, S. 325.
[9] ebd. S. 361.
[10] ebd. S. 379.
[11] ebd. S. 393.
[12] „Ein solches Ganze, insgemein die g e l e h r t e D o g m a t i k genannt, wird ... nicht, da es nur eine, etwa wohl geordnete, Sammlung von Vorräthen ... ist, diese Wissenschaft selbst seyn, denn in ihr erzeugt sich jedes Erkenntniß, als ihre Frucht, aus ihr selber" (ebd. S. 389).
[13] ebd. S. 392.
[14] Die Grundlehren der christlichen Dogmatik, 1819, § 78 S. 56.
[15] ebd. § 84 S. 60.

und weiterhin philosophische und historische Forschung der Dogmatik nicht voneinander zu trennen sind[16], so wird doch mit Nachdruck hervorgehoben, daß die Geschichte ohne die Idee bloß Einzelnes, Zeitliches und Vergängliches bietet[17]. Grammatik und Historie sind aus sich allein nicht in der Lage, eine ewige und übersinnliche Glaubenswahrheit in der Bibel zu finden[18] (also derselbe Einwand wie bei Daub!). Zwar muß ein christliche Dogmatik zugleich spekulativ u n d biblisch-kirchlich sein[19], doch sind weder Bibel noch Kirche Prinzip der Dogmatik, da das Göttliche in und an der Bibel nur durch den göttlichen Geist selbst in dem menschlichen erkannt werden kann[20].

2. Der Kampf gegen Rationalismus und Supranaturalismus in der Hegelschen Periode

Bleibt in der Schellingschen Periode die Auseinandersetzung mit dem Rationalismus und Supranaturalismus noch indirekt, verschwommen und

---

[16] ebd. § 86 S. 61.
[17] ebd. § 87 S. 62.
[18] ebd. § 96 S. 68/69.
[19] ebd. § 90 S. 64.
[20] ebd. § 97 S. 69. — „Es giebt eine biblische und kirchliche Dogmatik, welche mit Vermeidung aller genetischen und systematischen Construction der Lehrartikel rein äußerlich und geschichtlich verfährt, aber in eben dem Grade aufhört, Dogmatik zu seyn, als sie zur bloßen Geschichte wird" (ebd. § 105 S. 75/76). — Daub und Marheineke befinden sich hier in Übereinstimmung mit ihrem philosophischen Lehrer Schelling, der zwar durchaus die historische Seite des Studierens („das bloße Lernen") anerkennt, das ausschließlich historische Wissen aber für nicht ausreichend ansieht: „Ein anderes ist, das Vergangene selbst zum Gegenstand der Wissenschaft zu machen, ein anderes, die Kenntnis davon an die Stelle des Wissens selbst zu setzen. Durch das historische Wissen in diesem Sinn wird der Zugang zum Urbild verschlossen" (Vorlesungen über die Methode des akademischen Studiums, Alfred Kröner Verlag, Stuttgart 1954, S. 38). — „Nicht geistreich, aber ungläubig, nicht fromm und doch auch nicht witzig und frivol ... haben vornehmlich deutsche Gelehrte, mit Hilfe einer sogenannten gesunden Exegese, einer aufklärenden Psychologie und schlaffen Moral, alles Spekulative und selbst das Subjektiv-Symbolische aus dem Christentum entfernt... Die Zurückweisung auf den Buchstaben einiger Bücher machte notwendig, daß die ganze Wissenschaft sich in Philologie und Auslegungskunst verwandelte, wodurch sie eine gänzlich profane Szienz geworden ist" (ebd. S. 123/124).

Die Auseinandersetzung mit dem Rationalismus und Supranaturalismus 23

wenig differenziert, so erhält sie in der Hegelzeit schärfere Konturen. Rationalismus und Supranaturalismus werden nun direkt angesprochen, eingehend analysiert und mit Nachdruck zurückgewiesen. Sehr deutlich wird das bei D a u b in den Vorlesungen über die Eigenschaften Gottes (7. Band) und in M a r h e i n e k e s „Grundlehren" von 1827[21].

D a u b erklärt das „Bewußtsein von der Bibel" und die Bibelkenntnis als solche zur Begründung einer Wissenschaft vom Glauben (der Theosogie!) für unzureichend. Das „Bewußtsein der Bibel" ist bloß gelehrtes Bewußtsein, und die Wissenschaft, welche so erarbeitet wird, rein biblische Theologie, die ausschließlich das Werk des gelehrten Theologen ist und ihn allein zu ihrem Urheber hat[22]. Diese Art von Theologie, in der für das christliche Gottesbewußtsein die Gelehrsamkeit alle Autorität hat, nennt Daub gewöhnlich eine „supernaturalistische" (wir sagen heute supranaturalistisch)[23]. Der supranaturalistische Theologe ist der Urheber der dogmatischen Theologie hinsichtlich ihres Inhalts und ihrer Form, nicht aber ihres Gegenstandes. Letzteren empfängt er nur, aber produziert ihn nicht. Dabei ist die Autorität des gelehrten Theologen eine geteilte, da sie teils in der Objektivität des Gegenstandes seiner Dogmatik, teils in seiner Gelehrsamkeit begründet ist[24].

Eine noch schärfere Kritik erfährt der Rationalismus. Dieser hebt für die spekulativen Theologen nicht wie der Supranaturalismus mit der Erfahrung an (der in der Schrift niedergelegten Offenbarung Gottes), sondern mit dem moralischen Gefühl (obwohl ja auch dieses eine Erfahrung

---

[21] Eine versteckte Kritik am Rationalismus und Supranaturalismus liegt auch dann jeweils vor, wenn von der Unzulänglichkeit des biblischen und kirchlichen Standpunktes und rein philologischer und historischer Studien die Rede ist. Entsprechende Anspielungen finden sich in Daubs und Marheinekes Schriften mehrfach.

[22] „Supernaturalistisch bringt ein gelehrter Mensch in seiner Selbständigkeit die dogmatische Theologie hervor, sie ist somit sein Werk" (Daub, 7. Band, S. 33).

[23] ebd. S. 12.

[24] ebd. S. 34. — „Eben von dieser Seite der Subjectivität kann durch das gelehrte Werk der Glauben und die Denkfreiheit der Kirche sehr beschränkt werden, und in sofern kann und wird die supranaturalistische Theologie, als nach ihrem Inhalt und ihrer Form von der Subjectivität dieses oder jenes Menschen abhängig, stets die christliche Glaubensfreiheit in irgend einem Grade beschränken" (ebd. S. 34).

ist!)[25]. Vom moralischen Gefühl erhebt sich die rationalistische Theologie zum Denken, kommt dann zum Glauben und entfaltet sich mit Hilfe gelehrter Kenntnisse in der Erfahrung. Somit nimmt für Daub der Rationalismus seinen Anfang in der Mystik — da auch das moralische Gefühl ein mystisches sei! —, während er Ziel und Ende in der ins Unendliche gehenden Erfahrung und Gelehrsamkeit hat. Wie die supranaturalistische, so ist auch die rationalistische Theologie das Werk eines auf die christliche Religion reflektierenden Subjekts, eben des rationalistischen Theologen[26]. Auch hier ist der Gelehrte Urheber der Theologie, doch mit dem gegenüber dem Supranaturalismus tiefgreifenden Unterschied, daß dieser Urheber auch des Gegenstandes der Dogmatik ist[27].

So kann der Rationalismus nach Meinung der spekulativen Theologen aus einem dreifachen Grund nicht zum Ziel führen. Zunächst hat nach ihrer Ansicht Gott selbst in der rationalistischen Theologie keinen Anteil an dem Gedanken von Gott, der lediglich das Produkt des denkenden Menschen ist. Deshalb negiert der Rationalist auch die Möglichkeit einer göttlichen Offenbarung[28]. Zum andern wird geleugnet, daß Gott selbst dem Menschen sein Dasein beweist[29], und schließlich wird als d e r entscheidende Einwand dem Rationalismus vorgeworfen, er verneine die Möglichkeit einer Erkenntnis Gottes[30]. „In allen diesen Punkten ist offen-

---

[25] vgl. dazu Hirsch, Geschichte, S. 25: „Aus beiden Folgerungen zieht Wegscheider den Schluß, daß unsre Erkenntnis Gottes und seines Verhältnisses zur Welt stets das Gepräge eines s i t t l i c h b e g r ü n d e t e n v e r n ü n f t i g e n G l a u b e n s trägt."

[26] Daub, 7. Band, S. 24.

[27] „Rationalistischer Weise wird die dogmatische Theologie auch von irgend einem Menschen, und zwar in der Selbständigkeit seines Denkens und Wollens hervorgebracht, ist sie mithin sein Werk. Hier aber ist der Mensch nicht nur in Ansehung des Inhalts und der Form der Theologie, sondern auch in Ansehung ihres Gegenstandes der Urheber derselben" (ebd. S. 34/35).

[28] „In dem Rationalismus ist es allein der Mensch, der durch ein möglichst richtiges Denken sich die heilige Gottheit klar oder offenbar macht, nicht aber Gott, der zugleich sich den Menschen offenbart" (ebd. S. 25).

[29] „Also jener theologische Beweis wird von der Seite abgewiesen, wo er nicht der von den Menschen geführte, sondern der sich selbst führende Beweis ist" (ebd. S. 25).

[30] Hirsch bemerkt über Wegscheider: „Eine begrifflich angemessene Gotteserkenntnis gibt es nicht, sondern nur eine analogische und gleichnishafte" (Geschichte, S. 24).

Die Auseinandersetzung mit dem Rationalismus und Supranaturalismus

bar, daß das Bewußtsein des Menschen von Gott in der rationalistischen Weise ein durch und durch bedingtes und die Gottheit nur ein bedingtes sei."[31]

Auf dem spekulativen Standpunkt dagegen — wir wollen ihn hier schon kurz vorwegnehmen — macht sich der christliche Glaube selbst für die Menschen zur Wissenschaft von ihm selbst. Eine dogmatische Theologie dieser Art hat daher den G l a u b e n sowohl zu ihrem Gegenstand, als auch zu ihrem einzigen Prinzip; aus diesem Glauben wird sie durch ihn selbst hervorgebracht. Eine solche Theologie ist somit auch nicht das Werk eines Menschen, wenn sie auch andererseits nur mit Hilfe eines denkenden Subjekts zustande kommt.

Eine besondere Wendung weiß M a r h e i n e k e der Auseinandersetzung mit dem Supranaturalismus und Rationalismus in der Vorrede der „Grundlehren" von 1827 zu geben. Neben den schon von Daub her bekannten Vorwürfen, daß beide die Erkennbarkeit Gottes im eigentlichen und strengen Sinn leugnen und der bloß biblische und historische Standpunkt unzureichend sei[32], sieht Marheineke in den Denkarten des Rationalismus und Supranaturalismus die Theologie der Zeit im Sinne der Hegelschen Dialektik mit sich selbst entzweit und zerfallen[33]. Beide ständen zueinander in einem unvereinbaren Widerspruch, die eine sei die Negation der anderen[34]. Marheineke sieht es daher als einen großen Fortschritt an, daß die Zeit sich dessen bewußt geworden ist, in diesen Gegensätzen keine Wahrheit zu haben[35]. Eine Theologie, die in ihnen beharrt, müßte sich selbst aufgeben. Der Gegensatz muß überwunden und aufgehoben werden, bzw. beide, Supranaturalismus und Rationalismus, müssen zugrunde gehen, um aus der Entzweiung in die Einheit zurückzukehren, in der erst sie ihre Wahrheit haben. Die Einheit ist der Begriff, das Wissen, die Wissenschaft; darin waren sie vor ihrer Entzweiung eins und daran gehen sie nun zugrunde, um in der höheren Einheit aufgehoben zu werden[36]. Der Prozeß des Sichzerschlagens des evangelischen Lehrbegriffs und seines Übergangs aus der Unmittelbarkeit in das härteste

---

[31] Daub, 7. Band, S. 26.
[32] Eine nur historische und nicht auch spekulative Theologie passe wohl für die römisch-katholische Kirche, nicht aber für die protestantische (Grundlehren 1827, S. XXIV).
[33] ebd. S. VI.
[34] ebd. S. XIII.
[35] ebd. S. VII.
[36] ebd. S. XVII.

Zerwürfnis mit sich selbst vollzieht sich nicht nur zufällig, sondern mit logischer Notwendigkeit. Ohne sich dieser seiner Negativität erst voll und ganz bewußt zu werden, hätte dieser evangelische Lehrbegriff es nicht zum Begriff und Wissen bringen können.

Marheineke wendet somit im Hinblick auf Rationalismus und Supranaturalismus in echt Hegelscher Manier dessen dialektisches Stufenschema auf die Entwicklung der Theologie seiner Zeit und des evangelischen Lehrbegriffs an. Es kann daher nicht verwundern, daß in diesem Zusammenhang ein Theologe wie Bretschneider, der eine Verbindung von Theologie und Philosophie entschieden ablehnt[37], wie diese in beispielhafter Weise bei Daub und Marheinecke vorliegt, von letzterem scharf kritisiert wird. Ihm wird entgegengehalten, die Dogmatik könne ihre Aufgabe nicht lösen, ohne von der Philosophie mehr als nur äußerlich Kenntnis zu nehmen[38] oder, mit anderen Worten, ohne sich ganz auf diese einzulassen.

b) Der Einfluß der spekulativen Philosophie auf die spekulative Theologie

Auf die enge Anlehnung der spek. Theologie an die Philosophie des deutschen Idealismus und ihre intensive geistige Durchsetzung mit idealistischen Philosophemen ist schon mehrfach hingewiesen worden. Hier kann es sich nur darum handeln, das im biographischen Abriß bereits Gesagte durch eine zusammenfassende Auswertung der Schriften Daubs und Marheinekes weiterzuführen und zu vertiefen.

Daß D a u b anfangs eifriger Anhänger Kantischer Gedanken war und seine ersten Schriften, vor allem die „Katechetik", ganz von der Philo-

---

[37] „Doch scheue ich mich nicht, hier öffentlich das Bekenntniß abzulegen, daß ich mich nach meiner Individualität mit diesen philosophirenden Ausdeutungen der christlichen und kirchlichen Theologie nie werde befreunden können. Das Unterlegen von Philosophemen unter Wörter und Begriffe des christlichen oder kirchlichen Bekenntnisses, wo nichts bleibt als das Wort, aber in einem Sinne, der von dem in der christlich-kirchlichen Theorie üblichen ganz verschieden ist, ... ist mir stets zuwider gewesen, und mir ... immer wie ein Spielen aus der Tasche vorgekommen, wo man dem, was man vorzeigt, schnell etwas anderes unterschiebt" (Bretschneider, Handbuch der Dogmatik, 1. Band, S. VIII). Bretschneider sieht hier bereits schon sehr deutlich die zwangsläufige Verachtung historischer und kritischer Studien durch eine philosophische Theologie dieser Art.

[38] Marheineke, Grundlehren 1827, S. XXVI.

sophie Kants geprägt sind — inwiefern, werden wir noch bei der Erörterung des Religionsbegriffes sehen —, war bereits erwähnt worden. Mit dem Einfluß der Romantik ist diese Kantische Periode abgeschlossen. Doch lassen sich noch bis in die letzte Periode hinein die Spuren Kantischen Einflusses in Daubs Ethik und Anthropologie und vor allem in seiner sittlichen Grundhaltung erkennen. (Diese hat besonders Kants Antieudämonismus geprägt.)[39]

Schon bald nach seiner Abwendung von Kant hat Daub dann allerdings, wie auch später Marheineke, offene Kritik an Kant geübt, mehrfach in der „Einleitung" von 1810 und den dogmatischen Vorlesungen, M a r h e i n e k e vor allem in seinem „System der christlichen Dogmatik" von 1847. Im wesentlichen richtet sich ihre Kritik immer wieder auf den sogenannten Kritizismus und Skeptizismus Kants, auf seine Annahme eines der Reflexion nicht zugänglichen „Dinges an sich" und damit verbunden auf seine Lehre von der theoretischen Nichterkennbarkeit Gottes[40].

1. Der Einfluß Schellings auf die spekulative Theologie

Die angeblichen Schwächen der Kantischen Philosophie sieht D a u b in Schellings Identitätsphilosophie und Freiheitslehre überwunden. In dieser Philosophie findet er das neue und solide philosophische Fundament seines theologischen Systems. In höchster Konsequenz sucht er immer wieder Schellings Periodenwandel (in dieser Wandlungsfähigkeit mit Schelling verwandt) mitzuvollziehen, bis er im „Judas Ischarioth" endgültig scheitert. Dabei fällt auf, wie lange Daub auf diesem Standpunkt ver-

---

[39] vgl. Pfeiffer, Karl Daub, S. 28.
[40] „Wenn man nun, wie die Kritik und alles blos kritische Erkennen (gemeint ist die Philosophie Kants), von der Behauptung ausgeht, vom Seyn, vom Ding an sich oder wie man sonst das Ansich-seyende nennen will, wisse man nichts, nicht das Wesen, sondern nur die Erscheinung sey erkennbar, so fällt eine solche Lehre, wie die vom W e s e n Gottes, sogleich in die völlige Bedeutungslosigkeit herunter ... Von diesem kritischen Denken muß man sagen, daß es sich nicht einläßt auf die Sache selbst, sondern sich im Heterogenen herumtreibt" (Marheineke, System der christlichen Dogmatik, 1847, S. 33/34). — „Eben so wenig ist dadurch, daß man die praktische Vernunft einen Glauben an das Seyn der Gottheit postuliren läßt, oder ihn zu einer nothwendigen Hypothese der praktischen Vernunft macht, der Glaube an Gott selbst und der Grund desselben verstanden oder erkannt" (Daub, Einleitung 1810, S. 362).

harrt, obwohl ihm Schellings stark ausgeprägte romantisch-ästhetische Neigungen zeitlebens fremd geblieben sind[41].

Vor allem Schellings gegenüber Kant erneuerte Wertschätzung der Metaphysik (wie sie vorher schon bei Fichte begegnet) und seine Lehre von der totalen Erkennbarkeit des Indifferent-Absoluten, der absoluten Identität des Idealen und Realen, des Subjektiven und Objektiven in der intellektuellen Anschauung zogen Daub mit magischer Kraft an. Hier bei Schelling fand er in einem konsequenten Monismus die Überwindung des Kantischen „Dualismus" mit seiner Unterscheidung einer Welt der Erscheinung und einer transzendentalen Welt der „Dinge an sich", die dem Denken stets verborgen bleibt. Der Gedanke der Identität, der Einheit von Geist und Natur, Subjektwelt und Objektwelt, Endlichem und Unendlichem ist d a s philosophische Problem Schellings gewesen, um das sein Denken sich ständig bewegte.

Dieser Gedanke fand seinen Niederschlag auch in Schellings Wissenschaftsbegriff, in der Auffassung der Wissenschaft als eines organischen Ganzen, als eines Systems der Wissenschaft, das im Grunde nur von der Wissenschaft aller Wissenschaften, der Philosophie, zu erwarten ist. In der Idee eines an sich selbst unbedingten Wissens, des Urwissens, das absolut eines ist und sich nur auf verschiedenen Stufen der erscheinenden Welt vielfältig verzweigt und in dem ganzen unermeßlichen Raum der Erkenntnis ausbreitet, erhielt der Gedanke der Identität seinen letztgültigen Ausdruck[42].

Diesen Systemgedanken (schon von Fichte in seiner Wissenschaftslehre vorgebildet), die Anschauung eines organischen Ganzen, eines wissen-

---

[41] vgl. dazu die Bedeutung der Kunst am Schluß von Schellings „Vorlesungen über die Methode des akademischen Studiums" (S. 175—184) und seine Erörterungen über die Schönheit am Beginn des „Bruno" (S. 5—20).

[42] Methode des akademischen Studium, S. 25—26. — „Das schlechthin Eine, von dem alle Wissenschaften ausfließen und in das sie zurückkehren, ist das Urwissen, durch dessen Einbildung ins Konkrete sich von einem Zentralpunkt aus das Ganze des Erkennens bis in die äußersten Glieder gestaltet. Diejenigen Wissenschaften, in welchen es sich als in seinen unmittelbarsten Organen reflektiert, und das Wissen als Reflektierendes mit dem Urwissen als Reflektiertem in Eins zusammenfällt, sind wie die allgemeinen Sensoria in dem organischen Leib des Wissens" (ebd. S. 62). — „Das W e s e n des Wissens ist Eines, in allem das gleiche ... Wodurch sich also Wissen von Wissen unterscheidet, ist die Form, die im Besonderen aus der Indifferenz mit dem Wesen tritt, welches wir insofern auch das Allgemeine nennen können" (ebd. S. 63).

schaftlichen Organismus, in dem nichts vom Zufall diktiert, sondern alles aus einem einzigen Prinzip (dem Urwissen, dem Absoluten, der Indifferenz) deduziert ist und seinen notwendigen Ort hat, übernahm Daub von Schelling, übertrug ihn auf sein theologisches Denken, um so im Streben nach strenger Wissenschaftlichkeit die Theologie unter Anleitung des Schellingschen Wissenschaftsbegriffs in die Form eines geschlossenen wissenschaftlichen Systems zu gießen. —

Ebenso wie Daub hat auch M a r h e i n e k e etliche Jahre zu Schelling als Lehrer und Vorbild aufgeschaut. Sinnfälliger Ausdruck dafür sind die „Grundlehren der christlichen Dogmatik" von 1819. Sie atmen wie Daubs „Theologumena" und „Einleitung" von 1810 ganz den Geist Schellingscher Identitäts- und Freiheitsphilosophie. Wie weit hier auch Daubs Einfluß bestimmend geworden ist, läßt sich schwer ausmachen. Es ist jedoch anzunehmen, daß Marheinekes Zusammentreffen mit Daub in Heidelberg, wie selbstverständlich auch seine Beziehungen zum Heidelberger Romantikerkreis, wesentlich dazu beigetragen haben, Marheinekes Aufmerksamkeit auf Schelling zu lenken. Dieser hatte die durch Aufklärung und Rationalismus in Verruf geratene Trinitätslehre erneut zu Ehren gebracht[43] und zum Zentraldogma der christlichen Religion und Theologie erhoben[44]. Damit hatte die spek. Theologie ihr eigentliches Thema gefunden. So hat Marheineke dann auch als erster die Dogmatik trinitarisch gegliedert. Für ihn gebührt Schelling das große Verdienst, „über das Kantische Ideal und das Fichtische Ichheitsprincip sich erhoben und die Macht der fast verloren gegangenen Idee der Menschwerdung Gottes wiederhergestellt zu haben"[45]. Schelling wird der Ruhm bleiben, „den Mut des Geistes zum Aufschwung in seine wahre Heimat wiedererweckt zu haben"[46].

---

[43] „Als mit Schelling die Philosophie zuerst den speculativen Grund und Boden erreichte, wurde durch ihn zugleich das christliche Dogma von der Trinität auch der Philosophie angeeignet, und er hat hin und wieder über diesen nun der Philosophie und Theologie gemeinsamen Gegenstand viel Tiefes und Lehrreiches gesagt" (Marheineke, System 1847, S. 412).

[44] „Versöhnung des von Gott abgefallenen Endlichen durch seine eigene Geburt in die Endlichkeit ist der erste Gedanke des Christentums und die Vollendung seiner ganzen Ansicht des Universums und der Geschichte desselben in der Idee der Dreieinigkeit, welche eben deswegen in ihm schlechthin notwendig ist" (Schelling, Methode des akademischen Studiums, S. 115/116).

[45] Marheineke, System 1847, S. 281.

[46] derselbe, Zur Kritik der Schellingschen Offenbarungsphilosophie, S. 18.

2. Der Einfluß Hegels auf die spekulative Theologie

Im Unterschied zu Daub bleibt Marheineke nicht lange im Bannkreis der Schellingschen Philosophie. Spätestens 1827 hat er wie Daub den Schellingschen Standpunkt überwunden und sich theologisch und philosophisch im Raum der Philosophie Hegels angesiedelt. Für M a r h e i n e k e ist nun das Konstruieren der Schellingschen Philosophie ein ganz unangemessenes Philosophieren[47], die Kluft zwischen Idee und Wirklichkeit bleibt unausgefüllt[48]. So trieb es ihn im Verlangen nach einer strengeren Methode, als Schelling sie zu bieten vermochte, von diesem fort zu Hegel[49]. Dessen Philosophie hebt sich für Marheineke von allen anderen philosophischen Systemen darin ab, keine Philosophie mit besonderem und bestimmtem Prinzip zu sein: ihr Prinzip ist ihre M e t h o d e[50]. Kraft dieser Methode[51] ist die Hegelsche Philosophie ein Kreis, dessen Ende in den Anfang zurückgeht. Die Unruhe der Bewegung, welche im Wissen ist, kommt durch die Rückkehr in den Anfang, in die Einfachheit des Gedankens, wahrhaft zur Ruhe[52].

Für Marheineke besteht daher das eigentliche Wesen dieser Philosophie in der Erkenntnis der Totalität der Bestimmungen des Geistes, in der Befreiung des Denkens von aller Einseitigkeit[53]. Hegels Philosophie ist d i e Philosophie überhaupt, da erst in ihr das absolute Ziel der Philosophie, nämlich das Wissen, erreicht wird. Sie enthält die Prinzipien aller

---

[47] System 1847, S. 412.
[48] ebd. S. 281.
[49] vgl. Ihle, Ph. K. Marheineke, S. 41. — „Infolge der Wendung Marheinekes von Schelling zu Hegel wird der begriffliche, der wissenschaftliche Charakter der dogmatischen Arbeit geklärt, der Gesamtaufbau des Systems überzeugender begründet, die notwendige Gestaltung des traditionell gegebenen Dogmas erkannt" (ebd S. 118).
[50] Marheineke, Einleitung 1842, S. 30.
[51] Natürlich der dialektischen Methode bzw. Bewegung, die für Hegel allein das wirklich Spekulative und deren Aussprechen allein spekulative Darstellung ist (vgl. Phänomenologie des Geistes, Philosophische Bibliothek, Bd. 114, 6. Auflage 1952, S. 53).
[52] Marheineke, Einleitung 1842, S. 32. — Hegel selbst gebraucht dieses in der idealistischen Philosophie sehr beliebte Bild des Kreises zur Bestimmung des Wahren: „Es ist das Werden seiner selbst, der Kreis, der sein Ende als seinen Zweck voraussetzt und zum Anfange hat und nur durch die Ausführung und sein Ende wirklich ist" (Phänomenologie, S. 20).
[53] Marheineke, Einleitung 1842, S. 32.

Philosophie[54], weswegen der Theologe die Philosophie Hegels nicht mehr umgehen oder ignorieren kann[55]. Sie erst ermöglicht es der Theologie, den christlichen Glauben in die Sphäre des Wissens zu erheben und den in die Vorstellungen der christlichen Religion eingehüllten Begriff, an dem nach Hegel jede Vorstellung ihre Wahrheit hat, aus ihnen hervorgehen zu lassen. In und mit dem Begriff, der nichts Starres ist, sondern lebendige Bewegung, ist man über die bloß subjektive Vorstellung und deren Zufälligkeit hinausgegangen[56]. So hat nach Marheineke Hegel mit Recht die christliche Religion als die absolute dargestellt und die Identität dieser Religion und der Philosophie dem wesentlichen Inhalt nach behauptet[57].

Marheineke ist so sehr von der Wahrheit und Bedeutung der Hegelschen Philosophie überzeugt, daß er sogar die Spaltung der Hegelschule als positiv auszudeuten vermag. Für ihn gibt es keinen größeren Beweis der Tiefe und Energie, mit der die Hegelsche Philosophie in das Bewußtsein der Zeit eingedrungen ist, als die Spaltung in den Gegensatz der Schulen. Nach Marheinekes Überzeugung gliedert sich ein großes, neues, weltgeschichtliches Prinzip, mit dem eine alte Zeit abschließt und eine neue beginnt, durch die unendliche Energie seines eigenen Tuns in sich selbst auf, arbeitet es die Negation aus sich heraus und schaut sich selbst durch Vermittlung dieses seines Gegensatzes klarer und reiner an[58].

---

[54] Hegel betont in der Enzyklopädie, daß jede wahrhafte Philosophie alle besonderen Prinzipien in sich enthält (§ 8).

[55] Marheineke, Einleitung 1842, S. 51—52.

[56] Nach Hegel hat die Wahrheit am Begriff allein das Element ihrer Existenz (vgl. Phänomenologie, S. 12): „Die Wissenschaft darf sich nur durch das eigne Leben des Begriffs organisieren" (ebd. S. 44). — Bei ihrem Studium kommt es darauf an, „die Anstrengung des Begriffs" auf sich zu nehmen (ebd. S. 48). — „Wahre Gedanken und wissenschaftliche Einsicht ist nur in der Arbeit des Begriffes zu gewinnen" (ebd. S. 57).

[57] Dazu Hegel: „Der Inhalt der Philosophie, ihr Bedürfnis und Interesse ist mit der Religion ganz gemeinschaftlich; ihr Gegenstand ist die ewige Wahrheit, nichts als Gott und seine Explikation... So fällt Religion und Philosophie in eins zusammen. Die Philosophie ist in der Tat selbst Gottesdienst" (Vorlesungen über die Philosophie der Religion, 2 Bände, Philosophische Bibliothek, Band 59 bzw. 61, hg. v. G. Lasson, Darmstadt 1966, Band 1, S. 29). — „So ist Gott der eine und einzige Gegenstand der Philosophie... Die Philosophie ist daher Theologie, und die Beschäftigung mit ihr oder vielmehr in ihr ist für sich Gottesdienst" (ebd. S. 30).

[58] Marheineke, Einleitung 1842, S. 28—29.

Marheineke versteht es, auf diese Art und Weise das auch für ihn letztlich nicht erfreuliche Bild einer in sich gespaltenen und zerfallenen Hegelschule mit Hilfe der Hegelschen Dialektik selbst zu übermalen und in einem freundlicheren Licht erscheinen zu lassen. Es klingt nach einer Apotheose Hegels, wenn er schreibt: „An seiner Metaphysik hat ein Volk, wie das deutsche, nächst der Religion seinen edelsten Schatz und es tut recht, ihn eifersüchtig zu bewahren und zu verteidigen... Solange nun keine andere Philosophie im deutschen Volk aufgekommen oder so tief in dasselbe eingedrungen und so weit verbreitet ist, wird es wohl bei der Hegelschen Philosophie vor der Hand sein Bewenden haben."[59]

Aus dieser Sicht der Hegelschen Philosophie weiß Marheineke verständlicherweise mit der Spätphilosophie Schellings, der Philosophie der Offenbarung bzw. der sogenannten positiven Philosophie, nur noch wenig anzufangen und gerät zu ihr in scharfen Gegensatz. Schelling wird vorgeworfen, nicht auf der von ihm erreichten Höhe geblieben und seinen Grundprinzipien untreu geworden zu sein. Gerade die Freunde der Hegelschen Philosophie dürften mit Recht den Verdruß äußern, durch Schelling nicht weitergeführt, nicht über Hegel hinausgeführt zu sein, da sie sich an keinen Namen verkauft hätten, vielmehr die Wahrheit und Erkenntnis derselben ihnen über alles gehe[60].

Schelling hatte in seiner Spätzeit (Berliner Zeit) sein philosophisches System dahingehend weiterentwickelt, daß er den Inhalt der Offenbarung als Tatsache anerkannte und ihn als solchen voraussetzte. Seine Philosophie der Offenbarung sollte kein dogmatisches System sein, sondern die Offenbarung nur erklären. Dabei stellte er Offenbarung und Vernunft einander gegenüber, da diese den Inhalt jener nicht zu wissen und zu

---

[59] Kritik, S. 66. — Über das persönliche Verhältnis Marheinekes zu Hegel gibt eine Rede Aufschluß, die dieser am 16. November 1831 anläßlich des Todes Hegels gehalten hat. Hier heißt es u. a.: „Wer so wie unser entschlafener Freund, schon mitten in diesem Leben sich von sich, vom Ich und dessen Sucht, vom Schein und aller Eitelkeit zu befreien, sich in die ewige Wahrheit denkend zu vertiefen wußte... wer so, wie dieser König im Reich des Gedankens einen neuen Bau des Wissens gegründet hat, auf dem unwandelbaren Felsen des Geistes, der hat sich eine Unsterblichkeit errungen, wie wenige, der hat seinen Namen den glänzendsten und unvergeßlichsten unseres Geschlechts hinzugefügt" (Zwei Reden bei der feierlichen Bestattung des königlichen Professors Dr. W. G. F. Hegel, 1831, S. 5/6).

[60] Marheineke, Kritik, S. 65.

finden vermag. Schelling hatte damit das Schwergewicht von der Spekulation auf die Empirie und die Geschichte[61], vom Begriff Gottes als des höchsten Wesens, aus dem für die, wie Schelling sie nennt, negative Philosophie alles, Welt, Natur, Geschichte, Mensch usw., in logisch notwendiger Folge herzuleiten ist, auf den freien göttlichen Willen verlagert.

Dieser den Boden der eigentlich spek. Philosophie verlassenden Spätphilosophie Schellings widerspricht Marheineke mit Entschiedenheit. Für ihn ist die Theologie nicht dazu berufen, die Offenbarung nur zu erklären, sondern den christlichen Glauben von allem Zweifel zu befreien, ihn zu beweisen und zu begreifen[62]. Schelling übersieht nach Marheineke, daß die Vernunft ein göttliches Vermögen, die Idee Gottes in sich selbst göttlich ist und so die Vernunft an dieser Idee göttliche Offenbarung in sich hat. Indem die Vernunft die Idee Gottes hat und selber ist, offenbart sich Gott in dieser Idee an die Vernunft und durch sie. (Diesen Gedanken hatte Schelling in seiner Identitäts- und Freiheitsphilosophie einst selbst vertreten.) Offenbarung und Vernunft schließen für Marheineke daher einander nicht aus, sie wollen nur füreinander sein[63]. Wohl hat die göttliche Offenbarung Autorität, aber in der Wissenschaft geht es vor allem darum, auch das Prinzip der Autorität und sie selbst als ein vernünftiges und notwendiges zu wissen, nicht aber sich mit dem Wissen hinter die Autorität als solche zurückzuziehen[64].

Sehr viel schwerer als Marheineke wurde D a u b die Absage an die Philosophie Schellings. (Die lange Dauer der Schellingschen Periode in Daubs Entwicklung spricht für sich!) Das mag ein wenig verwundern, wenn man sieht, wie Daub bereits in den „Theologumena" mit seiner Methode der „Triplizität" dem Hegelschen Schema sehr nahe kommt. Freilich kann dabei noch in keiner Weise von einer Dialektik im Sinne der Selbstbewegung des Begriffs als des Sichbegreifens der Idee aus der Negativität die Rede sein[65]. Diese ist in ihrer vollkommenen Form erst mit und in der Phänomenologie da, in die Daub sich schon bald nach ihrem Erscheinen (1807) gründlich einarbeitet, ohne sogleich deutliche Anlehnungen erkennen zu lassen. Dieses Verhalten ist für Daub charakteristisch, der einen Standpunkt jahrelang erwägt, ehe er ihn sich ganz,

---

[61] Schelling: Ein einziges historisches Faktum ist mehr wert als die ganze Hegelsche Logik! (nach Marheineke, Kritik, S. 18).
[62] ebd. S. 11.
[63] ebd. S. 15.
[64] ebd. S. 31.
[65] vgl. dazu Pfeiffer, Karl Daub, S. 95.

jedoch dann mit letzter Konsequenz zu eigen macht. Daubs Wendung von Schelling zu Hegel vollzieht sich infolgedessen sehr langsam, anscheinend unter fortwährenden Krisen[66].

Vor allem sein Ringen um Einheit in Loslösung von jeglichen romantischen Motiven und sein Streben nach klarer Bestimmtheit und Notwendigkeit aller Aussagen und Begriffe in einer systematischen Entwicklung sind die entscheidenden Motive, die Daub zu Hegel drängen[67]. Mit anderen Worten: wie Marheineke wendet sich auch Daub von Schelling zu Hegel im Verlangen nach einer strengeren Methode und einer besseren und umfassenderen Begründung der Wissenschaftsidee; wie Marheineke vollzieht er den Übergang von einer Stufe zur anderen nur aus formalen Gründen, um so das bessere Werkzeug zur Darstellung und Sicherung der Glaubensaussagen zu erhalten.

Obwohl auch Schelling den Systemgedanken gründlich ausgebildet hatte, obwohl es auch ihm um unbedingte Wissenschaftlichkeit ging, hat Daub Schellings unverkennbaren Hang zu Mystik und Romantik, in deren Umkreis ein in sich geschlossenes, straff gegliedertes und streng durchgeformtes wissenschaftliches System nicht möglich ist, wie auch seinen in der Schrift über die Freiheit klar zu Tage tretenden Irrationalismus mit der Unterscheidung eines dunklen, regellosen Grundes in Gott und einer Existenz Gottes[68] als störend und mehr und mehr als unzureichend empfunden. So begrüßt er (wie Marheineke) „das Hegelsche Abrücken von den verschiedenen Methoden des Ahndens, der Begeisterung, des prophetischen Redens zugunsten des Begriffs"[69] und bemüht, sich mit den Kategorien der unbedingten Notwendigkeit, Einheit, Allgemeinheit und Ganzheit die Wissenschaftsidee und den Wissenschaftscharakter der Theologie noch schärfer herauszuarbeiten, als dies auf Schellingschem Standpunkt möglich war.

Durch die Unterwerfung seines Denkens unter die Hegelsche Begriffsdialektik kehrt Daub sich vom Standpunkt der Indifferenz bzw. des Absoluten und der intellektuellen Anschauung ab[70]. Indem er in getreuer

---

[66] ebd. S. 97—98.
[67] ebd. S. 85—86.
[68] Daß Schelling Gott in einen Entwicklungsprozeß hineinstellt, in dem dieser erst zu dem w i r d, was er sein soll, ist ein für Daub nicht nachzuvollziehender Gedanke.
[69] Pfeiffer, Karl Daub, S. 86.
[70] Dieses Absolute ist nach Hegel die Nacht, „worin, wie man zu sagen pflegt, alle Kühe schwarz sind" (Phänomenologie, S. 19).

Nachfolge Hegels die gesamte Wirklichkeit in die dialektische Bewegung des Begriffs hineinnimmt und mit der umfassenden Methode der Dialektik zu begreifen strebt, sucht er den irrationalen „Rest" bei Schelling „aufzuheben". Äußerlich ist diese Entwicklung Daubs mit dem für die spek. Theologie bedeutungsvollen Jahr 1827 abgeschlossen.

Zusammenfassend läßt sich sagen, daß Daubs und Marheinekes Hinwendung zu Hegel im wesentlichen formal-methodisch, nicht eigentlich sachlich begründet ist. Die Kehre von Schelling zu Hegel stellt keinen abrupten Bruch bzw. völligen Neuansatz dar, sondern ist ein organisch-methodisches Fortschreiten auf einem Wege, den die spek. Theologie in dem Augenblick betrat, als sie ihr Schicksal mit dem der spek. Philosophie verband.

c) Schleiermacher, De Wette und die spekulative Theologie

1. Schleiermacher und die spekulative Theologie

D. F. Strauß hat als erster in einem Aufsatz über Schleiermacher und Daub[71] diese als die beiden großen Antipoden einander gegenübergestellt. Und diese Gegenüberstellung ist keineswegs von ungefähr. Strauß hat sehr richtig gesehen, daß beide, Schleiermacher wie Daub, der Theologie in einer Zeit, in der diese durch Aufklärung, Rationalismus und Supranaturalismus ein gefährliches Tief erreicht hatte, neue Impulse gegeben und zwei völlig neue, diametral entgegengesetzte Möglichkeiten des Theologisierens aufgewiesen haben. Von daher läßt sich vielleicht verstehen, warum Schleiermacher und die spek. Theologen — Marheineke jedoch noch mehr als Daub — kaum Notiz voneinander nahmen. Jedenfalls verschwinden gegenüber den fundamentalen Unterschieden die wenigen noch verbleibenden Gemeinsamkeiten[72] fast völlig.

---

[71] D. F. Strauß, Schleiermacher und Daub, in: Charakteristiken und Kritiken, Leipzig 1844.

[72] so die Ablehnung der sog. Gottesbeweise (für Schleiermacher vgl. Der christliche Glaube, 3. Auflage, Berlin 1835, § 33), das Vorgegebensein des Gottesbewußtseins für die Dogmatik und die Entfaltung seines Inhalts als deren Gegenstand (vgl. Glaubenslehre I, S. 175) und das Hineinstellen der christlichen Religion als der absoluten und vollkommenen in die Reihe der übrigen Religionen. — In den „Grundlehren" von 1819 läßt Marheineke durch Betonung der Begriffe Gefühl, Leben, Gemüt Anklänge an Schleiermacher erkennen: „In dem mehr oder weniger geläuterten religiösen Gefühl liegen die Wurzeln verborgen von dem Baum der Theologie" (ebd.

Sieht Schleiermacher das Wesen der Religion im „schlechthinigen Abhängigkeitsgefühl" bzw. in der Frömmigkeit als einer „Bestimmtheit des Gefühls oder des unmittelbaren Selbstbewußtseins"[73], so hat für die spek. Theologie die Religion zwar auch etwas mit Frömmigkeit und mit Bewußtsein unserer Abhängigkeit von Gott zu tun[74]; doch ist hier Frömmigkeit bloß Kriterium für das wahre Bewußtsein von Gott als dem Wesen der Religion[75], ist das Abhängigkeitsbewußtsein nur eine Seite des Bewußtseins von Gott und Religion „in ihrer Subjektivität...... die mit dem Erkenntniß Gottes verbundene Frömmigkeit"[76]. Dabei liegt der Ton, stellt man den Religionsbegriff der spek. Theologie in Rechnung, eindeutig auf E r k e n n t n i s.

Neben der subjektiven Seite der Religion wird von der spek. Theologie ebensosehr deren objektiver Charakter hervorgekehrt. Immer und immer wieder wird betont, die Religion entstehe nicht im Menschen und durch diesen, sondern der Mensch entstehe der Religion, diese sei ihm vorgegeben. Subjektiv ist Religion eine Eigenschaft der einzelnen Menschen, objektiv Eigentum der Gesellschaft. Die Religion an sich selbst ist keines Menschen und keines Volkes Eigentum, vielmehr sind alle Menschen und alle Völker ihr Eigentum[77]. Erst in der Einheit der subjektiven und objektiven Seite der Religion liegt ihr Wesen begründet.

Beschreiten die spek. Theologen bei der Darstellung und Entfaltung ihres theologischen Systems den scholastisch-orthodoxen Weg „von oben nach unten", indem sie letztlich alle theologischen Sätze und loci aus einem einzigen obersten Prinzip deduzieren (der Idee bzw. dem Bewußt-

---

    S. 9); „die Religion... ist ein Glauben, und als solches ein Gefühl" (ebd. S. 17); die Religionswissenschaft ist „eine Psychologie der Religion, eine Nachweisung aller der einzelnen Wurzeln und Fäden der Religion und des Bewußtseyns Gottes im Gemüthe des Menschen" (ebd. S. 34) usw. — In den „Grundlehren" von 1827 sieht das sehr viel anders aus. Hier steht das Gefühl ganz unter der Herrschaft des Begriffs und hat ausschließlich an diesem seine Wahrheit.

[73] Glaubenslehre, § 3 Leitsatz.
[74] vgl. Daub, Einleitung 1810, S. 88—89.
[75] „Wo Frömmigkeit ist, d. h. ein Handeln der Menschen im Bewußtseyn ihrer Abhängigkeit von Gott, da ist in ihrem Bewußtseyn von Gott selbst Wahrheit" (ebd. S. 91). Trotzdem läßt ein Fehlen der Frömmigkeit nicht auf Aberglauben und Mangel an Wahrheit und Gotteserkenntnis schließen!
[76] ebd. S. 89.
[77] Daub, Orthodoxie und Heterodoxie, Heidelberger Studien I, S. 104.

sein Gottes, später dem Gedanken Gottes), so wählt Schleiermacher den umgekehrten Weg. Er setzt beim Menschen und dessen „frommen Gemütszuständen" ein und definiert christliche Glaubenssätze als „Auffassungen der christlich frommen Gemütszustände"[78]. Geht es der spek. Theologie in erster Linie um strenge Systematik, Wissenschaftlichkeit und eine überkonfessionelle, zunächst und vor allem der Wahrheit dienende Theologie[79], so tritt bei Schleiermacher dieses Wissenschaftspathos hinter der betont kirchlichen und konfessionellen Ausrichtung der Theologie zurück. Für ihn ist die Dogmatik eine theologische Disziplin, die lediglich in bezug auf die christliche Kirche ihren Sinn und ihre Wahrheit hat[80].

Gebührt auch nach Marheineke Schleiermacher das Verdienst, das Bedürfnis des philosophischen Denkens in der Theologie erzeugt zu haben[81], so läßt Schleiermacher doch keinen Zweifel daran, daß die Theologie ganz in und aus sich selbst lebt und der Krücke der Philosophie nicht bedarf. Eine Anlehnung gar an die spek. Philosophie, der sich Daub und Marheineke mit Haut und Haaren verschrieben haben, lehnt er gänzlich ab: spekulative Sätze sind keine dogmatischen mehr[82]. Direkt gegen die spek. Theologen scheint Schleiermachers Satz gerichtet zu sein: „Die evangelische Kirche insbesondere trägt das einmüthige Bewußtsein in sich, daß die ihr eigenthümliche Gestaltung der dogmatischen Säze nicht von irgend einer philosophischen Form oder Schule abhängt oder überhaupt von einem speculativen Interesse ausgegangen ist"[83]. Sehr entschieden spricht er sich dagegen aus, die Ergebnisse spekulativer Tätigkeit und die der Betrachtung frommer Gemütszustände zu einem Ganzen zu verarbeiten. Die dialektische Sprache und die systematische Anordnung bilden für Schleiermacher den einzigen Zusammenhang zwischen der christlichen Glaubenslehre und der spek. Philosophie[84].

[78] Glaubenslehre, § 15 Leitsatz.
[79] Zwar ist auch für Daub die Dogmatik eine Institution der Kirche (2. Vorlesungsband, S. 9), doch dient die theologische Wissenschaft dieser nur mittelbar, unmittelbar dagegen der freien Erkenntnis (Marheineke, Einleitung 1842, S. 47/48).
[80] vgl. Glaubenslehre, § 2 Leitsatz. — Überhaupt spielt in der Theologie Schleiermachers die Kirchlichkeit eine ungleich größere Rolle als in der spek. Theologie (man vergleiche dazu nur den Abschnitt „Das Gesellige in der Religion" in den „Reden" und die §§ 6 und 17 der Glaubenslehre).
[81] Marheineke, Einleitung 1842, S. 10.
[82] Glaubenslehre I, § 16 S. 105.
[83] ebd. § 16 S. 106/107.
[84] ebd. § 28 S. 156.

Die Reihe der gegensätzlichen Standpunkte ließe sich beliebig verlängern. Wir wollen hier jedoch nur noch auf ein gerade für unser Thema wichtiges Glied innerhalb dieser Kette kurz eingehen.

Die spek. Philosophie und Theologie hatte, wie schon erwähnt, die durch Aufklärung und Rationalismus tief ausgehöhlte Trinitätslehre erneut zu Ehren gebracht, indem sie diese zum alles beherrschenden Zentraldogma der Theologie erhob. So wurde für Daub und Marheineke christliche Theologie Trinitätstheologie und jeder andersgearteten Theologie diese Titulatur aberkannt: das Dogma von der Trinität ist das eigentliche Telos jeder christlichen Theologie[85].

Schleiermacher dagegen weiß mit dieser zur Spekulation verlockenden Lehre wenig anzufangen und stellt sie daher völlig zusammenhanglos an den Schluß der Glaubenslehre. Seine Methode vermag über die Trinität nichts auszumachen, vor ihr versagt das fromme Selbstbewußtsein[86]. Infolgedessen erschöpft sich Schleiermachers Trinitätslehre in mehr oder weniger kritischen Anmerkungen zum überlieferten kirchlichen Dogma[87]. Pfeiffer hat darum recht, wenn er feststellt: „Schleiermachers Arbeit ist in seiner Reifezeit bestimmt durch den Gegensatz zur Spekulation"[88].

Somit markieren zu Beginn des 19. Jahrhunderts die Theologie Schleiermachers auf der einen, die Daubs und Marheinekes auf der anderen Seite d i e Pole christlichen Theologisierens. Zwar erreichte Schleiermachers Methode nicht die wissenschaftliche Strenge und Strafheit der spek. Theologie, erwies sich jedoch auf die Dauer gegenüber der spek. Methode als fruchtbarer und zukunftsträchtiger, besonders wenn es darum ging, konkrete geschichtliche Sachverhalte und Probleme in den Griff zu bekommen und zu erhellen.

---

[85] Bei Marheineke zeigt sich das schon rein äußerlich an der trinitarischen Gliederung seiner Dogmatik.

[86] Die Trinitätslehre „in ihrer kirchlichen Fassung ist nicht eine unmittelbare Aussage über christliches Selbstbewußtsein, sondern nur eine Verknüpfung mehrerer solcher" (Glaubenslehre II, § 170 Leitsatz). — „Schon jene Voraussezung von einer ewigen Sonderung im höchsten Wesen ist keine Aussage über ein frommes Selbstbewußtsein" (ebd. S. 529) usw.

[87] Auf S. 532 im 2. Teil der Glaubenslehre findet sich ein kurzer Hinweis auf Daubs Trinitätslehre. Bezeichnenderweise heißt es jedoch, man könne dieses Philosophem ganz auf sich beruhen lassen, ohne sich die Mühe zu machen, es einer Kritik zu unterwerfen.

[88] Karl Daub, S. 174.

2. De Wette und die spekulative Theologie

Große Hoffnungen und Erwartungen auf Überwindung aller Methoden des Ahnens, Fühlens, der Begeisterung usw. hatten Daub und Marheineke an die Hegelsche Begriffsdialektik geknüpft. Neben Schleiermacher auf theologischer und Jacobi auf philosophischer Seite war es vor allem Marheinekes langjähriger Berliner Fakultätskollege D e W e t t e[89], den die spek. Theologie mit dem Verdikt des „Gefühlstheologen" belegte. Wurde das von Daub und Marheineke auch nie direkt ausgesprochen, die Tatsache, daß der Name De Wette sich in ihren Schriften so gut wie nie findet, vermag diese Einstellung und dieses Urteil genügend zu bezeugen. Was wir schon bei Schleiermacher beobachten konnten, gilt auch hier: man kennt und respektiert sich zwar, schenkt aber im übrigen einander wenig Beachtung.

Der Gegensatz De Wettes zur spek. Theologie mußte sich schon zwangsläufig aus dessen Anschluß an die sich auf Kant und Jacobi gründende Friessche Philosophie[90] mit ihrem psychologisch-anthropologischen Unterbau ergeben[91]. De Wettes theologischer Ansatz, der darauf hinzielt, die kritisch verständige Ansicht der Religion mit der ideal-ästhetischen in Übereinstimmung zu bringen[92], läßt die Kluft zwischen ihm und der spek. Theologie sichtbar werden.

Dem spek. Theologen muß Hören und Sehen vergehen, wenn De Wette erklärt, keiner der drei Überzeugungsweisen des Wissens, Glaubens und Ahnens stehe, was die Gewißheit betrifft, den anderen nach, ja die Überzeugungsweise des Glaubens und der Ahnung (Gefühl) seien im Blick auf die o b j e k t i v e Wahrheit sogar über die des Wissens zu setzen, da nur durch sie das wahre Wesen der Dinge erfaßt werde[93].

---

[89] Bereits in ihrer Heidelberger Zeit war das Verhältnis zwischen Marheineke und De Wette gespannt. In Berlin, wo Marheineke sich innerhalb der Fakultät mehr und mehr isolierte und De Wette an Schleiermacher Unterstützung fand, sollte das nicht anders werden.

[90] vgl. H. Stephan, Geschichte, S. 85.

[91] Nach De Wette wird jede Theologie, welche nicht anthropologisch begründet ist, in der Behandlungsart der Geschichte fehlen (Über Religion und Theologie, 2. Auflage, Berlin 1821, S. 172). Das Beispiel der spek. Theologie zeigt die relative Wahrheit dieser These.

[92] Über Religion und Theologie, Vorrede zur 1. Auflage, S. IV.

[93] ebd. S. 14—19; außerdem Lehrbuch der christlichen Dogmatik, 1. Teil, 3. Auflage, Berlin 1831; 2. Teil, 2. Auflage, 1821, § 13 S. 8.

Diesen, dem Glauben und der Ahnung, wird die Religion zugeordnet. Ihr ist das Wissen völlig fremd[94], wohingegen für die spek. Theologie der Glaube bzw. das Glauben immer schon ein Wissen enthält.

Da nach De Wette religiöse Bildung auf der G e s c h i c h t e ruht, muß auch die Theologie h i s t o r i s c h sein[95]. Das heißt mit anderen Worten: der Dogmatiker muß geschichtlich zu Werke gehen und sich an der Dogmengeschichte orientieren. Im Gang dieser geschichtlichen Orientierung bilden die allgemeinen religiösen Ideen die Grundlage, auf welche die historischen Ergebnisse gegründet und in der Dogmatik zu einem Ganzen vereinigt werden. Indem die Bibel als Quelle der Wahrheit und die Symbole und Bekenntnisse als Zeugnis derselben gelten[96], erhalten diese eine Autorität, die der spek. Theologe ihnen nie zugestanden hat. Für diesen bleiben der biblische und kirchliche Standpunkt unvollkommen und damit unwahr; beide haben eine zwar notwendige, aber doch eben nur „propädeutische", d. h. auf den spekulativen Standpunkt vorbereitende Funktion: biblischer und kirchlicher Standpunkt haben ihre Wahrheit nur an jenem.

Steht so De Wette in vieler Hinsicht Schleiermacher ohne Zweifel näher als der spek. Theologie, so schälen sich doch, von seiten der letzteren her gesehen, mehr Berührungspunkte mit der Theologie De Wettes als mit der Schleiermachers heraus. Das gilt vor allem für den Religionsbegriff, die Trinitätslehre, die Lehre von der inneren Offenbarung und der unserer Vernunft notwendig innewohnenden Idee Gottes und schließlich für die Stellung zur Philosophie. De Wette steht somit in systematisch-theologischer Sicht etwa im Mittelpunkt der Achse, die durch Schleiermachers Theologie auf der einen, die spek. Theologie auf der anderen Seite begrenzt wird[97].

---

[94] Über Religion und Theologie, S. 20. — Das Wesen der Religion „finden wir in dem durch kirchliche Symbolik und Lehre und zuletzt durch die innere Ü b e r z e u g u n g vermittelten G l a u b e n und G e f ü h l e" (Lehrbuch der christlichen Dogmatik, § 49 S. 30).

[95] Über Religion und Theologie, S. 172.

[96] ebd. S. 226.

[97] Auf das von E. Hirsch entdeckte, geistesgeschichtlich und theologisch jedoch nicht weiter zum Tragen gekommene Kuriosum einer Einwirkung Daubs auf Kierkegaard durch seine letzte Schrift „Über die Form der christlichen Dogmen- und Kirchenhistorie" (1836) weisen wir hier nur hin; vgl. dazu E. Hirsch, Kierkegaard-Studien III, 1, S. 93—105.

III. Die Theologie als Wissenschaft

a) *Der Wissenschaftsbegriff der spekulativen Theologie*

1. Der Wissenschaftsbegriff Schellings nach den „Vorlesungen über die Methode des akademischen Studiums"

Für S c h e l l i n g ist Wissenschaft letzten Endes nicht Menschenwerk. Sie bringt sich selbst hervor, da sich in ihr die Wahrheit (Schelling spricht lieber vom Absoluten bzw. Urwissen) ausspricht und entfaltet (Schelling könnte sogar sagen: offenbart!), alles Wahre aber seiner Natur nach ewig ist und mitten in der Zeit keinen Bezug zur Zeit hat. Sache der Zeit ist die Wissenschaft nur, sofern sie sich des Individuums bedient. Im Grunde erwächst das Wissen an sich ebensowenig aus der Individualität wie das Handeln an sich[1].

Dieses ewige Wissen, das e i n e Urwissen, verzweigt sich dann in die Einzelwissenschaften und erstreckt sich über den gesamten Raum der Erkenntnis[2].

Strenger als Schelling hat kaum jemand die Idee der Einheit der Wissenschaft jemals begriffen. Das gesamte Wissen gestaltet sich aus seinem Prinzip (dem Urwissen) zu einem lebendigen, organisch-geordneten Ganzen, zu einem Ideenkosmos, einem geistigen Universum, in dem keine Erkenntnis dem Zufall entspringt, sondern jede ihren notwendigen Ort hat.

Für Schellings Wissenschaftsauffassung ist damit, wie dann auch für die der spek. Theologen, der Begriff der Wahrheit konstitutiv. Vor allem aber ist für Schelling, wie für Daub und Marheineke, Wissenschaft S y s t e m , d. h. ein lebendiger, in sich bewegter O r g a n i s m u s , der nach Totalität, Einheit und Geschlossenheit strebt.

2. Der Wissenschaftsbegriff der spekulativen Theologie in der Schellingschen Periode

Diesem Wissenschaftsbegriff Schellings schließen sich die spek. Theologen aufs engste an[3]. Für sie ist die Idee der Wissenschaft in ihrer

---

[1] Methode, S. 36.
[2] ebd. S. 26 u. ö.
[3] Wir folgen hier Daubs „Einleitung" von 1810 (S. 211 ff.), die den Wissen-

Totalität ihr dem menschlichen Geist gleichsam eingezeugter Keim. Die einzelnen Teile der Wissenschaft, ihre Erkenntnisse, hängen zusammen wie die Glieder eines organischen Leibes. Dabei ist der menschliche Geist, der die Idee der Wissenschaft aus sich erzeugt, nicht selbst diese Idee. Er schafft und entwickelt somit die Wissenschaft auch nicht aus sich selbst. Diese bringt sich vielmehr in ihm, in welchem ihre Idee enthalten ist, durch sich und in sich selbst unter Zuhilfenahme der wissenschaftlich denkenden Menschen hervor, die gleichsam von der Wissenschaft selbst zu ihren Werkzeugen erwählt und in Dienst genommen sind[4].

Nur der jedoch hat die Fähigkeit, einer Wissenschaft zu dienen, der sich ganz von ihrer ihm und jedem Menschen eingeborenen Idee beherrschen läßt[5]. So „ist der Mensch nicht Schöpfer irgend einer Wissenschaft, sondern mittelst seiner erschafft und erhält jene sich durch und in sich selber"[6].

Folgende Momente konstituieren im wesentlichen den Wissenschaftsbegriff der spek. Theologie auf Schellingschem Standpunkt:
1. Der Systemcharakter der Wissenschaft
2. Die Selbständigkeit der Wissenschaft
3. Die Homogenität der Wissenschaft.

Zu 1. „Bedingung der Wissenschaft ist, daß sie System sey"[7], so lautet ein Kernsatz der spek. Theologie. Dieser Satz läßt sich jedoch nicht umkehren. Wohl gehört es jeweils zum Wesen einer Wissenschaft, System zu sein, nicht aber ist notwendigerweise jedes System Wissenschaft. Während sich durch die W i s s e n s c h a f t das Wahre und Gewisse ihrer Lehren unmittelbar darstellt, so daß das Wissen in der Wissenschaft zugleich verknüpft ist mit der Einsicht in die W a h r h e i t und G e w i ß -

---

schaftsbegriff für die Schellingsche Periode — aber auch im Hinblick auf die spätere Zeit — in nicht wieder erreichter Klarheit formuliert. — Marheinekes „Grundlehren" von 1819 sagen über einen allgemeinen Wissenschaftsbegriff nichts aus, setzen aber den Daubs so sehr voraus, daß Marheinekes gesamte Dogmatik nur auf dem Hintergrund dieses Begriffs verständlich wird.

[4] Daub, Einleitung 1810, S. 218.
[5] ebd. S. 230.
[6] ebd. S. 219. — Dieser Gedanke wird bis in die Hegelsche Periode hinein durchgehalten und begegnet in fast allen spekulativ-dogmatischen Schriften Daubs und Marheinekes.
[7] Daub, Einleitung 1810, S. 211.

h e i t dessen, was gewußt wird⁸, so stellen sich im S y s t e m bloß die Erkenntnisse in ihrem inneren Zusammenhang und im Zusammenhang ihres Ganzen dar ohne jeden Bezug auf ihre Wahrheit.

Infolgedessen fassen wir den Begriff des Systematischen als den einer inneren, von der menschlichen Willkür unabhängigen Ordnung, in der jede Erkenntnis durch sich selbst und zugleich durch alle übrigen, die in der Totalität des Systems enthalten sind, an der ihr mit N o t w e n d i g - k e i t zukommenden Stelle steht⁹. „Wovon der Mensch weiß, daß es innerlich geordnet sey, das weiß er s y s t e m a t i s c h, wie, was er als wahr weiß, wissenschaftlich"; ist ein „System zugleich Wissenschaft, so weiß er nicht nur, was wahr, als wahr, sondern auch, was an sich geordnet, als an sich geordnet, und ist also sein Wissen wie ein wissenschaftliches so ein systematisches"¹⁰.

Wissenschaft ist demnach nur möglich in bezug auf Wahrheit. Sie ist aus diesem Grunde mehr als ein bloßes sich in Begriffen wie Totalität und Notwendigkeit erschöpfendes System, das gegenüber der Wahrheit blind ist. Zwar steht das, was für das System gilt, zugleich für die Wissenschaft in Geltung, nicht jedoch umgekehrt. Der Begriff der Wissenschaft umschließt auch die das System konstituierenden Begriffe, da auch sie integrierende Momente des Wissenschaftsbegriffs sind, geht jedoch nicht in ihnen auf, sondern transzendiert diese auf den Begriff der Wahrheit hin: Wissenschaft i s t Wahrheit.

Zu 2. Stellt sich die Wissenschaft in ihren Erkenntnissen als die Wahrheit dar und ist sie als solche in allen ihren Teilen im Prinzip der Wahrheit und Gewißheit begründet, so muß sie von allem, was außerhalb ihrer selbst liegt, und ihr wesensmäßig nicht zugehört, unabhängig sein. Das heißt: zum Wesen der Wissenschaft gehört Selbständigkeit. Diese allein vermag die systematische Form zu begründen und zu garantieren, da die systematische Form keine beliebige, aus Willkür entsprungene,

---

⁸ „Jedes Wissen in der Wissenschaft, und sie selber als das Wissen, ein Wahrseyn, ist zugleich ein Wissen von ihm selber, von dem Wahrseyn, und jedes mit dem Erkenntniß seiner Wahrheit und Gewißheit verbundene Erkenntniß ist ein wissenschaftliches: was der Mensch weiß (wovon er ein Erkenntniß, oder, wie man auch sagt, Wissenschaft hat) ist wahr; wovon er weiß, daß es wahr, das weiß er w i s s e n s c h a f t l i c h" (ebd. S. 212).

⁹ „Was nun den Begriff des Systems betrifft, so ist es dasjenige Ganze, welches, als solches und in allen seinen Theilen, sich aus sich selber erzeugt und entwickelt, und sich in sich selber gestaltet und vollendet" (ebd. S. 215).

¹⁰ ebd. S. 213.

sondern eine n o t w e n d i g e ist und die Wissenschaft einzig und allein als System ganz in sich selber ruht[11]. Die symbolische Rede vom Leben einer Wissenschaft und von Leben und Bewegung der Erkenntnisse in ihnen selbst und in ihr deutet für Daub auf diese ihre Selbständigkeit hin[12].

Zu 3. Jeder Wissenschaft würde Wahrheit und Gewißheit fehlen, käme in sie ein Moment, das nicht aus dieser Wissenschaft selbst oder ihrem Prinzip entsprungen, sondern in der Subjektivität dessen begründet wäre, durch den sich diese Wissenschaft hervorbringt[13]. Ohne jede Ausnahme müssen sich daher alle Erkenntnisse in der Wissenschaft aus ihrem Prinzip erzeugen, da jede aus einer anderen Wissenschaft stammende Erkenntnis ein ihr Fremdes ist[14]. „Sämmtliche Erkenntnisse einer Wissenschaft, deren jedes wirklich einer ihrer Theile oder Artikel ist, sind nothwendig homogen, oder mittelst ein und desselben Stoffs, aus ein und demselben Keim, in ein und demselben Ganzen auf vollkommne gleiche Weise (nach ein und demselben Gesetz) sich erzeugend, in ihm enthalten und durcheinander, wie durch es selber, in ihm bestimmt und geordnet."[15]

Diese Homogenität in der Wissenschaft wird durch deren Systemcharakter gesichert. Die systematisierende Tätigkeit des Geistes gestattet nicht, etwas in die Wissenschaft eingehen zu lassen, was nicht schon ur-

---

[11] ebd. S. 231.
[12] Am Vergleich mit dem lebendigen Organismus eines Tieres im Unterschied zum Automaten wird die Selbständigkeit der Wissenschaft noch verdeutlicht: „Einem Automat, so künstlich sein Mechanismus sey, mangelt das Leben, und es selber hängt in allen seinen Bewegungen schlechthin ab von dem, der es gebauet; ein Thier hingegen, so unscheinbar sein Organismus seyn mag, lebt und bewegt sich und seine Glieder durch sich selber" (ebd. S. 232).
[13] „In einer solchen, aus dem Standpunkt der Subjectivität genommenen Ansicht einer Wissenschaft (gleichviel, ob sie die Subjectivität eines Individuums oder einer ganzen Nation, eines Zeitalters u. dgl. ist) erscheinet dann auch, indem in ihr die Selbständigkeit der Wissenschaft durchaus verkannt wird, alles, was dem im Voraus gemachten Begriff von der Wissenschaft nahe liegt, sey es auch an und für sich der Wissenschaft fremd, oder heterogen, als ein in sie aufzunehmendes Element, und was ihm fern ist, sey es auch, als aus ihr entsprungen, mit ihr noch so nahe verwandt, oder homogen, als ihr fremd und keiner Aufmerksamkeit werth" (ebd. S. 236/237).
[14] ebd. S. 233.
[15] ebd. S. 233/234.

sprünglich in ihr ist, bzw. etwas zu einem Teil der Wissenschaft werden zu lassen, was nicht der Möglichkeit nach bereits Teil ist, da in der Idee der Wissenschaft alle Momente und Teile des Ganzen der Potenz nach enthalten sind[16]. Infolgedessen wird jemand, der aus sich, bzw. aus dem sich die Idee einer Wissenschaft hervorgebracht hat und der als notwendige Bedingung der Wissenschaft ihre systematische Form erkannt hat, die Fülle seiner möglicherweise bereits erworbenen, verschiedenartigen Kenntnisse und Erkenntnisse von sich und der Wissenschaft abzuhalten wissen und dem, was heterogen ist, nicht erlauben, sich in diese einzumischen[17].

Wahrheit, System, Notwendigkeit, Totalität, Selbständigkeit und Homogenität sind die Kategorien, in denen Daub den Wissenschaftsbegriff zu beschreiben und zu bestimmen sucht. Es fällt nicht schwer, in ihnen und in der Art ihrer Anwendung und Interpretation die Vorlage des Schellingschen Wissenschaftsbegriffs wiederzufinden, der etwa bis zum Jahre 1808 dominierend bleibt.

In seinem Aufsatz „Über das theologische Element in den Wissenschaften" (1808) kündigt sich jedoch ein Umschwung an. Schon hier findet sich eine leichte Variante des bisher in Geltung stehenden, von Schelling bestimmten Wissenschaftsbegriffs zugunsten einer stärker von der Philosophie Hegels geprägten Wissenschaftslehre.

3. Der Wandel des spekulativen Wissenschaftsbegriffs in Daubs Aufsatz
„Über das theologische Element in den Wissenschaften"

Wenn Daub am Schluß dieses Aufsatzes erklärt[18], Wissenschaft stehe mit dem Leben im Bunde, da der Geist, der sich in ihr zu vollbringen suche, ein lebendiger Geist, ja das spekulative Wissen selbst noch nicht das lebendige Wissen sei, solange die Wissenschaft noch nicht das Leben selbst gewonnen und sich in ihm vollendet habe[19], so zeigt er sich darin freilich noch ganz dem Denken Schellings und der Romantik verpflichtet. Auch die später in der Hegelschen Periode immer wieder begegnenden Gedanken, daß die Wissenschaft in einem solchen Wissen als ihrem Prin-

---

[16] In diesem Zusammenhang vergleicht Daub die systematisierende Tätigkeit des Geistes mit der organisierenden der Natur bzw. mit der Natur in der Freiheit ihres notwendigen Wirkens (ebd. S. 234).
[17] ebd. S. 234/235.
[18] ebd. S. 29.
[19] ebd. S. 32.

zip anhebt, das höher ist als der Geist und sie selbst[20] und daß die Bedingung der Wissenschaft das Wissen sei, welches, indem sie entsteht, das nicht erstandene, das nicht gewordene, sondern der ewige Begriff von der Wahrheit und Heiligkeit selbst (Gott) sei[21], lassen sich noch zwanglos aus dem Schellingschen Wissenschaftsbegriff herleiten und verstehen. Wenn es jedoch heißt, in der Wissenschaft suche, finde und vollbringe der Geist sich selbst, indem er sie, die Wissenschaft, vollbringt, so dürfte bei diesem Gedanken bereits Hegels Phänomenologie Pate gestanden haben. In ihr geht es schließlich um nichts anderes als um dieses Sich-selber-finden, -vollbringen und -vollenden des Geistes im absoluten Wissen. Hegel selbst glauben wir zu hören, wenn Daub schreibt, die Wissenschaft, die selbst ein Wissen sei, könne nicht im Nichtwissen, Ahnen, Glauben usw., sondern allein im Wissen selbst ihren Anfang nehmen[22]. Hegel läßt kaum eine Gelegenheit aus, um auf die Minderwertigkeit und Unzulänglichkeit dieser Erkenntnisformen hinzuweisen[23].

Interessant in diesem Aufsatz ist Daubs Dreiteilung der Wissenschaftsgeschichte im Verhältnis der Wissenschaft zum Prinzip ihres Entstehens. Daub gliedert folgendermaßen: a) Die Periode der Kontemplation, b) der Reflexion, c) der Spekulation[24].

In den beiden ersten Perioden ist das Element der Wissenschaft, in dem diese sich bewegt, der Wissenschaft unangemessen; erst in der Periode der Spekulation wird dieses (gemeint ist das Element der Wahrheit und Heiligkeit) begriffen und anerkannt. Dabei bestimmt Daub das spekulative Wissen als ein über das Prinzip seiner selbst (d. h. das Wissen, welches als Prinzip alles Wissens begriffen wird) reflektierendes Denken[25].

4. Der spekulative Wissenschaftsbegriff in der Hegelschen Periode

Auf dem Hegelschen Standpunkt der spek. Theologie finden sich nun alle Momente und Kategorien wieder, die den bisher beschriebenen Wis-

---
[20] ebd. S. 5.
[21] ebd. S. 8.
[22] ebd. S. 6.
[23] Man vgl. nur Hegels Attacke auf das Gefühl in der Vorrede zur Phänomenologie, S. 56: „Das Widermenschliche, das Tierische besteht darin, im Gefühle stehen zu bleiben und nur durch dieses sich mitteilen zu können."
[24] Daub, Über das theologische Element in den Wissenschaften, S. 9 ff. — Diese drei Perioden müssen jedoch nicht unbedingt chronologisch aufeinander folgen. Sie werden daher später im Abschnitt über die „Artikulation" und den Aufbau der Dogmatik nochmals begegnen.
[25] ebd. S. 20.

senschaftsbegriff kennzeichneten. Wissenschaft bringt sich aus ihrem Prinzip durch sich selbst hervor, der Mensch ist nur ihr Werkzeug[26]. Sie ist notwendigerweise System[27] und von daher wesensmäßig auf Wahrheit bezogen[28], ihre Erkenntnisse und ihre Form sind notwendig, nicht zufällig[29], zu ihrem Wesen gehören Selbständigkeit und Homogenität[30].

[26] „Es folgt, daß der Anfang der Wissenschaft sich mit dem selbst mache, womit sie anhebt, und daß der, welcher die Wissenschaft unternimmt, bei diesem Anfange, der sich selbst macht, und bei ihr, der Wissenschaft selbst, in ihrem Anfange sich als Organ verhalte: das Prinzip ergreift ihn, er ist das Instrument, wodurch die Wissenschaft sich selbst anfängt... So lange es heißt 'Storr'sche, Schleiermacher'sche Dogmatik', so lange ist die Dogmatik abhängig von subjectiven Autoritäten" (Daub, 6. Band, S. 21). — „Wie die Pflanze... aus sich selbst, d. h. aus ihrem Keim hervortreibt, so ist auch das Subject nur Werkzeug der Wissenschaft und Idee, mittelst dessen diese sich aus sich selbst verwirklicht. Diese Selbstbewegung der Idee im Begriff oder der Sache selbst im Denken ist von einer über alles blos subjective Denken unendlich hinausreichenden, der Natur analogen, organischen, aber zugleich im Gebiet der Freiheit und des Geistes versirenden Nothwendigkeit... So w i r d nun auch die Wissenschaft nicht eingetheilt, sondern sie theilt sich selbst ein. Das sich in sich selbst Unterscheiden der Idee ist ihr sich Gliedern und Eintheilen" (Marheineke, System 1847, S. 22/23).

[27] Die Wissenschaft „ist ein organisches Ganzes, ein Rythmus oder System" (Marheineke, Grundlehren 1827, S. 52).

[28] „Eben die Idee der Wissenschaft thut an deren Inhalt die Forderung, daß seine Form die wissenschaftliche, scientifische, und an die in und mit sich verwirklichende Wissenschaft zugleich die, daß die ihrige die systematische sey, oder daß jede Glaubenswahrheit, die der Inhalt eines Dogma's ist, aus ihr, der Wahrheit selbst, und aus ihrem Zusammenhange mit jeder, die jedes Dogma zu seinem Inhalte hat, gewußt werde" (Daub, 2. Band, S. 8). — Die Wahrheit „ist das Wesen und Wesentliche in der Wissenschaft" (Marheineke, System 1847, S. 3).

[29] „Die Wissenschaft selbst, deren Inhalt aus Erkenntnissen besteht, von welchen jede eine ihr nothwendige Form hat, und die mit gleicher Nothwendigkeit zusammenhalten, ist das Ganze derselben, die Totalität, und so können alle einzelnen Erkenntnisse in ihr als die Theile dieses Ganzen vorgestellt werden. Aber das Ganze mit seinem Inhalte kann kein formloses seyn, so wenig wie der Inhalt, und auch die Form, welche die Wissenschaft selbst nun als jenes Ganze hat, ist eine von Zufall, Willkühr und Einfall ganz unabhängige, eine ihm dem Ganzen, als dem Inhalte, durch es selbst wesentliche und nothwendige, keine an dasselbe gebrachte" (Daub, 2. Band, S. 41/42). — In der Wissenschaft „gilt nur das freie, mit der Noth-

Neu gegenüber der vorhergehenden Periode (wie auch gegenüber Hegel selbst) ist eigentlich nur das starke Hervortreten des im Glauben angelegten Zweifels als bestimmendes Motiv zur Wissenschaft[31].

Im großen ganzen wird nun der vergleichsweise statische Wissenschaftsbegriff der Schellingschen Periode, in dem alles schon im Amfang (im Urwissen) wie in einem Urkeim da ist, zum dynamischen Begriff der Hegelzeit fortenwickelt: die Wissenschaft (wie ihr Begriff) wird in das Werden, in die dialektische Bewegung hineingezogen. Wie die gesamte Wirklichkeit, so unterwerfen die spek. Theologen jetzt auch die mit ihrem Begriff identische Wissenschaft[32] der Selbstbewegung des Begriffs, der dialektischen Methode. Diese ist für Marheineke ein stetiges „dem Gang der eigenen, inneren Bewegung der Sache Nachgehen"[33]. Das sich in der Wissenschaft vermittelnde Wahre muß sich daher vorher entzweien und durch den Gegensatz hindurcharbeiten. Dieser gehört damit der Wissenschaft selbst an[34].

Die spek. Theologie hat sich so in der Tat, wie Hegel in der Phänomenologie gefordert hatte, dem Leben des Gegenstandes übergeben und „die Anstrengung des Begriffs" auf sich genommen, an dem die Wahrheit allein das Element ihrer Existenz hat. An den Wisschenschaftler ergeht daher die Forderung, methodisch (d. h. dialektisch im Sinne Hegels) vor-

---

wendigkeit identische, nicht das willkührliche Denken, nur das seiner Berechtigung sich bewußte" (Marheineke, System 1847, S. 3).

[30] „Die Wissenschaft hat ihre Bestimmung nicht in einem andern, als ihr selbst" (Marheineke, Grundlehren 1827, S. 3). — „Es geht aber in der Wissenschaft Alles nicht aus einem andern, sondern aus sich selbst hervor, sie ist ein in allen ihren Theilen sich auf sich selbst beziehendes Wissen" (ebd. S. 52). — „Verschiedene aber, als enthalten in ein und derselben Wissenschaft, können sie (die Erkenntnisse) nur seyn, indem nicht die eine Erkenntniß anderer Art ist, als die andere; verschiedenartig sind sie nicht, sonst gehören sie verschiedenen Wissenschaften an" (Daub, 2. Band, S. 41).

[31] Vom Zweifel heißt es, ohne ihn könne niemand den Boden der Wissenschaft betreten (Marheineke, System 1847, S. 7).

[32] Daub beginnt seine Anthropologie (1. Vorlesungsband) mit dem Satz: „Die Wissenschaft ist selbst ihr eigener Begriff, zu dem man erst am Schlusse derselben gelangt" (S. 3). Dazu Hegel: „Das Wahre ist das Ganze. Das Ganze aber ist nur das durch seine Entwicklung sich vollendende Wesen. Es ist von dem Absoluten zu sagen, daß es wesentlich R e s u l t a t, daß es erst am Ende das ist, was es in Wahrheit ist" (Phänomenologie, S. 21).

[33] Marheineke, Grundlehren 1827, Vorrede S. XXIII.

[34] derselbe, System 1847, S. 4—5.

zugehen und alles in seiner Notwendigkeit zu begreifen. „Einen andern Beweis als den Begriff giebt es in der Wissenschaft nicht."[35] Die methodische Bewegung ist der Gang der Notwendigkeit und der Selbstbewegung des Inhalts[36], die Methode selbst der Geist der Wissenschaft, ihre allgemeine, notwendige und vernünftige Form[37].

Die innere Notwendigkeit der Wissenschaft besteht darin, selbst das vollkommenste Leben des nur in ihr sich wahrhaft genügenden und vollendenden Geistes zu sein[38]. Wie das aussieht, hat Hegel in der Pänomenologie des Geistes beispielhaft gezeigt.

Diesem philosophisch-idealistischen Wissenschaftsbegriff hat sich die Theologie, erhebt sie Anspruch auf Wissenschaftlichkeit, zu fügen.

b) Der Wissenschaftscharakter der Dogmatik

1. Der Wissenschaftscharakter der Dogmatik auf Schellingschem Standpunkt

Daß die Theologie Wissenschaft im strengsten Sinne des Wortes sein kann, soll und muß, ist ein Glaubensartikel der spek. Theologie. Es entspricht ihrem Wesen, ihrem Zweck und ihrer Zielsetzung, Wissenschaft zu sein[39]. Für die spek. Theologen gilt die Theologie als die des Menschen würdigste, als die vortrefflichste und erhabenste aller Wissenschaften[40]. Ausdrücklich wird hervorgehoben, daß nur die c h r i s t l i c h e Theologie, die Wissenschaft von der c h r i s t l i c h e n Religion, Wissenschaft sein kann, da die christliche Religion die einzig wahre ist.

Reden Daub und Marheineke von der Theologie als einer Wissenschaft, so verstehen sie darunter eine Wissenschaft von der möglichst vollkommenen Erkenntnis Gottes in der Religion, eine „Wissenschaft vom Prinzip der Religion und jeder ihrer Lehren"[41]. Um diese, wir würden heute

---

[35] ebd. S. 23.
[36] derselbe, Vorrede zu Daubs Anthropologie, S. X.
[37] derselbe, Entwurf der praktischen Theologie, § 28.
[38] derselbe, Grundlehren 1827, S. 3.
[39] „Das Bedürfnis der Theologie aber ist die Wissenschaft" (Marheineke, System der theologischen Moral, S. 51). — Die dogmatische Theologie „soll und will Wissenschaft seyn im strengsten Sinne des Worts" (Daub, 2. Band, S. 215).
[40] vgl. Daub, Anthropologie, S. 9; außerdem Die Theologie und ihre Enzyklopädie, S. 2.
[41] Daub, Einleitung 1810, S. 122.

sagen: um die systematische Theologie mit ihrer Aufgliederung in Dogmatik und Ethik, sind sie bemüht. Die systematische Theologie allein vermag dem philosophischen Wissenschaftsbegriff zu entsprechen und darum theologische Wissenschaft in ihrer eigentlichen Bedeutung zu sein. Einer auch die exegetischen und historischen Disziplinen umfassenden Theologie wird diese Qualifizierung abgesprochen. Das eigentlich theologische Wissen ist nicht historisch, sondern systematisch-spekulativ.

Trotzdem bestreiten Daub und Marheineke keineswegs, daß philosophische und exegetische Studien dem Bereich der Theologie angehören, nur zeigen sie sich an ihnen weitgehend uninteressiert[42].

Auffallend breiter Raum wird der Frage nach dem Entstehungsgrund bzw. der Notwendigkeit der Theologie eingeräumt. Ist die Religion Gegenstand der Theologie bzw. der Dogmatik, so werden die Menschen so lange nicht nach der Wissenschaft von ihr (nämlich der Theologie) streben bzw. dieser bedürfen, als die Religion unter ihnen lebendig ist und nicht in Zweifel steht[43]. Sobald aber Unglaube und Aberglaube aufkommen und sich ausbreiten und ihr Einfluß die Religion zu trüben beginnt, wird um der Reinheit und Bewahrung der Religion willen eine Wissenschaft von ihr, eben die Theologie, genauer: die Dogmatik, erforderlich[44]. Der eigentliche Grund für die Notwendigkeit einer Wissenschaft von der Religion liegt darum in dem Streben der Menschen, sich dieser zu entziehen. Da nun aber dieses Streben ständig im Menschen war und ist und nicht nur hier und dort einmal entsteht und Aberglaube und Unglaube zu allen Zeiten in der Geschichte nachweisbar sind, kann es keine Zeit geben, die die Dogmatik zu entbehren vermag.

---

[42] „Die Theologie, als Religionswissenschaft und System, tritt mit andern, ihr unmittelbar fremden Erkenntnissen in Verbindung und bildet so die einzelnen theologischen Disciplinen. Sie sind sämmtlich nicht rein theologisch in dem Sinne, als es die Religionswissenschaft ist; sofern sie aber als Wissenschaften auf einem theologischen Prinzip beruhen, werden auch sie, kraft dieses Zusammenhanges mit der Religionswissenschaft, zur Theologie im weitern Sinne gerechnet" (Marheineke, Grundlehren 1819, § 3 S. 4); vgl. auch Daub, Einleitung 1810, S. 121—122 und Theologumena, § 9 S. 14—15.

[43] Dazu heißt es in den „Theologumena": „Quousque autem omnem suam vim in populum qualemcumque sancte exercet, nulla istiusmodi doctrina et institutione omnino opus est" (S. 12); vgl. auch Marheineke, Grundlehren 1819, § 9 S. 7.

[44] Marheineke, Grundlehren 1819, § 9 S. 7. — „Si vero illa (die Religion) ob mentis humanae levitatem fastumque (hominum nempe genus impium aversata) commorari diutius in his terris nolle videtur, sed quo devenit,

Somit ist die Dogmatik zunächst eine notwendige und entscheidende Waffe im Kampf gegen Aberglauben und Unglauben, sodann aber auch unentbehrlich für die, die berufen sind, das Leben der Menschen in der Religion zu leiten und der Kirche vorzustehen. Schließlich dient sie der Aufhebung des Zweifels, der am Anfang jeder Wissenschaft und besonders der Theologie steht und den es durch sie zu beseitigen gilt. Der Zweifel beschreibt gleichsam das Kindheitsalter der Theologie, die Zeit der Unreife, die mit Notwendigkeit wohl oder übel durchschritten werden muß. Er ist darum in der Theologie als eine notwendige Durchgangsstufe anzusehen[45].

Was oben über den Wissenschaftsbegriff im allgemeinen herausgearbeitet wurde, gilt nun naturgemäß auch für die Theologie.

Wie den Keim der Wissenschaft überhaupt, so hat die Vernunft auch den Keim der Theologie in sich. Aus jenem erzeugt sich diese selbst als ein System durch Menschen, die zum wissenschaftlichen Denken befähigt und erzogen sind. Die Theologie verliert ihre Autorität und Würde, richtet nicht derjenige, der sich auf sie einläßt und sie entwickelt, seine ganze Kraft und Aufmerksamkeit darauf, daß sie sich aus sich selbst hervorbringt, wächst und vollendet[46].

Zwar kann Daub die Theologie in ihrem Entstehen und in ihrer Fortbildung als Menschenwerk bezeichnen und darüber hinaus als eine Wissenschaft, die immer vollkommener werden kann und soll[47], doch darf das nur so verstanden werden, daß hier im Unterschied zur Religion die Theologie des Menschen bedarf und ohne ihn nicht möglich ist, daß also, während die Religion i s t , die Theologie w i r d.

Wenn nun auch der Keim der Wissenschaft und der Theologie in jeder menschlichen Vernunft angelegt ist, so sieht sich doch bei weitem nicht

---

    in coelum esse reditura, tum demum hujusce doctrinae exoritur desiderium atque necessitas" (Daub, Theologumena, S. 12); derselbe, Einleitung 1810, S. 144 ff.

[45] Das Motiv des Zweifels taucht in der Schellingschen Periode nur erst am Rande und dann auch nur bei Marheineke auf (Grundlehren 1819, § 11 S. 8), wird aber, wie wir noch sehen werden, in der Hegelzeit als Stimulans zur theologischen Wissenschaft fast alleinbestimmend werden.

[46] „Theologiae nulla unquam erit auctoritas, nulla dignitas, nisi qui in eius exstruendo systemate elaborant, ingenio suo, omnibusque suis laboribus utuntur ad id, ut ea e semetipsa gignatur, nutriatur, crescat et perficiatur" (Daub, Theologumena, § 10 S. 17); vgl. auch Daub, Einleitung 1810, S. 242 und Marheineke, Grundlehren 1819, § 77 S. 55.

[47] Daub, Einleitung 1810, S. 143.

jeder in der Lage, ein theologisches System zu begründen und zu entwickeln. Dazu bedarf es einiger Voraussetzungen; diese sind 1. religiöser, 2. intellektueller, 3. moralischer Art.

Für die spek. Theologie kann es keine Wissenschaft und vor allem keine Theologie ohne Religion geben; eine Wissenschaft ohne Religion wäre ohne jede Wahrheit und infolgedessen bloße Scheinwissenschaft[48].

Ist zum anderen die Theologie eine „intellektuelle Organisation", deren sämtliche Teile Erkenntnisse sind, so kann nur der sie als Wissenschaft begreifen, der sich aus der Region des Daseins, aus der empirischen, sinnlich vorfindlichen Welt, in das Gebiet des Erkennens zu versetzen vermag. Die Theologie erfordert daher intellektuelle Erziehung, eine gewisse Gewandtheit des Geistes, einen der Erkenntnis transzendenter und abstrakter Dinge fähigen philosophischen Verstand und nicht zuletzt auch gelehrte, d. h. exegetische und historische Kenntnisse[49].

Die Forderung nach intellektueller Erziehung hat die Theologie mit allen Wissenschaften gemeinsam. Auch S c h e l l i n g schließt sich ihr an. Er will auf die historische Seite der Wissenschaft, durch die jeder Studierende hindurch muß, nicht verzichten: „In Ansehung derselben findet das bloße L e r n e n statt"[50]. Er fordert deshalb, vor dem Eintritt in das akademische Studium bereits all das zu erlernen, was zum Mechanischen in den Wissenschaften gehört und empfiehlt besonders das Erlernen der alten Sprachen[51].

Schließlich und vor allem gehört zur Beschäftigung mit der theologischen Wissenschaft das, was Daub die S e l b s t v e r l e u g n u n g oder Selbstresignation nennt. Jeder, der ernsthaft Wissenschaft und speziell Theologie betreibt, muß sich und seine Subjektivität der Idee der Wissenschaft bzw. der Theologie und dem in ihrem Objekt begründeten Gesetz unterordnen[52].

---

[48] „Nullus, nisi religione imbutus theologiae limen, nedum penetralia adire potest... si numinis afflatu divino, et hominis vera pietate careat" (Daub, Theologumena, § 9 S. 16). — „Ohne Religion ist alles, was der Mensch durch sein Wahrnehmen, Denken und Forschen erwirkt, bloße Meynung, Wahn und Irrthum" (derselbe, Einleitung 1810, S. 152).

[49] Daub, Die Theologie und ihre Enzyklopädie, S. 4 ff.; Marheineke, Grundlehren 1819, § 12 S. 9. — Vgl. auch Marheineke, Grundlehren 1819, § 6 S. 5/6: „Die Bildung deutlicher Begriffe von der Lehre der Religion ist in dem religiösen Menschen der Anfang der Wissenschaft."

[50] Methode des akademischen Studiums, S. 51.

[51] ebd. S. 58—59.

[52] Daub, Einleitung 1810, S. 311.

Die Resignation und Selbstlosigkeit sucht die dem Menschen angeborene stetige Selbstreflexion zu verhindern. So muß sich der, der in das Innere der Theologie schauen und sie kennenlernen will, mit dem Gefühl seiner Nichtigkeit durchdringen und mit aller Kraft den Dünkel seines Wissens bekämpfen. Dazu aber ist nur die Spekulation, die eigentlich wissenschaftliche Theologie, in der Lage. Sie stellt dar, ohne ihr Denken in die Darstellung hineinzumischen. Das Prinzip der Resignation, auf Grund dessen der Mensch zur Selbstlosigkeit aufstrebt, ist das wahrhaft Göttliche im Menschen, das der Selbstsucht verschlossen bleibt[53].

Die Theologie ist eine Wissenschaft, ihr Gegenstand die Religion als Inbegriff aller ewigen Glaubenswahrheiten. Deren Form ist die Wissenschaft als die in ihnen begründete und vollendete Erkenntnis dieser Wahrheiten; Inhalt der Dogmatik ist die Summe der Erkenntnisse über die Religion.

Zwar hat die Theologie die Symbole der Religion zu ergründen und zu verstehen und die Dogmen zu begreifen, doch ist sie nicht nur Wissenschaft von den symbolischen Glaubenslehren, sondern zugleich auch von den Prinzipien derselben, vom Urprinzip der Wahrheit (Gott)[54]. Sie selbst hat das religiöse Prinzip der Religion in sich.

In der Theologie entwickelt sich jeder Satz und jeder dogmatische locus aus der Idee Gottes (bzw. dem Bewußtsein Gottes) und bezieht sich auf diese. Die Idee von Gott ist das Prinzip nicht nur der Religion, sondern auch der Theologie bzw. der Dogmatik. Speziell G e g e n s t a n d und P r i n z i p der c h r i s t l i c h e n Dogmatik ist das Bewußtsein Gottes, wie Christus ihn uns offenbart hat[55], ihr Zweck, die Anerkennung der Wahrheit und Göttlichkeit der Religion zu bewirken[56].

Daß eine solche sich aus der in unserer Vernunft angelegten Idee Gottes entwickelnde Theologie, die ihren Zweck in sich selbst hat und sich vorrangig der Wahrheit verpflichtet weiß, also eine freie Wissenschaft ist, überkonfessionell sein muß, versteht sich nahezu von selbst. Für Daub

---

[53] derselbe, Die Theologie und ihre Enzyklopädie, S. 18 ff.
[54] Die „Theologumena" geben eine knappe, aber treffende Zusammenfassung dessen, worauf sich Interesse und Aufmerksamkeit der Dogmatik richten. Diese fragt: „Quis, quantusque sit Deus, b) qualis religio, et unde ad homines redundet, aut redundaverit, c) quae qualisque fit hominum salus aeterna, et quonam religionis usu hujusce salutis, ceu vitae divinae participes reddantur?" (§ 9 S. 14).
[55] Marheineke, Grundlehren 1819, § 52 S. 38.
[56] Daub, Einleitung 1810, S. 246.

und Marheineke gibt es nur e i n e c h r i s t l i c h e Dogmatik, keine katholische, lutherische oder reformierte[57].

Entwickelt sich nun die Idee Gottes in der Wissenschaft von der Religion in ihren einzelnen Momenten, so entsteht der Begriff der Religionswissenschaft. Diese ist ein S y s t e m theologischer Erkenntnisse[58].

Aus einem doppelten Grund muß die theologische Wissenschaft System bzw. die Form der Dogmatik systematisch sein: 1. erhebt die christliche Dogmatik den Anspruch auf Wahrheit, die nur im wissenschaftlichen System aussagbar ist, 2. ist die christliche Religion selbst System, und zwar ein System religiöser Lehren, die eine systematische Darstellung verlangen. Die Lehre von der Religion, die Theologie, wird Wissenschaft und damit System, indem der Theologe ihr als Werkzeug, des Bewußtseins Gottes teilhaftig, 1. über dieses Bewußtsein reflektiert und den Grund desselben zu verstehen sucht, 2. veranlaßt, daß alle in der ihm innewohnenden Idee der Wissenschaft enthaltenen und nicht unterschiedenen Teile sich voneinander scheiden, ohne dabei jedoch von der Idee oder voneinander getrennt zu werden. In beiden Fällen wird dem Theologen das Wie der Reflexion und der Unterscheidung von der christlichen Religion selbst vorgeschrieben[59].

Infolgedessen ist die Dogmatik als spekulative Wissenschaft ein aus ihrem Prinzip (der Idee bzw. dem Bewußtsein Gottes) sich notwendig gestaltendes, in allen seinen Teilen organisch verbundenes, innerlich geordnetes Wissen. Mit anderen Worten: die spek. Dogmatik ist System, das spek. Wissen systematisches Wissen.

System vermag die Dogmatik jedoch nur dann zu sein, wenn sie in allen ihren Teilen und zu jeder Zeit mit ihrem Prinzip in Übereinstimmung bleibt und ihre Grundidee bereits die ganze Wissenschaft impli-

---

[57] So sehr sich in dieser Frage die spek. Theologie von Schleiermacher unterscheidet — wir wiesen bereits darauf hin —, so kann doch immerhin im dogmatischen Ansatz eine gewisse Gemeinsamkeit zwischen beiden nicht übersehen werden. Gewinnt Schleiermacher die dogmatischen Sätze aus der Reflexion über die Aussagen des frommen Selbstbewußtseins bzw. aus der Analyse unseres Abhängigkeits- oder Gottesbewußtseins, so entwickeln die spek. Theologen die Dogmatik aus der Reflexion über das Bewußtsein bzw. die Idee Gottes. Nur ist eben Schleiermachers frommes Selbst- oder Gottesbewußtsein etwas von dem Bewußtsein Gottes in der spekulativen Theologie sehr Verschiedenes (vgl. das Kapitel: Schleiermacher und die spekulative Theologie).

[58] Marheineke, Grundlehren 1819, § 2 S. 3/4.

[59] Daub, Einleitung 1810, S. 255 ff.

ziert[60]. Diese ist in der Idee der theologischen Wissenschaft, im Prinzip der Dogmatik enthalten. Das meint Daub, wenn er in den „Theologumena" schreibt, daß die cognitio religionis „in systematis formam erit redigenda"; das Wesen dieses Systems besteht darin, daß es „ceu totum, qualibet parte sua prius est, quodque omnes ejus, et singulae partes ex ipso toto enascuntur, nec igitur cohaerent solum et coalescunt, sed connatae etiam sunt atque concrescunt"[61].

Im Verlauf der Darstellung eines theologischen Systems hat der Dogmatiker zwei Hauptfehler zu vermeiden: 1. die Systemsucht, 2. die Systemscheu. Er wird sich nur dann sicher zwischen Scylla und Charybdis hindurchbewegen, wenn es ihm gelingt, den Gegenstand der Dogmatik, die christliche Religion in dem inneren und organischen Zusammenhang aller Glieder als die Norm und das Gesetz zur Bearbeitung der dogmatischen Wissenschaft zu begreifen. Nur so wird die Idee der Wissenschaft ihr Recht behaupten[62].

Der spek. Theologie gilt demnach als unumstößliches Gesetz: die christliche Dogmatik kann, will sie Wissenschaft sein, nur anfangen und sich vollenden, wenn sie wie jede andere Wissenschaft in ihrem Keim schon ein System ist und sich als solches entfaltet und gestaltet[63].

---

[60] „Lebendig ist die Wissenschaft als System nur so, daß die Grundidee derselben durchaus eins ist mit dem Ganzen, und in allen seinen Theilen wesentlich wieder erscheint" (Marheineke, Grundlehren 1819, § 76 S. 55).

[61] § 10 S. 16/17. — Der Schellingsche Wissenschaftsbegriff läßt sich hier mit Händen greifen!

[62] Daub, Einleitung 1810, S. 303 ff.

[63] Zur Verdeutlichung diene der Vergleich mit dem Rationalismus. Nennt B r e t s c h n e i d e r die Dogmatik eine Wissenschaft, die die Meinungen und Grundsätze über die christliche Religionslehre, zu welchen sich die christlichen Parteien öffentlich bekannt haben, s y s t e m a t i s c h und gelehrt darstellt, systematisch ordnet und k r i t i s c h nach Schrift und Vernunft prüft (Handbuch der Dogmatik der evangel.-luth. Kirche, 1. Band, 2. Auflage, Leipzig 1822, S. 13), so sieht auch er in der systematischen Form ein Wesensmerkmal der wissenschaftlichen Dogmatik. Doch besteht für Bretschneider ein solches System weniger in einem inneren organischen Zusammenhang der einzelnen, alle aus einem einzigen Prinzip erwachsenen Teile als vielmehr in ihrer bloß zweckmäßigen und logischen Anordnung. Die besondere und vielfache Hervorhebung des kritischen Moments in der Dogmatik und die Gleichstellung von Schrift und Vernunft zeigen im übrigen, welch abgrundtiefer Graben sich in der Einschätzung einer wissenschaftlichen Dogmatik zwischen der spek. Theologie und dem Rationalismus eröffnet.

Aus dem Kernsatz der spek. Theologie, daß die Dogmatik System sein muß, ergeben sich für den Bearbeiter der dogmatischen Wissenschaft zwei Forderungen. Er muß 1. die S e l b s t ä n d i g k e i t der Theologie anerkennen, d. h. er darf im Entwerfen der Religionswissenschaft nicht willkürlich, also nach einem beliebigen Zweck verfahren, sondern muß darin allein den Gegenstand dieser Wissenschaft, die christliche Religion, vor Augen haben, ohne den Gegenstand, Inhalt und Zweck der Theologie mit denen der Religion zu verwechseln. Das geschieht immer dann, wenn ein zum Inhalt der Religion gehörender Glaubensartikel als dem Inhalt der Theologie angehörend betrachtet und behandelt wird.

An den Theologen ergeht 2. die Forderung, die Theologie als ein Ganzes in der H o m o g e n i t ä t ihrer Teile anzuerkennen. Nur wenn die Teile der Theologie aus ihr als dem Ganzen selbst entstehen, kann in ihr, wie in der Religion, ein innerer Zusammenhang und eine notwendige Ordnung sein, nicht aber, wenn der Dogmatiker bald diesen, bald jenen Artikel ins Auge faßt und so nach und nach unter einem rein äußerlichen Gesichtspunkt alle Artikel bearbeitet, ordnet und zusammenfaßt[64].

Im Grunde erläutern die Begriffe der Selbständigkeit und Homogenität der Theologie nur das, was in der Forderung nach einer systematischen Form der Theologie bereits gesetzt und enthalten ist. Selbständigkeit und Homogenität sind notwendige Momente eines wissenschaftlich-theologischen Systems.

Das alleinige Prinzip der Dogmatik ist die Idee bzw. das Bewußtsein Gottes, aus dem diese sich selbsttätig hervorbringt. Mit dieser Grundlegung und „Begründung" der spek. Theologie bringen Daub und Marheineke zugleich zum Ausdruck, daß weder Bibel noch Kirche noch sonst irgend etwas Prinzip der Dogmatik sein kann. Zu allen Zeiten ist nach ihrer Meinung die Notwendigkeit eines höheren Prinzips als die Bibel, aus welchem das Heilige in der Schrift ist, anerkannt oder stillschweigend vorausgesetzt worden[65].

Zwar enthält die Bibel Gottes Wort und offenbart sich Gott dem Menschen durch diese; doch offenbart er sich immer nur als der, der auf ewige Weise durch sich selbst in der Idee der menschlichen Vernunft offenbar ist. So enthält die Bibel Gottes Wort nur als Vehikel der Mitteilung göttlicher Offenbarungen[66]. Infolgedessen gründet der Glaube des Menschen, daß Gott sich ihm in der Bibel, im Gewissen, in der Natur

---

[64] Daub, Einleitung 1810, S. 245 ff.
[65] Marheineke, Grundlehren 1819, § 94 S. 67.
[66] Daub, Einleitung 1810, S. 358.

usw. offenbart, einzig und allein in dem Glauben an Gott, dem sich die Idee Gottes in der Vernunft verbindet[67].

Trotz alledem muß eine spek. Dogmatik biblisch und kirchlich sein. Ihren biblischen Charakter entwickelt sie, indem sie zeigt, wie die ewigen Religionswahrheiten, die in Idee und Geschichte sind, mit den Aussagen der Schrift notwendig übereinstimmen[68]. Ihr kirchlicher Charakter beruht auf ihrem Konsens mit dem, was die Gesamtheit der Christen zu allen Zeiten geglaubt, für wahr gehalten und als solches auch in der Bibel gefunden hat[69].

Mithin kennt die spek. Theologie schon in der Schellingzeit die drei Standpunkte der B i b e l, der K i r c h e und der S p e k u l a t i o n mit ihrer unterschiedlichen theologisch-kognitiven Dignität und Funktion. Wie wenig methodisch und terminologisch durchgeklärt in dieser Periode jedoch die Abgrenzung und Zuordnung der drei Standpunkte noch ist, zeigt Daubs Aufsatz „Die Theologie und ihre Enzyklopädie". Hier werden die Kontemplation, die später den Standpunkt der Bibel bezeichnet, und die Spekulation, die Tätigkeit der Vernunft, noch zusammengenommen und der Reflexion (später der Standpunkt der Religion) gegenübergestellt. Demnach sind theologische Erkenntnisse keine der Reflexion (hier der Verstandestätigkeit), sondern der Kontemplation und Spekulation. In den kontemplativen und spekulativen Erkenntnissen leuchten die Strahlen der ewigen Wahrheit, die unmittelbar aus dem, wie Daub und Marheineke gern sagen, „Übersinnlichen" hervorbrechen und in ihm von der Vernunft selbst geschaut werden[70].

Wird die Theorie der Religion (die Theologie) einzig und allein durch Kontemplation ermöglicht[71], so steht diese hier an Stelle der Spekulation und wird mit ihr gleichgesetzt.

2. Der Wissenschaftsacharakter der Dogmatik auf Hegelschem Standpunkt

Diese begrifflichen und methodischen Unklarheiten werden in der Hegelschen Periode durch die Fortentwicklung der „spekulativen Dreistufentheorie" weitgehend beseitigt.

---

[67] ebd. S. 361.
[68] Marheineke, Grundlehren 1819, § 91 S. 65.
[69] ebd. § 101 S. 72.
[70] Daub, Die Theologie und ihre Enzyklopädie, S. 21/22.
[71] ebd. S. 35.

In den „Prolegomena zur Dogmatik"[72] faßt Daub die drei Standpunkte folgendermaßen zusammen:
1. Auf dem Standpunkt der B i b e l (K o n t e m p l a t i o n) gewinnt die dogmatische Theologie ihren Gegenstand (die christliche Religion bzw. die Offenbarung Gottes in Christus), so daß sie als Wissenschaft anfangen kann.
2. Auf dem Standpunkt der R e l i g i o n (R e f l e x i o n) erhält die Dogmatik ihren Inhalt, die Erkenntnis von Gott.
3. Auf dem Standpunkt der S p e k u l a t i o n vollendet sich die Dogmatik und gelangt zu ihrem Ziel (zum Wissen und Begriff Gottes und der christlichen Religion).

Zu 1. Ist die uns in der Schrift Alten und Neuen Testaments gegebene christliche Religion Gegenstand der Dogmatik, so ist der biblische Standpunkt für die Dogmatik ein notwendiger. Die Bibel hat die Autorität einer Norm, der Glaubensnorm. Die Dogmatik kann darum nichts enthalten, was der Schrift widerspricht[73].

So notwendig freilich der biblische Standpunkt sein mag, die Dogmatik kann sich auf ihm nicht abschließen. Ihr ist es um Wissen und Erkenntnis zu tun, während sie sich hier noch im Bereich der Vorstellung bewegt. Sie kann sich zwar nicht von der Bibel entfernen, muß jedoch im Hinblick auf ihr Prinzip — hier der G e d a n k e Gottes (genitivus subj. und obj.) genannt — über die Bibel hinausgehen[74]. Das uns in der Bibel gegebene Ansich des göttlichen Geistes muß sich noch in sein Fürsich verwandeln, damit der Geist zu dem wird, was er an und für sich ist[75].

Die Dogmatik entwickelt sich demnach in Gegensätzen, und man sieht schon hier, daß ihr Weg durch die drei Standpunkte der Bibel, der Religion und der Spekulation genau der von Hegel beschriebenen dialektischen Bewegung des Begriffs bzw. des Geistes aus der Unmittelbarkeit des Ansichseins über die Vermittlung des Fürsichseins zum vermittelten Anundfürsichsein entpricht. Es folgt daher der Standpunkt der Religion.

Zu 2. Die Religion hat ihr Element im Glauben. Dieser meint die Aneignung des Glaubensinhalts der Bibel (das Für-uns der christlichen

---

[72] S. 300.
[73] Marheineke, System 1847, S. 12/13.
[74] Daub, 2. Band, S. 70.
[75] Marheineke, Grundlehren 1827, § 110.

Religion bzw. das Fürsich des Geistes!)[76]. Zugleich enthält die Religion auch Wissen und Erkenntnis, genauer: der **Glaube** enthält ein **Wissen**. Glaube und Wissen sind unzertrennlich, ihre Unzertrennlichkeit ist ihre Einheit[77]. Der Glaube selbst ist schon in sich reflektiert und reflektierend[78], so daß sich auf diesem Standpunkt die Dogmatik aus dem das Wissen implizierenden Glauben in einzelnen Erkenntnissen entwickelt.

Darf nun die Dogmatik den Kirchenglauben auch nicht ignorieren, so weiß sie doch, daß dieser bloßer Autoritätsglaube ist[79], der sich noch nicht zum Begriff und zum absoluten Wissen vermittelt hat und so ohne innere Wahrheit ist.

Mit der auf diesem Standpunkt möglichen Erkenntnis gibt sich die Dogmatik nicht zufrieden, sie will **wissen** und **begreifen**. Der Glaube kann so nicht Grund des Entstehens und Bestehens einer dogmatischen Wissenschaft sein, er bleibt dem Zweifel zugänglich[80]. Erst das spek. Denken vermag diesen zu vernichten und das Prinzip des Glaubens und der Dogmatik zu entdecken.

Zu 3. Das spekulative Denken ist die Tätigkeit der Vernunft. Es ist nach **Hegel** ein Denken in Gegensätzen und ein Auffassen dieser Gegensätze als dialektische Einheit. Das spek. Denken löst ein Wirkliches auf und setzt es sich so entgegen, „daß die Unterschiede nach Denkbestimmungen entgegengesetzt sind und der Gegenstand als Einheit beider gefaßt wird"[81]. Es macht keinerlei Voraussetzungen, ist also in keiner Beziehung hypothetisch. Nichts wird hier als wahr vorausgesetzt, woraus andere Wahrheiten hergeleitet werden könnten: das spekulative Denken hebt mit sich selbst an.

---

[76] „Es ist nicht genug, daß die christliche Religion an sich, etwa in der Bibel, vorhanden sey, sie muß auch für uns seyn" (Marheineke, System 1847, S. 14).

[77] Daub, 2. Band, S. 159—160.

[78] „Sein, des Glaubens, Reflexion in sich selbst ist die des Glaubens auf sich den wissenden, des Wissens auf sich den glaubenden" (Daub, 2. Band, S. 21).

[79] Marheineke, System 1847, S. 17.

[80] „Der Glaube ist dem Zweifel zugängig und so groß die unmittelbare Gewißheit sey, die der Glaube vorerst hat, so wird, indem es zum wirklichen Zweifel kommt, das Gewisse das Ungewisse, und nun hebt eine Arbeit, eine Anstrengung des menschlichen Geistes an, es geht darauf, ein Princip zu suchen, wie für die christliche Religion, so von dem Glauben in ihr" (Daub, 2. Band, S. 237).

[81] Hegel, Religionsphilosophie, Bd. I, S. 33.

Indem die Theologie in diesem Denken ihren Standpunkt nimmt, setzt sie mit der Spekulation ein, deren Assistenz allein sie ihr eigenes Prinzip in ihrem Inhalt finden und erfassen läßt. Zwar bleibt der Gegenstand der Dogmatik derselbe, nämlich die christliche Religion, Prinzip und Inhalt werden jedoch nun schöpferisch erzeugt[82].

Erst auf dem Standpunkt der Spekulation bewegt sich die Dogmatik im denkenden Bewußtsein, d. h. kann sie wahre Wissenschaft sein und hat sie die Bewußtseinsformen der sinnlichen Vorstellung und des abstrahierenden Verstandes hinter sich gelassen. Theologie will und kann nicht sein nur D a r s t e l l u n g des christlichen Glaubens, sie i s t dieser sich selbst begreifende, wissende Glaube: Glaube und Denken sind unzertrennlich[83].

Sind die christlichen Glaubenswahrheiten spekulativ und haben sie ihren Ursprung im absoluten Wissen, so vermag die Dogmatik erst auf dem Standpunkt der Spekulation sich wahrhaft zu vollbringen. Erst hier erreicht sie das absolute Wissen im Begriff, begreift sie, bringt sie die christlichen Glaubenswahrheiten „auf den Begriff". Der spek. Begriff „aber ist der Inhalt der Wissenschaft als eines Systems von dem System der christlichen Glaubenswahrheiten"[84].

Der Wissenschaft von der Religion genügt nicht die Erkenntnis, ihr geht es um das W i s s e n. Da dieses das Begreifen zur Voraussetzung hat, muß sich die Dogmatik im Begreifen bewegen, durch das sich das Erkennen zum Wissen vermittelt[85]. Ist das Wesen der Religion ihr Begriff, so Inhalt und Form des letzteren ein Wissen. Darin liegt Möglichkeit, wie auch Notwendigkeit eines Wissens sowohl i n der Religion als auch einer Wissenschaft v o n der Religion[86]. In dieser bewegt sich die Idee bzw. der Gedanke Gottes zum Begriff und durch den Begriff zum Wissen.

Das Element, worin jede Wissenschaft sich wahrhaft erreicht, ist die Idee. Bewegt sich die Dogmatik auf dem Standpunkt der Spekulation im denkenden Bewußtsein und hat dieses Denken im Glauben einen Gedanken, um den allein es kreist, so ist dieser Gedanke, der Gedanke Gottes, das Element, in dem sich die Dogmatik als Wissenschaft zu be-

---

[82] Daub, 2. Band, S. 238.
[83] Marheineke, System 1847, S. 17. — Ähnlich bestimmt Hegel das Wesen der Religionsphilosophie: „Religionsphilosophie (dagegen ist): denkende, b e g r e i f e n d e E r k e n n t n i s der Religion" (Religionsphilosophie Bd. I, S. 62).
[84] Daub, 2. Band, S. 250.
[85] ebd. S. 289 ff.
[86] Marheineke, Grundlehren 1827, § 83.

wegen hat. Christliche Dogmatik ist daher nichts anderes als ein Denken in der Idee bzw. im Gedanken Gottes[87].

Die Forderung nach strenger Systematik in der dogmatischen Wissenschaft wird aus der Schellingzeit übernommen und noch verschärft. In der gesamten dogmatischen Bewegung kommt nicht mehr nur jeder einzelnen Erkenntnis Notwendigkeit zu, auch der Anfang der Dogmatik muß notwendig sein. Dieser wird nicht „gemacht", sondern „macht" sich selbst, d. h. die Dogmatik hebt im denkenden Bewußtsein mit dem Gedanken Gottes an und entwickelt sich in und aus diesem[88].

Die Entfaltung einer solchen Dogmatik macht den Verzicht des Theologen auf das Denken als s e i n Denken erforderlich (Selbstverleugnung!)[89]. Kein Mensch ist Schöpfer der Wissenschaft von den christlichen Glaubenswahrheiten, sie schafft und gestaltet sich selbst. Hat der christliche Glaube die Wahrheit (die christliche Religion) zum Gegenstand und versteht sich dieser als Glaube an die Wahrheit, so ist es diese selbst, die die Wissenschaft von den christlichen Glaubenswahrheiten hervorbringt. Die Wahrheit macht sich als P r i n z i p ihrer selbst zum P r o b l e m ihrer selbst[90].

Das eigentliche den christlichen Glauben bzw. die christliche Religion zur Wissenschaft bestimmende Motiv ist der Z w e i f e l. Mit ihm beginnt daher die spekulative Betrachtung. Die Theologie bringt den Zweifel

---

[87] „Das Element vielmehr, worin die Wissenschaft sich wahrhaft erreicht, ist die Idee, und die christliche Dogmatik vom Anfange bis zum Ende nichts anderes als das D e n k e n i n d e r I d e e ... Sie ist vielmehr das, was alle Wahrheit und Wirklichkeit in sich vereinigt enthält. In der Religion ist die Idee G o t t e s die alles bewegende Seele, der Geist der christlichen Religion, die Substanz, der Kern alles wahrhaftigen Glaubens" (Marheineke, System 1847, S. 21).

[88] „Ist der Anfang ein wirklicher und so Princip der Wissenschaft, so ist er in der Analogie des Natürlichen nichts anderes, als der Keim, der wohl einfach und dürftig erscheint, weil noch aus ihm nichts sich entwickelt hat, der aber die reale Möglichkeit aller Selbstentwickelung und Selbstbewegung in sich trägt" (ebd. S. 22).

[89] „Dazu aber, daß sie (die Wissenschaft) mit ihm (dem Gedanken) so, wie er mit sich anfängt, anhebe, ist in der Reflexion des denkenden Subjects als ihres — der Wissenschaft — Werkzeuges auf ihn und in seiner Unterscheidung Gottes von ihm, ingleichen des Princips vom Anfange, alsbaldige Abstraction von der Reflexion und Unterscheidung als der seinigen, kurz dazu ist überhaupt Resignation des Subjects auf es selbst und auf das Denken als s e i n Denken erforderlich" (Daub, 6. Band, S. 43).

[90] Daub, 2. Band, S. 302—303 (Beilage).

absichtlich hervor, um durch dessen Überwindung der Wahrheit gewiß zu werden[91]. Im Bewußtsein des durch den Zweifel mit sich selbst zerfallenen und gestörten Lebens im Glauben wird der Glaubende über den Glauben hinausgetrieben. In ihm entsteht das Bedürfnis nach einer Wissenschaft vom Glauben[92].

Steht in der Philosophie D e s c a r t e s' der Zweifel — oder besser: das Zweifeln — am Anfang des Philosophierens, so in der spek. Theologie der Hegelschen Periode am Beginn der Theologie. Während er jedoch bei Descartes eine rein methodische Funktion ausübt, die den Rahmen einer denkerischen Hilfskonstruktion, eines Denkmodells, nicht überschreitet und ohne inneren Zusammenhang mit dem eigentlichen philosophischen System bleibt, ist in der spek. Theologie der Zweifel im Glauben bereits der Möglichkeit nach angelegt. In ihm erwacht er und gibt damit den notwendigen Anstoß zum Entstehen einer wissenschaftlichen Dogmatik. Bleibt bei Descartes der Zweifel im Vorfeld des eigentlich wissenschaftlich-philosophischen Systems, so stellt der spek. Theologe ihn bereits in die Vorhalle seines spek. Kolossalbaus. Mit anderen Worten: die spek. Theologie integriert im Unterschied zu Descartes den Zweifel in das theologisch-dogmatische System. —

Im denkenden Bewußtsein wird der Mensch sich des Gedankens Gottes, den nicht er hervorbringt, sondern den Gott seiner Vernunft mitgeteilt hat und ohne den niemand von Gott reden kann, bewußt. Der Gedanke Gottes ist das Prinzip der Dogmatik; in ihm hat sich diese von Anfang bis Ende dialektisch zu bewegen, will sie die Aufgabe einer wissenschaftlichen Dogmatik erfüllen. Aus dem Gedanken Gottes entwickelt sich jeder Artikel der Dogmatik, von der theologia specialis bis zu den res novissimae, jeder dogmatische Satz hat in ihm seinen Grund.

So weit sind im wesentlichen die Gedanken der Schellingschen Periode durchgehalten und kaum entscheidend weiterentwickelt worden, sehen wir von der Bedeutung des Zweifels für die Begründung und Entstehung der Dogmatik ab. Ein wesentlicher Fortschritt zum Verständnis der Dogmatik läßt sich jedoch hinsichtlich der Klärung des Verhältnisses von Gott einerseits und Idee bzw. Gedanke Gottes andererseits feststellen. In der Hegelschen Periode wird mehrfach und ausdrücklich auf die Identität Gottes mit seiner Idee hingewiesen[93]. Auf diesen Gedanken stoßen wir

---

[91] Marheineke, System 1847, S. 8—9.
[92] derselbe, Grundlehren 1827, § 12.
[93] Daub, 6. Band, S. 41; Marheineke, Grundlehren 1827, § 84; ders., System 1847, S. 21 u. ö.

zwar sehr vereinzelt auch in den Schriften der Schellingschen Periode, doch werden in der weiteren Durchführung der Dogmatik daraus keine Konsequenzen gezogen. Das Verhältnis bleibt von daher unklar[94].

In der Hegelschen Periode dagegen wird nun nicht nur auf das Nichtunterschiedensein Gottes von seiner Idee mit Nachdruck hingewiesen, sondern darüber hinaus betont, daß, indem die Idee Gottes in die menschliche Vernunft eingeht, Gott selbst sich in dieser Idee von ihm denkt, wenn sie auch zugleich die vom Menschen gedachte ist[95]. Das Wissen von Gott ist ein Wissen durch Gott, und Gott ist im menschlichen Geist diesem und sich selbst durch sich selbst offenbar. Der Gedanke Gottes, den Gott hat und in dem er sich denkt und begreift (genitivus subj.), ist mit dem Gedanken, den der Mensch von Gott hat (genitivus obj.), völlig identisch. Der Gang der Dogmatik muß daher dem Gedanken Gottes folgen, die Dogmatik selbst ist ein N a c h d e n k e n des Gedankens Gottes. Daubs System der christlichen Dogmatik läßt das deutlich erkennen.

Daub und Marheineke übertragen damit Hegels geschichts- und religionsphilosophischen Grundgedanken von dem in der Weltgeschichte stufenweise zu sich selbst kommenden, sich letztlich im absoluten Wissen begreifenden Weltgeistes, dessen Weg und Entwicklung die Phänomenologie nachzeichnet, auf die Darstellung einer christlichen Dogmatik[96].

---

[94] Vollends dann, wenn Daub in der „Einleitung" von 1810 an mehreren Stellen die Inadäquatheit unserer Erkenntnis Gottes betont (S. 101, 119, 202).

[95] „In dieser Idee begründet ist menschliche Vernunft aller Erkenntniß Gottes fähig; indem dieser Grund eingehet in das durch ihn Begründete, ist es Gott selbst, der sich denkt in der Idee von ihm, sie aber ist die von dem Menschen gedachte, und die Religion selbst nichts anderes, als das Selbstbewußtseyn des absoluten Geistes, das Sichwissen Gottes in uns. Gott ist sich seiner selbst nicht nur in sich, sondern auch im Menschen bewußt" (Marheineke, System 1847, S. 21/22).

[96] Der zwischen der theologia ἀρχέτυπος und theologia ἔκτυπος unterscheidende Theologiebegriff der protestantischen Orthodoxie legt einen Vergleich mit dem der spek. Theologie nahe. J. G e r h a r d definiert folgendermaßen: „Ἀρχέτυπος seu πρωτότυπος est in Deo creatore, qua Deus seipsum novit in se ipso, et extra se universa per seipsum actu scientiae individuo et immutabili. Haec theologia in creatore est ἄκτιστος καὶ οὐσιώδης increata et essentialis, infinita et exemplaris, ac proinde toto genere differt ab ἐκτύπῳ, quae est συμβεβηκεία καὶ κτιστή, accidentalis et finita, ac illius quaedam ἀπορροὴ καὶ ἀπαύγασμα. Ἔκτυπος enim theologia est ex priori quasi expressa et efformata per gratiosam communicationem.

3. Die Einteilung der spekulativen Dogmatik

Fängt die Wissenschaft vom christlichen Dogma, die Dogmatik, mit dem Gedanken Gottes an, so teilt sie sich selbst ein[97].

Zunächst wird Gott in diesem Gedanken in der absoluten Wesensgleichheit mit sich selbst betrachtet, der Gedanke Gottes und der Gegenstand dieses Gedankens sind identisch. Es entwickelt sich so a) die Lehre von Gott bzw. vom Vater, von seinem Wesen, seinem Dasein und seinen Eigenschaften (spezielle Theologie). Nun ist der Gedanke Gottes aber doch ein Gedanke, der als solcher dem menschlichen Denken angehört. Somit tritt ein Unterschied in den Gedanken. Gott ist als der Gedachte Objekt des Denkens, und der ihn Denkende ist der Mensch. In ihrem 2. Teil, der alle Unterschiede in der Idee Gottes auszubreiten hat, enthält

---

Atque haec ratione subjecti est vel in Christo capite, vel in ejus membris" (Loci theologici, Editio altera, Tomus primus, Lipsiae 1885, Prooemium S. 4). Die theologia ἔκτυπος wird dann noch weiterhin unterteilt in eine theologia comprehensorum sive beatorum und eine theologia viatorum. Es läßt sich nicht übersehen, daß die theologia ἀρχέτυπος, nimmt man sie einmal für sich, mit dem Theologiebegriff der spek. Theologie einiges gemeinsam hat: Beide sehen in Gott den eigentlichen Urheber der Dogmatik, lassen diese aus Gott hervorgehen und erklären Gott, nicht den Menschen oder sonst etwas, zum Grund, d. h. zum Prinzip der Dogmatik. Während nun aber der orthodoxe Dogmatiker theologia ἀρχέτυπος und ἔκτυπος gleichsam nebeneinander oder besser: untereinander stehen läßt und scharf voneinander scheidet und die theologia ἀρχέτυπος als eine Art Hintergrund sieht, aus und vor dem die theologia ἔκτυπος sich entfaltet, verschlingen sich in der spek. Theologie „urbildliche" und „abbildliche" Theologie — sofern diese Begriffe hier überhaupt anwendbar sind! Beide verschmelzen zu einer einzigen, den Rahmen der Endlichkeit sprengenden Theologie, in deren Bewegung, vollzogen mittels des menschlichen Geistes, Gott selbst sich denkt und erkennt, nicht umgekehrt der Mensch Gott. Der Theologiebegriff der spek. Theologie setzt die wesenhafte Identität von Gottes Geist und Menschengeist voraus. Diese Identifizierung ist der Orthodoxie noch fremd. Nach der Lehre der spek. Theologen bildet Gott sich im Menschen ein Gegenüber, in dem und mittels dessen er sich denkt und begreift und der auf diese Weise — aber auch nur so! — am Prozeß des göttlichen Sichselbsterkennens teilnimmt. Der göttliche Geist entäußert sich zum menschlichen Geist und begreift sich in dieser Entäußerung. Die Erkenntnis Gottes und damit letztlich auch Ausführung und Entfaltung der Dogmatik vollziehen sich nach Art einer dialektischen Bewegung zwischen Gott und Mensch, Mensch und Gott.

[97] vgl. Daub, 6. Bd., S. 46 ff; Marheineke, System 1847, S. 23 ff.

die Dogmatik die Lehre vom Menschen und von Gott, zugleich in ihrem beiderseitigen Unterschied und in ihrer Unzertrennlichkeit. Dieser 2. Teil ist somit b) die Lehre vom göttlichen Menschen und dem durch ihn gestifteten Heil (Christologie und Soteriologie). Im 3. Teil kehren die Unterschiede in die ursprüngliche Einheit zurück. Der Unterschied einer göttlichen und menschlichen Natur in der Person Jesu Christi hat in ihm keinen Bestand. Jesus Christus und in und mit ihm Gott selbst ist als der Stifter der göttlichen Gemeinde dieser als Geist stets gegenwärtig. Gott als der Geist aber ist die Einheit des Vaters und des Sohnes. So entwickelt sich die Dogmatik in ihrem 3. Teil c) als Lehre vom Geist (Pneumatologie), genauer: als Lehre von der Dreieinigkeit Gottes. Als solche ist Dogmatik überhaupt nur möglich. „Wenn daher die Dogmatik als Wissenschaft kein anderes Resultat hat, als was der substanzielle Inhalt der Schrift- und Kirchenlehre ist, so ist das das Gepräge ihres christlichen Gehalts; aber der Weg der Vermittlung vom Prinzip aus zum Resultat ist die selbständige, ungezwungene Erkenntniß, und der Fortschritt auf diesem Wege die freie Bewegung in dem reinen Gedanken Gottes"[98].

So vermögen nicht einmal Aufbau und Einteilung der Dogmatik sich dem Gesetz der „dialektischen Dreitaktbewegung" zu entziehen!

c) Die Religion als Gegenstand und Inhalt der spekulativen Dogmatik

Die Religion, genauer: die christliche Religion, ist Gegenstand der spek. Dogmatik. Der Begriff der Religion nimmt in der spek. Theologie eine zentrale Stellung ein. Mit seiner Hervorkehrung befinden sich die spek. Theologen in Übereinstimmung mit der gesamten Theologie des 19. Jahrhunderts.

1. Der Religionsbegriff der Kantischen Periode

Bereits in seiner Kantischen Periode widmete Daub dem Religionsbegriff besondere Aufmerksamkeit. Es kann nicht verwundern, wird hier unter dem Einfluß der Religionsphilosophie Kants die Religion noch ganz in Abhängigkeit von der Moral bzw. der Tugend gesehen und von daher verstanden[99]. Sie gilt als eine charakteristische Denkart des Menschen, die aus einer besonderen Handlungsweise desselben entsprungen ist. Religion entsteht im Menschen durch ihn selbst, indem er tut, was er soll

---

[98] Marheineke, System 1847, S. 26.
[99] vgl. zum folgenden Daubs „Lehrbuch der Katechetik" (1801).

und das be-denkt, was er tut. Faßt jemand die Idee eines Reiches der Freiheit und der Sitten, dann durchdringt ihn Religion[100].

Religion entspringt aus der Tugend, nur aus dieser „keimt und sproßt Religion, und nur aus Erkenntnis der einen geht die Kenntnis der andern hervor"[101]. Wäre der Mensch kein der Moralität fähiges Wesen, so wäre — und das gilt für Daub wie für Kant selbstverständlich nur unter erkenntnistheoretischem Aspekt — kein Gott und keine Religion[102]. Mit der Moralität eines Menschen ist zugleich eine religiöse Gesinnung da, mit dem Handeln aus Pflicht ein Handeln im Glauben an Gott[103].

So weit bewegt sich der Religionsbegriff Daubs nahezu ausschließlich im Horizont der Religionsphilosophie Kants. Der spekulativen Theologie eigene Züge lassen sich jedoch erkennen, schreibt Daub an anderer Stelle der „Katechetik", der Keim zur Religion sei im Geiste j e d e s Menschen vorhanden[104] und die Religion sei nicht um des Menschen willen, sondern der Mensch um der Religion willen da[105]. Besonders der letzte Gedanke wird in den Schriften der späteren Perioden immer wieder begegnen.

2. Die Religion auf Schellingschem Standpunkt

Nachdem Daub mit der Philosophie Kants gebrochen hatte (der einzig wirkliche Bruch in seiner Entwicklung!), verliert der Religionsbegriff nunmehr auch seinen einseitig moralischen und anthropologischen Charakter. Er erhält in der Schellingschen Periode ein stärker intellektualistisches Gepräge. Das kognitive Moment wird dem praktischen gleich- und mehr und mehr übergeordnet. In den „Theologumena" definiert Daub die Religion als „vera Dei et rerum divinarum cognitio, cum mentis

---

[100] ebd. S. 21—22.
[101] ebd. S. 49.
[102] ebd. S. 265.
[103] ebd. S. 253. — vgl. auch Kant: „Moral also führt unumgänglich zur Religion" (Die Religion innerhalb der Grenzen der bloßen Vernunft, Philos. Bibliothek, Band 45, 7. Aufl. 1961, S. 6). — Ob Daub hier gegenüber Kant das Verhältnis von Moral und Religion ein wenig verzerrt, d. h. der Moral ein ungleich stärkeres Gewicht in der Religion verleiht, als das bei Kant der Fall ist, und Daub somit Kant, mit dem er ganz und gar übereinzustimmen meint, in dieser Hinsicht mißversteht, dieses Problem mag in unserem Zusammenhang auf sich beruhen. Uns geht es hier lediglich um das Verständnis von D a u b s Religionsbegriff in seiner Kantischen Periode.
[104] Daub, Katechetik, S. 54.
[105] ebd. S. 23.

humanae summa pietate coniuncta"[106]. Die wahre Religion hat somit zwei Seiten: Ihr wohnt 1. die Erkenntnis Gottes inne, und sie ist 2. Gottesverehrung, in der der Mensch sich vergißt, Gott allein Ehre und Ruhm erweist und in Gott ein seliges Leben führt[107]: „In religione cognitio Dei ac veneratio unitae sunt"[108].

Für die spek. Theologie gilt die Religion als göttlich, ja als das Wesen Gottes schlechthin, das in seinem Sohn Jesus Christus leibhaftige Gestalt angenommen hat[109]. Gott (numen supremum) ist Urheber (auctor), Quelle (fons), Wesen (natura) und Prinzip der Religion. Niemand wird daher Ursprung und Wesen der Religion erkennen, sieht er nicht in Gott selbst den eigentlichen Grund der Gottesverehrung (verecundia) und Gotteserkenntnis[110]. Diese Auffassung der Religion hebt sich vom Religionsbegriff der Kantischen Periode ab, in der die Religion mit der Moral unzertrennlich verknüpft und nur, wie Daub in der „Katechetik" ausdrücklich feststellt, „durch und mit Selbsttätigkeit im Menschen vorhanden" ist[111]. In Daubs „Einleitung" von 1810 und Marheinekes „Grundlehren" von 1819 werden diese in den „Theologumena" erst angedeuteten Gedanken weiterentwickelt.

Zwar wird auch hier die Religion, der Gegenstand der Dogmatik, als die mit der Erkenntnis Gottes verknüpfte F r ö m m i g k e i t oder als der mit der Erkenntnis Gottes verbundene Glaube der Menschen an Gott in

---

[106] Theologumena, § 6 S. 8.

[107] Daß die Religion allein das Streben des Menschen nach einem seligen Leben zu befriedigen vermag — „etenim religio... divinae ipsa particeps est, et aeternae naturae, homines autem ad vitam adductura beatam" (Theologumena, S. 10) —, erinnert an F i c h t e s „Anweisung zum seligen Leben". Doch kann noch keine direkte Einwirkung vorliegen (beide Werke erscheinen 1806).

[108] Theologumena, § 7 S. 10. — Eine dem Sinn nach gleichlautende Definition findet sich seltsamerweise bei F. V. R e i n h a r d , einem der Exponenten des Supranaturalismus. Auch für ihn ist die wahre Religion „modus cognoscendi et colendi Deum, ipsius attributis conveniens" (Vorlesungen, § 1 S. 3).

[109] Theologumena, S. 245.

[110] „... sic etiam natura et origo religionis a nobis ignorantur, ni, numine jubente et efficiente, ipse Deus auctor spectatur et verecundiae et cognitionis, quae utraque in religione continetur" (Theologumena, § 90 S. 311).

[111] Katechetik, S. 31.

ihrem H a n d e l n bestimmt[112] (Religion immer theoretische u n d praktische Religion!), doch bleibt kein Zweifel, wo der Akzent liegt. Für Daub ist Hauptwesensmerkmal der Religion das Bewußtsein von Gott[113], und Marheineke siedelt die Religion in der Sphäre einer Erkenntnis aus Ideen (nicht aus sinnlicher Wahrnehmung oder aus Begriffen) an, die sich unmittelbar auf das Übersinnliche bezieht[114].

Es erinnert an Schleiermacher, wenn Daub das Bewußtsein von Gott mit dem Bewußtsein unserer Abhängigkeit von ihm verbindet. Nennt Marheineke die Religion ein „Glauben" und als solches ein G e f ü h l — das Positive in aller religiösen Erkenntnis![115] —, so dürfte hier sogar ein direkter Einfluß Schleiermachers vorliegen. Auch darin, daß jeder Mensch den Keim der Religion, die Anlagen, zu ihr zu gelangen, ursprünglich in sich hat, treffen sich die Ansichten Schleiermachers (wie auch De Wettes) und der spek. Theologen. Wie Schleiermacher setzen auch diese sich für die Selbständigkeit und Autarkie der Religion ein.

Im Sinne der spek. Theologie wäre es nun ein grundlegender Irrtum zu meinen, der Mensch selbst bringe die Religion aus sich hervor (so noch Daub in der Kantischen Periode). So wenig der Mensch Schöpfer der W i s s e n s c h a f t von der Religion ist, so wenig vermag er auch Urheber der Religion s e l b s t zu sein. Z u r R e l i g i o n g e l a n g t d e r M e n s c h n u r d u r c h d i e R e l i g i o n, d. h. das Bewußtsein von Gott ist zugleich durch Gott. Ist Gott ewig, so sind auch das Bewußtsein bzw. die Idee Gottes und damit die Religion ewig. Sie entstehen nicht im Menschen, sondern der Mensch entsteht ihnen, Gottes Bewußtsein und Religion haben keinen Ursprung in der Zeit[116]. Der Mensch entsteht dem Bewußtsein Gottes, dieses geht ihm durch göttliche Vermittlung auf und

---

[112] Daub, Einleitung 1810, S. 89 bzw. S. 177; vgl. Marheineke, Lehrbuch des christlichen Glaubens und Lebens, S. 75 § 145.
[113] Daub, Einleitung 1810, S. 63.
[114] Grundlehren 1819, § 19.
[115] ebd. § 24. — Ähnlich faßt D e We t t e den Begriff der Religion, wenn er sagt: „Die Religion kann nur im Gefühl lebendig werden" (Über Religion und Theologie, S. 63).
[116] „Der Mensch, als das Entstehende, Gewordene, ist es, in welchem jenes Bewußtseyn, als Glaube oder Wissen, aufgeht, nicht weil es selber entsteht, sondern weil in Beziehung auf dasselbe der Mensch entsteht. Er entsteht dem Bewußtseyn Gottes..., dieses aber geht auf in ihm, ohne zu entstehen, wie in ihm das Licht der Sonne, dem er eingeboren wird, aufgeht, ohne durch ihn zu entstehen" (Daub, Einleitung 1810, S. 58).

Die Religion als Gegenstand und Inhalt der spekulativen Dogmatik 69

wird s e i n Bewußtsein. Die Vorstellung von einem Anfang der Religion ist bloßer Schein. Indem dem Menschen in der Kindheit das Bewußtsein Gottes aufgeht, ihm Gott offenbar wird und er durch andere Menschen zur Religion gelangt, gibt er sich der Täuschung hin, Religion entstehe erst in d i e s e m Augenblick bzw. sei eines Tages in der Menschheitsgeschichte entstanden. Nicht die Religion, wohl aber der Mensch entsteht; diese geht aller Bewußtseinsbildung vorauf und muß nur geweckt werden.

Dementsprechend ist auch zwischen dem Zufälligen in der Religion, den sich bei ihrem Eintreten in die Zeit mit ihr verbindenden menschlichen Vorstellungen und dem Wesentlichen, dem ewigen Bewußtsein von Gott zu unterscheiden[117]. So kann beispielsweise ein Volk mitsamt seiner Religion von der Erde verschwinden, nicht aber die Religion an sich, das ewige Bewußtsein Gottes. Ihr scheinbarer Untergang ist Aufgang; nur in den Gedanken der Menschen sind beide, ihr Untergang und ihr Aufgang, voneinander getrennt[118]. Die Religionswahrheiten mögen ihre subjektive Form noch so sehr wechseln, sie bleiben doch ewig dieselben, da sie in ihrem Prinzip (in Gott) begründet sind[119].

Bevor es überhaupt Menschen gab, war Religion, sie war bei Gott vor aller Zeit. Die Religion wird damit der eigentlich menschlichen Sphäre, dem menschlichen Zugriff entrückt und zu einer eigenständigen göttlichen Hypostase erhoben. Sie ist nicht Eigenschaft des Menschen, sondern göttliche Mittlerin zwischen diesem und Gott. Sie ist von daher keines Volkes und keines Menschen Eigentum, vielmehr sind alle Völker und alle Menschen i h r Eigentum. —

Religion ist im wesentlichen Bewußtsein von Gott und dieses wiederum ursprünglich Glaube, Glaube an das Dasein Gottes. Als Glaube ist das Bewußtsein von Gott die Überzeugung, d a ß Gott i s t[120]. Nun enthält aber jeder vernünftige Glaube zugleich auch ein Wissen. Der Glaube hat nicht nur die Überzeugung, d a ß Gott ist, sondern weiß auch, w a s und

---

[117] ebd. S. 99. — Diese Unterscheidung erinnert wiederum an F i c h t e , für den in der „Anweisung zum seligen Leben" nur die Aussagen des johanneischen Prologs dem „ewigen Bewußtsein von Gott" entsprechen, d. h. absolut wahr und für alle Zeiten gültig sind. Alles andere sieht Fichte als „zufällig", d. h. zeitgebunden an (Die Anweisung zum seligen Leben, Philos. Bibliothek, Band 114, hg. v. Fritz Medicus, Hamburg 1954, S. 89).
[118] Daub, Orthodoxie und Heterodoxie, S. 173.
[119] Marheineke, Grundlehren 1819, § 26.
[120] Daub, Einleitung 1810, S. 103.

wie er ist. Insofern ist alles Wissen in der Religion nur dann und darum wahr, wenn es auf dem Glauben ruht und an diesem sein Prinzip hat[121].

Ist jedoch der Glaube ohne Wissen blind und kann er darum nicht ohne Wissen sein, so folgt daraus andererseits, daß, wie das Wissen im Glauben ruht, der feste Grund des Glaubens an Gott die Erkenntnis Gottes oder das Wissen ist. Glaube und Wissen bedingen und interpretieren sich wechselseitig. Das Bewußtsein Gottes umgreift somit beide in absoluter Gleichrangigkeit: Glaube und Wissen sind in der Religion einander korrespondierende Größen[122]. Werden Wissen und Glauben voneinander getrennt, so ist der Glaube blind und das Wissen irreligiös. Weder sind Glauben und Wissen dem Wesen nach einander entgegengesetzt, noch ist der Glaube dem Wissen oder das Wissen dem Glauben vor- bzw. nachgeordnet. Es ist das menschliche Wissen von den ewigen und göttlichen Dingen, das die spek. Theologen Glauben nennen[123]. Damit stehen wir unmittelbar vor der Frage nach dem Verhältnis von Religion und Theologie.

---

[121] Marheineke, Grundlehren 1819, S. 19—20.

[122] „Ohne Gott auf irgend eine Weise und in irgend einem Grade zu erkennen, kann der Mensch nicht an ihn glauben, und umgekehrt: ohne an Gott zu glauben, kann er ihn nicht erkennen" (Daub, Einleitung 1810, S. 104). — Zur Verdeutlichung dieses Gedankens sei auf P. A l t h a u s hingewiesen. Für Althaus enthält der Glaube insofern auch ein Wissen, als er mit der Erkenntnis das Merkmal teilt, Wahrheit zu empfangen und Wissen zu begründen (Die christliche Wahrheit I, S. 35). Nach Althaus hat alle christliche Erkenntnis ihren Ursprung im Glauben, der seinerseits die ganze Fülle der Erkenntnis einschließt (ebd. S. 285). Andererseits distanziert sich Althaus jedoch mit Nachdruck von der spek. Theologie. Seine Dogmatik will nicht die Pistis durch die Gnosis spekulativer Theologie und Philosophie überhöhen (ebd. S. 293). An anderer Stelle räumt er ein, daß die kritische Darstellung der Dogmatik zwar notwendig s y s t e m a t i s c h sein muß, doch nicht systematisch im Sinne der spek. Philosophie und Theologie! (ebd. S. 298).

[123] An dieser Stelle ist noch auf eine für Marheineke charakteristische Besonderheit aufmerksam zu machen. Im Rahmen der Erörterung des Religionsbegriffs geht dieser im Unterschied zu Daub auch auf das Verhältnis der Religion zur Kirche ein. Er wagt die Behauptung, daß beide ihrem Wesen nach eine Einheit darstellen und begründet das folgendermaßen: Was der Mensch an göttlichen Wahrheiten in sich findet, ist ihm nicht nur als Individuum eigen, sondern mit allen Menschen gemeinsam, ja es wird ihm nur bewahrheitet, indem es ihm auch in anderen Menschen entgegentritt. Unerträglich ist es daher dem Glaubenden, einsam zu stehen mit seinem

Die Religion als Gegenstand und Inhalt der spekulativen Dogmatik 71

Enthält der Glaube in der Religion, im Bewußtsein Gottes, ein Wissen und ist alles religiöse Wissen nur durch den Glauben möglich, hat demnach alles wahre Wissen von Gott am Glauben sein Prinzip und seine Wurzel, so folgt daraus, daß sich das Wissen i n der Religion (das Wissen von Gott) und damit auch das Wissen v o n der Religion (die Theologie) aus dem Glauben gestaltet und entwickelt. Im Glauben liegt die Sehnsucht nach dem Wissen, der Glaube drängt zum Wissen, um sich in diesem zu vollenden. Die Theologie wird somit in dem Augenblick geboren, in dem im religiösen Bewußtsein das Moment des Wissens überwiegt. An das religiöse Wissen im Glauben anknüpfend, entwickelt sich die Wissenschaft von der Religion zur Erkenntnis dieser und des in ihr enthaltenen Grundes[124]. Die Lehre von der Religion wird Theologie (System und Wissenschaft!), indem der Mensch, Gottes sich bewußt, über dieses Bewußtsein reflektiert und den Grund desselben zu verstehen sucht.

Ist die Religion ein absolut Übersinnliches, so unterscheiden sich Erkenntnisweg und Erkenntnisweise der Theologie bzw. der Dogmatik grundlegend von jeder anderen Wissenschaft. Weder geht die Dogmatik von der Erfahrung aus, noch gewinnt sie ihre Erkenntnisse auf dem Weg abstrakter Begriffskonstruktionen (Mathematik), noch ist die Erkenntnis in der Dogmatik ein Denken, das sich selbst zum Gegenstand hat (Logik). Die theologische Erkenntnis ist ein unmittelbares Erkennen im übersinnlichen Bewußtsein, in ihm beginnt und vollendet sie ihren Erkenntnisweg, sie ist ein Innewerden des Übersinnlichen und ein Begreifen des Innegewordenen[125]. Die theologische Erkenntnis ist das menschliche Wissen

---

Glauben, ohne ein Kriterium für die Wahrheit seines Glaubens an der Gemeinschaft der Glaubenden zu haben (Grundlehren 1819, § 35). Offensichtlich wird hier Kirche nicht als Institution verstanden, sondern als die Gemeinschaft der Glaubenden, für die der gemeinsame mit freier Erkenntnis verbundene Glaube konstitutiv ist. Man kann zwar nicht behaupten, daß Daub solchen Gedanken seine Zustimmung versagt, doch zeigt er sich an allen mit dem Kirchenbegriff zusammenhängenden Fragen uninteressiert. In dieser Hinsicht unterscheidet er sich von Marheineke wesentlich.
[124] Marheineke, Grundlehren 1819, § 43.
[125] „Das Uebersinnliche... erkennet der menschliche Geist unmittelbar im übersinnlichen Bewußtseyn von demselben als dem Urgrund des sich selbst erzeugenden Sinnlichen und Nichtsinnlichen" (Daub, Einleitung 1810, S. 200). „Das übersinnliche Bewußtseyn also vom Uebersinnlichen ist das göttliche Bewußtseyn von Gott, als dem Urgrunde seiner selbst und dem Urheber der Natur und des Geistes, die ewige Offenbarung Gottes in der Vernunft und im Geiste der Menschen" (ebd. S. 201).

des göttlichen Wissens, wobei jenes diesem jedoch nie absolut adäquat sein kann[126]. Ist die Religion das Bewußtsein von Gott, so bestimmt sich das Bewußtsein, das Wissen von diesem Bewußtsein als Theologie: Beide, Religion und Theologie, gründen in ein und demselben Prinzip, organisch und ohne jeden Zwang entwickelt sich das Bewußtsein (das Wissen) vom Bewußtsein Gottes (die Theologie) aus dem Bewußtsein von Gott (der Religion).

Erstreckt sich die Religion in der Theologie hinein, so ist diese gleichsam der verlängerte Arm der Religion. Der organische Zusammenhang und Zusammenschluß von Religion und Theologie verleiht der spek. Theologie eine bemerkenswerte (von der Schellingschen Identitätsphilosophie geprägte) Einheit und Geschlossenheit, die in der gesamten Theologiegeschichte sicherlich ihresgleichen sucht.

Das Ineinanderverflochtensein von Religion und Theologie darf nun selbstverständlich nicht als Identität beider mißdeutet werden. Der Unterschied ergibt sich zwar ohne weiteres aus den vorhergehenden Ausführungen, soll aber hier noch einmal ausdrücklich vermerkt werden. Er läßt sich am Systemcharakter von Religion und Theologie verdeutlichen.

Wie die wissenschaftliche Dogmatik, so ist auch die Religion ein System, und zwar ein System religiöser Wahrheiten. Besteht jedoch der Inhalt des Religionssystems in Dogmen und Geboten, dargelegt in einer symbolischen Sprache, so setzt sich der des theologischen Systems aus E r k e n n t n i s s e n   v o n diesen Dogmen und Geboten zusammen. Die Erkenntnisweise der Dogmatik kann so auch nicht wie die der Religion eine symbolische sein, da die Dogmatik gerade die Symbole der Religion zu ergründen und zu verstehen und ihre Dogmen zu begreifen hat. Die Religion als System ist ein Gegebenes, ohne entstanden zu sein, nicht so die Theologie: Die Religion i s t, die Theologie hingegen w i r d, ihr Gegenstand (die Religion) ist ihr in völliger Unabhängigkeit vorgegeben[127]. So kann die Wissenschaft von der Religion nichts machen, was ihr nicht durch diese selbst gegeben wäre. Sie kann die religiösen Wahrheiten nicht beweisen, sondern nur a u f weisen, w i e sie sind und w i e sie sich selbst im Geist des Menschen b e weisen. Die Dogmatik unterscheidet sich so von der Religion im wesentlichen durch die freie

---

[126] „Alle dem Menschen mögliche Erkenntniß des göttlichen Wesens ist nicht eine urbildliche, sondern nachbildliche" (Marheineke, Lehrbuch 1823, § 151 S. 79).
[127] Daub, Einleitung 1810, S. 243 ff.

Die Religion als Gegenstand und Inhalt der spekulativen Dogmatik 73

Reflexion auf die Tatsachen des religiösen Bewußtseins: „Die Religion verhält sich zur Theologie, wie das Leben zu seinem Begriff"[128]. — Das ewige Bewußtsein von Gott, die Religion an sich, nimmt nun, den rein ideellen Raum verlassend, durch ihr Eintreten in die Geschichte verschiedene Ausprägungen und Gestalten an. Diese Ausgestaltungen des Bewußtseins Gottes sind nichts anderes als die uns in der Religionsgeschichte begegnenden empirischen Religionen. Sie sind demnach Gestalten und Momente der e i n e n Urreligion, des ewigen göttlichen Bewußtseins, das sich in ihnen in unterschiedlicher Intensität darstellt und auswirkt. Wollen wir der spek. Theologie Glauben schenken, so ist diese Intensität im Christentum am stärksten ausgeprägt, in ihm finden wir daher auch die vollkommenste Erkenntnis Gottes[129].

Haben sich nach der Lehre der spek. Theologen die Splitter der Urreligion in a l l e Religionen zerstreut[130], so kann keine von ihnen, auch nicht die christliche, mit der Urreligion identisch sein. Trotzdem ist diese laut Daub und Marheineke in der christlichen Religion enthalten, die darum als die vollkommenste zu gelten hat. Das ist auch der Grund, warum es letztlich nur eine Wissenschaft von der c h r i s t l i c h e n Religion, eine c h r i s t l i c h e Theologie geben kann. Ähnlich urteilt D e W e t t e. Er will ebenfalls nur eine c h r i s t l i c h e Theologie gelten lassen, weil die christliche Religion die vollkommenste und geistigste sei und das ganze Gebiet des menschlichen Geistes beherrsche[131]. Und der den spek. Theologen nahestehende F. H. C. S c h w a r z schreibt in der Vorrede seiner Dogmatik: „Größeres ist nichts auf Erden als das Christentum"[132]. Es ist als die vollkommenste Offenbarung vorzustellen, zu der das göttliche Offenbarungshandeln stufenweise hinführt. Zwar liegt die der menschlichen Vernunft mitgeteilte Idee Gottes, in der auch Schwarz das Wesen der Religion erblickt, jeder Religion zu Grunde, doch hat sich

---

[128] Marheineke, Grundlehren 1819, § 47 S. 33.
[129] Im Unterschied zu anderen Religionen wird im Christentum „wie in anderer vielfacher Beziehung, so auch in Ansehung des Begriffs der ewigen Offenbarung, Gott von den Menschen in einem dreyeinigen Wesen gewußt, a) als offenbar, der Vater, b) als geoffenbaret, der Sohn, c) als sich offenbarend, der Geist" (Daub, Einleitung 1810, S. 66).
[130] Marheineke, Lehrbuch 1823, § 5 S. 4.
[131] Über Religion und Theologie, S. 160.
[132] Grundriß der kirchlich-protestantischen Dogmatik, Heidelberg 1816, S. VIII.

diese nur im Christentum ganz enthüllt[133]. Für S c h e l l i n g gar ist das Christentum das geoffenbarte Mysterium, in ihm drückt sich die höchste Religiosität aus[134].

Mittels des Christentums können nach Meinung der spek. Theologen die Menschen aller Zeiten zur Urreligion zurückgelangen[135]. In und durch Jesus Christus hat sich die absolute und ewige Religion unmittelbar in ihrer Göttlichkeit, mittelbar aber und objektiv als Religion aller Völker, subjektiv als Eigenschaft aller Menschen offenbart[136]. In Christus hat sich das wahrhaft Göttliche mit dem Menschlichen so vereinigt, daß man die geschichtlichen Tatsachen seines Lebens und seine Lehren selbst als ewige Heilswahrheiten betrachten muß[137]. Jesus Christus hat die wahre Religion gestiftet, die bereits im Aufgang der Menschheit gegenwärtig war. Das heißt: Schon vor der Entstehung des Christentums war das Urbewußtsein von Gott in den Menschen, nur hat sich Gott in Jesus Christus diesen erneut offenbart. Erst durch die Lehre Christi ist die Religion an sich öffentlich geworden. Im Grunde ist daher das Christentum so alt wie die Welt selbst. Es hat als die absolut einzige und ewig geoffenbarte Religion immer schon unter der Form des Juden- und Heidentums bestanden[138]. In ihnen ist nicht nur das die christliche Religion auszeichnende Trinitätsdogma bereits vorgebildet, letztlich ist alles wahrhaft Göttliche und Übersinnliche der übrigen Religionen seinem Wesen nach als christlich anzusehen. Das rein Geistige in den heidnischen Religionen ist Christentum, d. h. von Gott geoffenbarte Religion, die in der Zeit keinen Anfang hat[139].

3. Die Religion auf Hegelschem Standpunkt

Wenden wir uns dem Religionsbegriff der Hegelschen Periode zu, so stellen wir fest, daß alle in der Schellingzeit formulierten Grundgedanken über die Religion auch in der folgenden Periode durchgehalten

---

133 ebd. S. XIV—XV.
134 Methode des akademischen Studiums, S. 110—111.
135 Daub, Einleitung 1810, S. 290.
136 derselbe, Orthodoxie und Heterodoxie, S. 118.
137 derselbe, Einleitung 1810, S. 297 ff.; vgl. auch Marheineke, Lehrbuch 1823, § 26.
138 Daub, Orthodoxie und Heterodoxie, S. 122/123.
139 ebd. S. 119—120. — vgl. dazu S c h e l l i n g : „Aber eben, daß das Christentum schon vor und außer demselben existiert hat, beweist die Notwendigkeit seiner Idee" (Methode des akademischen Studiums, S. 120).

werden[140]. Anders — nicht eigentlich neu — ist auch hier wiederum nur die stärkere dialektische Differenzierung und die schärfere methodische und begriffliche Prägung und Ausgestaltung der Grundanschauungen. Die größere Prägnanz geht allerdings zu Lasten der Lebendigkeit und Farbe des bisher vertretenen Religionsbegriffs. In der Gefolgschaft Hegels werden die Religion und alles, was mit ihr zusammenhängt, einer strengen Gedankenbewegung unterworfen, das Denken herrscht unangefochten, alles Gefühls-, Vorstellungs- und Verstandesmäßige wird in seiner Minderwertigkeit für die Religion herausgestellt und abgewehrt.

Da sich wegen der weitgehenden Übereinstimmung beider Standpunkte eine ausführlichere Darstellung erübrigt, beschränken wir uns auf einige wenige Besonderheiten und Akzentverlagerungen, die der Religionsbegriff auf Hegelschem Standpunkt gegenüber der vorhergehenden Periode aufweist.

War vorher die Religion als die Idee Gottes schlechthin bestimmt worden, so werden nun mittels der Hegelschen Begriffe des Ansich-, Fürsich- und Anundfürsichseins die subjektive und objektive Seite der Religion und deren dialektische Einheit schärfer herausgearbeitet. Die ewige Idee Gottes bestimmt sich nun als das Ansichsein der Religion, die — im Gegensatz zur Schellingschen Periode — von Gott selbst nicht verschieden ist. Sie, die Religion, ist Gottes Idee, in der dieser sich denkt und gedacht wird[141]. Da die Religion aber nicht in der Unmittelbarkeit des Ansichseins verharren kann — das widerspricht der inneren Bestimmtheit ihres Begriffs —, sie sich daher fortbewegen muß, geht sie aus dem Ansichsein heraus in den Gegensatz des Fürsichseins[142], d. h. sie erscheint in der Geschichte. Damit ist die Religion in eine objektive und subjektive Seite zerfallen. Durch den Gegensatz des Fürsichseins vermittelt sich schließlich die Religion in der Geschichte stufenweise zu ihrem

---

[140] Die Religion bleibt weiterhin d e r Gegenstand der Dogmatik; sie ist im wesentlichen Bewußtsein bzw. Gedanke Gottes; das Bewußtsein von Gott ist der ein Wissen enthaltende Glaube; aus dem Wissen im Glauben gestaltet sich die Dogmatik; nicht die Religion entsteht dem Menschen, sondern dieser der Religion, die an und für sich ewig und nicht an Raum und Zeit gebunden ist; das Christentum ist die höchste Stufe der Religion, in ihm sind die übrigen Religionen aufgehoben; die Dogmatik ist der sich aus seinem Wissen gestaltende und in ihm begreifende Glaube; nur von der christlichen Religion ist Wissenschaft möglich usw.
[141] Marheineke, Grundlehren 1827, § 20.
[142] ebd. § 33.

Begriff: Ihr Anundfürsichsein erreicht sie in der christlichen Religion[143]. Mit Hegel begreifen demnach Daub und Marheineke die einzelnen Religionen als Bildungs- und Bewußtseinsstufen des Gedankens Gottes bzw. des religiösen Geistes[144].

Dabei sind freilich die spek. Theologen wesentlich zurückhaltender als der spek. Philosoph. Für sie sind die Religionen weniger Stufen auf dem Wege zu einem Sichselbstbegreifen oder Zusichselberkommen Gottes als vielmehr inadäquate oder adäquate m e n s c h l i c h e A u f f a s s u n g e n des Gedanken Gottes. Im Unterschied zur Schellingzeit hat jede von ihnen einen festen und notwendigen Ort in der Geschichte. Alle Religionen stehen zueinander in einem streng „logisch" geordneten (d. h. der Selbsterfassung des Gedankens Gottes folgenden) Verhältnis. Gott selbst hat in der geschichtlichen Abstufung der Religionen einen bestimmten Plan verfolgt, den Plan einer göttlichen Erziehung des Menschengeschlechts. Aus diesem Grunde auch ist die Religion des Glaubens, die absolute, die christliche Religion erst so spät in der Geschichte hervorgetreten[145]. Der Gedanke einer Erziehung des Menschengeschlechts ist, wenigstens in dieser expliziten Form, gegenüber der Schellingschen Periode neu. —

Im Lichte der Hegelschen Philosophie gewinnt nun auch das Verhältnis von I d e e und G e s c h i c h t e an Klarheit. Auf Schellingschem Standpunkt

---

[143] vgl. dazu Hegel: „Die Religion ist nicht nur dieses Subjektive, sondern sie ist an und für sich objektiv, sie hat eine Weise der Existenz für sich, und die erste Form derselben ist die der Unmittelbarkeit, wo die Religion in ihr selbst noch nicht zum Gedanken, zur Reflexion fortgegangen ist. Diese Unmittelbarkeit treibt sich aber selbst zur Vermittlung fort; weil sie an sich Gedanke ist, und erst in der wahrhaften Religion wird es bewußt, was sie an und für sich, was ihr Begriff ist; die wirkliche Religion ist dem Begriff angemessen... Es ist die Arbeit des Geistes durch Jahrtausende gewesen, den Begriff der Religion auszuführen und ihn zum Gegenstande des Bewußtseins zu machen" (Religionsphilosophie, 1. Band, 2. Teil, S. 4/5).

[144] Hegel schreibt im Hinblick auf die geschichtlichen Religionen: „Der religiöse Geist hat Bildungsstufen des Bewußtseins seines absoluten Wesens, sein Bewußtsein auf jeder Stufe ist bestimmtes Bewußtsein seiner, Weg der Erziehung des Geistes, Bewußtsein über bestimmte Seiten seines Begriffes" (ebd., 1. Band, 1. Teil, S. 72). — Die „bestimmten Religionen sind bestimmte Stufen des Bewußtseins, des Wissens vom Geiste. Sie sind notwendige Bedingungen für das Hervorgehen der wahrhaften Religion, für das wahrhafte Bewußtsein des Geistes" (ebd. 1. Band, 2. Teil, S. 8).

[145] Daub, 6. Band, S. 567/568.

wurde nie recht deutlich, warum eigentlich die Idee in die Geschichte eintreten und sich in ihre einzelnen Momente (die geschichtlichen Religionen) zerlegen mußte. In der Hegelschen Periode wird die Notwendigkeit einer strengen Zuordnung von Idee und Geschichte sichtbar.

Nach H e g e l hat der Weltgeist (der göttliche Geist), um Bewußtsein über sich selbst zu erlangen, die Geduld gehabt, die Formen des Geistes in der langen Ausdehnung der Geschichte zu durchgehen und die ungeheure Arbeit der Weltgeschichte zu übernehmen[146]. Nur auf diesem Wege vermochte der Geist zum Bewußtsein seiner selbst zu gelangen. Sind darum die Religionen die Stufen, auf denen der Geist jeweils wird, bzw. sich selbst denkt, so bedeutete es für diesen eine Arbeit von Jahrtausenden, den Begriff der Religion auszuführen und zum Gegenstand des Bewußtseins zu machen[147]. Daraus folgt für die spek. Theologie: Die Idee Gottes (mit Gott identisch!) mußte, um sich selbst zu begreifen, in die geschichtliche Bewegung eintreten; über die verschiedenen Religionsstufen hinweg mußte sich der göttliche Geist im Element des menschlichen Geistes zum Begriff seiner selbst bewegen.

Wesentlich weiterentwickelt wird in der Hegelschen Periode auch das Verhältnis von Religion und wissenschaftlicher Dogmatik. Ihre Einheit und ihr Unterschied werden deutlicher herausgearbeitet[148]. Für Marheineke besteht die wahre Aufgabe der Dogmatik darin, die Religion und die Wissenschaft von ihr zu vereinen, so daß und damit der Wissenschaft die Religion nicht äußerlich ist und diese jene nicht außer sich hat. In der Wissenschaft von der Religion soll das wissenschaftliche Wissen mit dem religiösen eins und jeder Unterschied zwischen beiden aufgehoben sein. Nimmt die Wissenschaft ihren Standpunkt in der absoluten Idee, die das Wesen der Religion ausmacht und von Gott selbst nicht verschieden ist, so hebt sich in der absoluten Idee der Unterschied zwischen der Religion und ihrer Wissenschaft auf. Infolgedessen kann der Übergang der Religion in die Wissenschaft und die Einheit beider als das sich offenbar gewordene Wissen begriffen werden, das im Glauben sich nur noch selbst verborgen war. Andererseits impliziert jedoch die Einheit von Religion und Wissenschaft zugleich deren Unterschied. Als ein Glauben im Wissen ist nämlich die Religion ein unmittelbares Erkennen Gottes

---

[146] Phänomenologie, S. 28.
[147] Religionsphilosophie, 1. Band, 1. Teil, S. 5.
[148] Zum folgenden vgl. Marheineke, Grundlehren 1827, §§ 80—86. Bei Daub finden sich zu dieser Frage nur zaghafte Ansätze in den Vorlesungen.

und aller göttlichen Wahrheiten, die Offenbarung und die sie aussprechenden Religionswahrheiten haben infolgedessen die Form der Vorstellung[149]. In der Wissenschaft hingegen ist die Idee, der Gedanke Gottes nicht bloß der unmittelbare, er hat vielmehr, von der Vorstellung ausgehend, in sich die Bewegung zum Begriff[150]. Vorstellung und Begriff beschreiben somit das Gegensatzpaar, in dem Marheineke den Unterschied von Religion und Religionswissenschaft zu begreifen sucht[151].

---

[149] Dem entspricht, wenn H e g e l in der Religionsphilosophie schreibt: „Gott ist für den Menschen zunächst in der Form der V o r s t e l l u n g ... Daß der religiöse Inhalt zunächst in der Form der Vorstellung vorhanden ist, hängt mit dem früher Gesagten zusammen, daß die Religion das Bewußtsein der absoluten Wahrheit sei, so, wie diese für alle Menschen ist. So ist sie zunächst in der Form der Vorstellung" (1. Band, 1. Teil, S. 110). Zur „Form der Vorstellung" zählt Hegel alle Aussagen des AT und NT, so beispielsweise auch die Geschichte Jesu. „Aller geistige Inhalt, alle Verhältnisse überhaupt, welcher Art sie seien, Fürst, Gericht usf., sind Vorstellung" (ebd. S. 113). Im Unterschied zum Denken ist die Hauptkategorie der Vorstellung die Unmittelbarkeit, „wo der Inhalt in seiner einfachen Beziehung auf sich gewußt wird. Für das Denken gibt es nichts Unmittelbares, sondern nur solches, in dem wesentlich die Vermittlung ist" (ebd. S. 118).

[150] Dazu H e g e l : „Daher steht nun die Vorstellung in beständiger Unruhe zwischen der unmittelbaren sinnlichen Anschauung und dem eigentlichen Gedanken. Die Bestimmtheit ist sinnlicher Art, aus dem Sinnlichen genommen, aber das Denken hat sich hineingelegt, oder das Sinnliche wird auf dem Wege der Abstraktion in das Denken erhoben" (ebd. S. 116).

[151] Ganz ähnlich wie Marheineke Religion und Theologie einander zuordnet, sieht H e g e l das Verhältnis von Religion und Philosophie (die für Hegel in ihrem Kern stets Religionsphilosophie ist). Der Inhalt der Philosophie, ihr Bedürfnis und ihr Interesse fallen mit der Religion völlig zusammen; auch die ewige Wahrheit ist beiden als Gegenstand gemeinsam. „So fällt Religion und Philosophie in eins zusammen. Die Philosophie ist in der Tat selbst Gottesdienst" (Religionsphilosophie, 1. Band, 1. Teil, S. 29). Auf der anderen Seite freilich ist die Philosophie eine Tätigkeit, die das, was in der Form der Vorstellung ist, in die Form des Begriffs verwandelt. Auf die Religion bezogen, heißt somit die eigentliche Aufgabe der Philosophie, den absoluten Inhalt, den die Religion in der Form der Vorstellung hat, in die Form des Gedankens zu bringen. Ausdrücklich wird dieser Unterschied von Philosophie und Religion nur ein Unterschied der Form, nicht des Inhalts genannt: Dieser ist in Religion und Philosophie nicht verschieden, Philosophie und Religion sind dem Inhalt nach identisch (ebd. S. 295).

d) Die Bedeutung der Philosophie für die spekulative Theologie

Ohne Philosophie keine Theologie: Dieser Grundgedanke der spek. Theologie begleitet seit Daubs Kantischer Zeit als basso ostinato alle theologischen Äußerungen Daubs und Marheinekes. Will der Theologe sein Ziel, die Darstellung eines theologisch-wissenschaftlichen Systems, erreichen, so muß er sich denkend auf die Philosophie einlassen[152].

Bereits in der Vorrede zur „Katechetik" (1801) bemerkt Daub: Ohne Philosophie kann keine Wissenschaft zustande kommen[153], und noch im Vorwort zur „Kritik der Schellingschen Offenbarungsphilosophie" (1843) äußert Marheineke die Überzeugung, daß die Theologie mit der Philosophie unzertrennlich verbunden ist[154]. Er beklagt aus diesem Grunde den zu seinen Lebzeiten herrschenden Brauch, niemandem, der in theologischen Dingen philosophisch zu Werke geht, Schonung zuteil werden zu lassen[155]. Nach Marheinekes Ansicht tritt man als Theologe keineswegs aus seiner

---

[152] „A philosophia igitur, cui vel ipsi praeest religio... sese duci sinant, necesse, quicunque, ut bene sibi succedat, quod, doctrinam de religione christiana condituri, moliuntur opus, contendunt et optant" (Daub, Theologumena, S. 23). — „Ducit hominem religio ad Deum c o g n o s c e n d o   c o l e n d u m...; ducit item philosophia ad Deum, r e l i g i o n i s   p r i n c i p i u m, nec unquam sine ea r e l i g i o n i s e r i t u l l a c o g n i t i o atque d o c t r i n a" (ebd. S. 25). — „Die Dogmatik kann ihre Aufgabe nicht lösen, ohne von der Philosophie mehr als nur äußerlich Notiz zu nehmen" (Marheineke, Grundlehren 1827, Vorrede S. XXVI). — „Das Bedürfnis der Theologie aber ist die Wissenschaft und diese im engsten und eigentlichsten Sinne die Philospohie. Ohne die Philosophie kann nichts eine Wissenschaft sein, außer allein dem Schein und Namen nach" (derselbe, System der theologischen Moral 1847, S. 51). — „Die Zeit wird wohl kommen, wo die dogmatische Theologie die Nothwendigkeit einsieht, nicht ohne die Religionsphilosophie und die Philosophie überhaupt zu Werke zu gehen" (Daub, 6. Band, S. 71); vgl. auch Daub, Die dogmatische Theologie jetziger Zeit, S. 381, und Marheineke, Grundlehren 1827, § 88. — Auf eine nach Perioden gesonderte Darstellung kann hier verzichtet werden, da sich in der Frage des Verhältnisses von Theologie und Philosophie die Hegelsche Periode von der Schellingschen kaum unterscheidet.

[153] S. IV.

[154] S. IV.

[155] Entwurf der praktischen Theologie, Vorrede S. IX. — Marheineke äußert dieses Bedauern im Hinblick auf die Theologie R. Rothes und sein eigenes theologisches System.

Sphäre, wenn man sich mit der Philosophie beschäftigt[156]. Es sei im Gegenteil der Religion unwürdig anzunehmen, man könne sich auf ihren Standpunkt nicht begeben, ohne der Vernunft zu entsagen[157]. „Was in der Religion die Vernunft, das ist in der Theologie die Philosophie"[158]. In beiden kommen die höchsten Aufgaben der Welt und des Geistes zur Sprache und sind alle Widersprüche gelöst[159].

Zwischen den spek. Theologen und dem deutschen philosophischen Idealismus besteht in dieser Frage weitestgehende Übereinstimmung. Für S c h e l l i n g ist die Philosophie das wahre Organ der Theologie als Wissenschaft. In ihr, der Philosophie, werden die höchsten Ideen von dem göttlichen Wesen, von der Natur als Werkzeug und von der Geschichte als der Offenbarung Gottes objektiv[160]. Andererseits objektiviert die Theologie den inneren Gehalt der Philosophie als der unmittelbaren, aber nur idealen, nicht schon realen Darstellung und Wissenschaft des Urwissens. Die Aufgabe der Realisierung dieser erst idealen Darstellung durch die Philosophie erfüllt die Theologie. Sie, die unmittelbare Wissenschaft des absoluten Wesens, stellt den absoluten Indifferenzpunkt des Realen und Idealen objektiv dar[161].

H e g e l geht noch einen Schritt weiter. Da es für ihn Bestreben und Ziel der Philosophie ist, in Gott alles zu erkennen, auf ihn alles zurückzuführen und aus ihm alles Besondere abzuleiten, ist die Philosophie zugleich auch Theologie; beide sind ihrem Wesen nach letzlich nicht voneinander verschieden[162].

Ihnen schließt sich Franz von B a a d e r an. Auch er kennt keine wahre Theologie ohne Philosophie. Er ist überzeugt, daß es in der Kirche und den Staaten besser gehen würde, fingen die Theologen nur wieder zu philosophieren an[163]. Nur ein Verkennen des Wesens der Philosophie einerseits, wie das Nichtunterscheiden der wahren Philosophie von der unwahren oder der „Unphilosophie" andererseits können Bedenken gegen

---

[156] Einleitung 1842, S. 9.
[157] ebd. S. 11.
[158] ebd. S. 12.
[159] ebd. S. 16.
[160] Methode des akademischen Studiums. S. 120.
[161] ebd. S. 102.
[162] Religionsphilosophie, 1. Band, 1. Teil, S. 30.
[163] Schriften zur philosophischen Erkenntniswissenschaft, hg. v. F. Hoffmann, Bd. I, Leipzig 1851, S. 176.

Die Bedeutung der Philosophie für die spekulative Theologie

das Philosophieren in der Wissenschaft von der Religion hervorrufen[164]. Allerdings hat sich die Religionswissenschaft gegen die in ihrem Prinzip irreligiöse Philosophie zu verwahren und vermag dieses nur dadurch, daß sie selbst religiös philosophiert[165]. Zwischen Wissen und Glauben besteht nach Baader grundsätzlich kein Unterschied, beide sind aufeinander bezogen und angewiesen. Wahre Philosophie ist aus diesem Grunde immer religiöse Philosophie[166]. Nur durch ihr Eindringen in die Tiefen der Religion und ihrer Wahrheiten wird eine jeweilige Erneuerung der Philosophie möglich sein[167].

So sehr sich diese drei Ansichten über die Stellung der Philosophie zur Theologie unterscheiden mögen, eines ist ihnen doch gemeinsam: Keine von ihnen vermag eine Theologie ohne Philosophie zu denken und umgekehrt. —

Was versteht nun die spek. Theologie unter dem Begriff der Philosophie? Worin sehen Daub und Marheineke die Aufgabe der Philosophie in der Theologie? Was ist das „Philosophische" in einer spekulativen Dogmatik?

In der „Einleitung" von 1810 gibt D a u b auf die erste Frage eine eindeutige Antwort[168]. Für ihn ist die Philosophie in erster Linie eine Wissenschaft von den Prinzipien der Dinge, der Ideen usw. Sie ist bestrebt, den Urgrund allen Seins und Wirkens, der Vernunft oder des Geistes zu erkennen. Dieser Urgrund heißt Gott[169]. Infolgedessen ist das Philosophieren ein Forschen in dem Urbewußtsein Gottes bzw. in der der Vernunft innewohnenden Idee der Gottheit[170]. Genau das aber tut auch die Dogmatik. Auch sie bewegt sich in dem Urbewußtsein Gottes, denkt in und aus der Idee der Gottheit, um diese als den Urgrund allen

---

[164] Vorlesungen über spekulative Dogmatik, 1. Heft, Tübingen 1828, S. 32.
[165] ebd. S. 36.
[166] Schriften zur philosophischen Erkenntniswissenschaft, S. 170.
[167] ebd. S. 155. — Ähnlich Daub in der „Einleitung" von 1810: „Durch Philosophie ist die Religion nicht — sondern umgekehrt durch Religion ist die Philosophie bedingt: es giebt, und gab von jeher keinen ächten Philosophen ohne Religiosität" (S. 315).
[168] Marheineke, der sich zu dieser Frage nicht ausdrücklich äußert, ist hier wesentlich zurückhaltender als Daub.
[169] Einleitung 1810, S. 341.
[170] ebd. S. 327. — Das Forschen in dem Urbewußtsein Gottes bzw. in der Idee heißt s p e k u l a t i v e s D e n k e n !

Seins zu erkennen. Darum aber Theologie und Philosophie in eins zu setzen oder die Dogmatik als eine Art Religionsphilosophie aufzufassen und dem System der Philosophie einzugliedern, wäre nach Meinung Daubs verfehlt. Die Dogmatik ist keine Religionsphilosophie, sondern theologische Wissenschaft[171]. Sie wird nicht durch Philosophie begründet[172], die ihrerseits nicht zu einer Hilfswissenschaft der Dogmatik herabgewürdigt wird[173]. Ihr Verhältnis stellt sich vielmehr dar als ein solches der vorbereitenden (Philosophie) zur vorbereiteten Wissenschaft (Dogmatik)[174]. Wie jede Lehre, welche System und Wissenschaft ist, durch Philosophie vermittelt wird, so auch die Dogmatik. Ihr Studium macht die Philosophie unabdingbar[175]. Sie schärft die Sehkraft des Geistes für Gegenstand, Inhalt und Form der Theologie[176]. Ihr fortgesetztes Studium allein läßt den Menschen zum freien und vollständigen Gebrauch der Vernunft gelangen[177].

Sieht Daub einen Zusammenhang von Dogmatik und Philosophie nicht nur der Form, sondern auch dem Inhalt nach (sein Begriff der Philosophie ließ nichts anderes erwarten), so trennt M a r h e i n e k e hier wesentlich schärfer. Wiewohl auch er betont, daß die Dogmatik ohne Philosophie nicht bestehen kann, will er diese doch nur von ihrer formalen Seite her in die Dogmatik einlassen[178]. Inhaltlich hat sie ein ganz anderes Gebiet

---

[171] ebd. S. 342. — Dem widerspricht nicht Daubs Behauptung, die Theologie sei eine philosophische Wissenschaft (ebd. S. 329). Jede sich des spekulativen Denkens bedienende Wissenschaft ist philosophisch! Das gilt, wie für alle anderen Wissenschaften, auch für die Theologie, die eben darum überhaupt nur Wissenschaft ist.
[172] ebd. S. 367.
[173] ebd. S. 370.
[174] ebd. S. 371.
[175] ebd. S. 344. — Wie tief dieser Gedanke im Zeitalter des deutschen Idealismus wurzelt, zeigt die Tatsache, daß sogar der Supranaturalist F. V. R e i n h a r d eine erfolgreiche Beschäftigung mit der dogmatischen Theologie von der Bekanntschaft mit der Philosophie abhängig macht: „Will man diese Wissenschaft mit gehörigem Erfolge treiben, so sind folgende V o r k e n n t n i s s e dabey nöthig: 1) e i n i g e B e k a n n t s c h a f t m i t d e r P h i l o s o p h i e..." (Vorlesungen, § 15 S. 37).
[176] Einleitung 1810, S. 376.
[177] ebd. S. 374.
[178] Grundlehren 1819, § 59.

als die Philosophie[179]. Indem alle an sich göttlichen Wahrheiten, von Menschen aufgefaßt, der Kritik anheimfallen müssen, um ein Verwechseln von Menschen- mit Gotteslehren zu vermeiden, weist Marheineke diese kritische Funktion in der Dogmatik der Philosophie zu. Nur als K r i t i k kann diese sich in der Dogmatik geltend machen, nicht aber als das die Wissenschaft von der Religion Hervorbringende und Begründende[180].

Seltsamerweise trifft sich Marheineke in dieser Frage mit dem Rationalisten B r e t s c h n e i d e r. Auch dieser sieht die wahre Bedeutung der Philosophie für die Dogmatik in ihrer kritischen Funktion. Ist die Kritik überhaupt ein Überprüfen der dogmatischen Form oder des Inhalts der Dogmatik mit dem Zweck zu ermitteln, ob das dogmatische System der Kirche Grund und Wahrheit habe, so ist speziell die philosophische Kritik laut Bretschneider ein Prüfen der dogmatischen Lehren nach dem System allgemeiner Vernunftwahrheiten bzw. nach dem Verhältnis dieser Lehren zu dem der menschlichen Vernunft vom Schöpfer gegebenen religiösen Ideen[181].

Beobachten wir somit an dieser Stelle eine kuriose Übereinstimmung zwischen dem spek. Theologen Marheineke und dem Rationalisten Bretschneider mit leichter Frontstellung gegen die Theologie Daubs, so gehen D a u b und M a r h e i n e k e im Eigentlichen doch wieder zusammen. Beide lassen die Theologie nicht in der Philosophie aufgehen und wissen um die „Ein-seitigkeit" des „Philosophischen" in der Dogmatik. Der philosophischen Seite der Dogmatik steht, wie Marheineke sie nennt, die traditionelle gegenüber[182]. Zeigt sich das „Philosophische" vornehmlich im organisch-systematischen Aufbau, in der logischen und methodischen Bewegung, so das „Traditionelle" in gelehrten, d. h. philologischen und grammatischen Untersuchungen der biblischen und kirchlichen Überlieferung. Eine christliche Dogmatik muß demnach spekulativ-systematisch u n d biblisch-kirchlich zugleich sein. Die philosophische und historische Funktion der Dogmatik lassen sich nicht voneinander trennen. Sie sind das die Wissenschaft negativ bedingende Prinzip, d. h. ohne sie kann es nicht zur Wissenschaft kommen[183].

---

[179] ebd. § 60.
[180] ebd. § 61.
[181] Handbuch der Dogmatik, S. 42—46.
[182] Marheineke, Grundlehren 1827, § 87. — In der Schellingschen Periode heißt die traditionelle Seite der Dogmatik die „gelehrte".
[183] ders., Grundlehren 1819, § 58.

*e) Die Wissenschaftlichkeit der Theologie
in der Spätphase der spekulativen Theologie*

(Vatke und Biedermann)

Bevor wir diesen den Wissenschaftscharakter der Theologie betreffenden Fragenkomplex hinter uns lassen, werfen wir noch einen Blick auf die Entwicklung des Wissenschaftsbegriffs innerhalb einer sich wandelnden „spekulativen Theologie". Wir befragen zu diesem Zweck die Theologie W. V a t k e s und A. E. B i e d e r m a n n s, späten Nachfahren der eigentlich spekulativen Theologie.

Zunächst ist festzustellen, daß alle wesentlichen Gedanken und Momente der Theologie Daubs und Marheinekes auch hier wiederzufinden sind. Die theoretische Aufgabe der Dogmatik bleibt gegenüber der praktischen beherrschend, die spek. Methode und das begreifende Denken und Erfassen sind für die Wissenschaftlichkeit der Theologie bestimmend, die Religion spielt weiterhin eine dominierende Rolle und die philosophische Durchdringung der religiösen Wahrheiten bleibt für die Dogmatik unverzichtbar. Auch hier noch gelten die besonderen Religionen, unter ihnen das Christentum, als Entwicklungsmomente der e i n e n Religion[184] und ist ihre Abfolge als eine „göttliche Erziehung des Menschengeschlechts" anzusehen[185].

Zwar hören wir nun nichts mehr von der Idee, dem Bewußtsein oder dem Gedanken Gottes als dem Wesen der Religion, doch ist das, was einmal darunter verstanden wurde, inhaltlich auch jetzt noch implizit gegenwärtig. Nur die besondere Betonung der subjektiven bzw. psychologischen Seite der Religion fällt auf (Die Religion ist eine persönliche Erhebung des menschlichen Ich zu Gott[186]). Im Vergleich mit Daub und Marheineke hat sich damit der Religionsbegriff nach der psychologisch-subjektiven Seite hin verschoben.

Trotzdem bestimmt sich die Religion als göttlich-menschliche Tätigkeit, als innere Vermittlung des unendlichen und endlichen Geistes, als gottmenschlicher Prozeß, in dem der göttliche Geist sich im menschlichen Geist manifestiert[187]. Offenbarung als actus purus der Selbstmanifestation Gottes für das Ich des Menschen und Glaube als actus purus der ideellen

---

[184] Vatke, Religionsphilosophie, nach Vorlesungen hg. v. H. Preiss, Bonn 1888, S. 123 bzw. S. 290.
[185] Biedermann, Christliche Dogmatik, 2 Bände, 2. Aufl., Berlin 1884/85, § 142.
[186] ebd. § 69.
[187] ebd. § 94; Vatke, Religionsphilosophie, S. 128.

Selbsterhebung des menschlichen Ich zu Gott bilden die konstituierenden Momente der Religion[188]. Zwar wird das auf Vernunft und methodischem Denken beruhende philosophische Wissen von dem der Offenbarung entspringenden, vornehmlich praktischen Zwecken dienenden theologischen Wissen schärfer abgegrenzt[189], doch bleibt die Philosophie zum Begreifen der Religion unerläßlich. Erst durch das methodische Erkennen der Philosophie werden die popular-religiösen Elemente geläutert[190].

Interessant ist nun zu beobachten, welche Wirkung auch hier bereits die historische, speziell Straußsche Kritik erzielt hat. Am deutlichsten zeigen das die fünf Punkte, in denen B i e d e r m a n n die Aufgabe einer wissenschaftlichen Dogmatik umreißt[191]:

1. Historisch-genetische Darlegung des christlichen Glaubens von seinem historischen Quellpunkt aus bis zu seiner Ausprägung im kirchlichen Dogma.
2. Dogmatische Kritik, inwiefern das Dogma in seiner jeweiligen historischen Form Ausdruck des christlichen Realprinzips ist.
3. Autonome Verstandeskritik. Im Unterschied zur dogmatischen Kritik bezieht sich diese nicht auf den Inhalt des Dogmas, sondern auf dessen jeweils in der Geschichte ausgeprägte theoretische Fassung und Form.
4. Spekulative Ausprägung des durch die Kritik erhellten religiösen Inhalts des Dogmas.
5. Anwendung auf die Pflege des religiösen Lebens.

Beschreiben Punkt 1 und 4 (5 dagegen bedingt und dann auch nur bei Marheineke) in etwa die Funktion einer Dogmatik, wie Daub und Marheineke sie noch verstanden, so ist das unter 2 und 3 Gesagte neu. Nach Biedermann kann eine wissenschaftliche Dogmatik nicht bei der „historisch-genetischen Darlegung des christlichen Glaubens" und der „spekulativen Ausprägung" des kirchlichen Dogmas stehen bleiben. Die Dogmatik hat außerdem auch eine k r i t i s c h e Funktion und das sogar in doppelter Hinsicht. Überwacht „die dogmatische Kritik" die Übereinstimmung des Dogmas in seiner jeweiligen historischen Gestalt mit dem „christlichen Realprinzip" — die dogmatische Kritik richtet sich insofern auf den I n h a l t des Dogmas —, so prüft die „autonome Verstandes-

---

[188] Biedermann, Christliche Dogmatik, §§ 80, 94, 95.
[189] Vatke, S. 2/3; vgl. auch Biedermann, S. 44 bzw. 49.
[190] Vatke, S. 10. — Für Biedermann kann die philosophische Erkenntnis des Wesens der Religion nur die psychologische F o r m der religiösen Erkenntnis, nicht aber deren Inhalt ermitteln (S. 49).
[191] Christliche Dogmatik, § 4.

kritik" dessen F o r m. Diese muß einer genauen Kritik unterworfen werden, da das Dogma als Lehre der Kirche ein Produkt der Geschichte ist und der menschliche Geist jeden Inhalt in „subjektiven Denkformen" auffaßt. Die Wissenschaft hat darum nicht nur das Recht, sondern auch die Pflicht, festzustellen, ob der menschliche Geist den Inhalt des Dogmas jeweils in die „denkrichtigen Formen" gegossen hat. So hat nach Biedermann die „autonome Verstandeskritik" die Aufgabe, den Wahrheitsgehalt des Dogmas von seiner geschichtlichen Form zu unterscheiden und jenen wie einen festen, unveränderlichen Kern aus seiner geschichtlichen Schale herauszuschälen.

Die so betonte Herausstellung der dogmatischen und rationalen Kritik in der Dogmatik, d. h. deren kritische Funktion, ist der spek. Theologie Daubs und Marheinekes noch unbekannt. Für sie entspricht der spek. Begriff fraglos dem kirchlichen Dogma, und dieses enthält seinerseits wiederum mehr oder weniger unbesehen die genuin biblischen Aussagen. Ganz abwegig erscheint es Daub und Marheineke, auch der Verstandeskritik einen, wenn auch nur bescheidenen Platz in der Dogmatik einzuräumen. Der Verstand gilt auch nicht als autonom, in ihm ist keine Wahrheit, er vermag nicht über Wahrheit und Unwahrheit eines dogmatischen Satzes zu entscheiden.

Das Fazit: In der Spätphase der spekulativen Theologie hat das Feuer der historisch-kritischen Forschung und der Straußschen und Feuerbachschen Kritik im besonderen die wenig haltbaren Materialien der spekulativen Luftschlösser ausgebrannt und hat diese auf solide Fundamente gestellt.

IV. Das Problem der spekulativen Gotteserkenntnis

Getragen vom erkenntnisgläubigen Überschwang der idealistischen Philosophie eines Fichte, Schelling und Hegel setzen die spek. Theologen die absolute Erkennbarkeit Gottes in jeder Hinsicht voraus. Wir sahen bereits, wie sich die Auseinandersetzung mit dem Rationalismus (und mit Kant!) gerade auf diesen Punkt zuspitzte. Man geht von daher nicht fehl, die Frage nach der Erkennbarkeit Gottes die Gretchenfrage der spek. Theologie zu heißen.

Ist die Religion, der der Mensch entsteht, im wesentlichen Idee oder Bewußtsein von Gott und ist diese Idee der menschlichen Vernunft von Natur aus eingepflanzt, so muß jeder Mensch ein unmittelbares Wissen um Gottes Dasein und Wesen haben[1]. Das Forschen und Fortschreiten in dieser von Gott selbst nicht unterschiedenen Idee ist Erkenntnis Gottes, die ihre Ausführung und Vollendung in der dogmatischen Wissenschaft erfährt.

Unmittelbar erkennt der menschliche Geist das Übersinnliche (Gott) im übersinnlichen Bewußtsein als dem Urgrund des Sinnlichen und Nichtsinnlichen[2]. Mit der Anlage zu wissen, daß Gott ist und mit der Fähigkeit, Gott zu erkennen, ihn zu lieben und zu verehren, wird der Mensch geboren. Diese Wahrheit ist die allerunmittelbarste. Sie kann daher auch höchstens bezweifelt, nicht geleugnet werden, jeder hat die Überzeugung von der Existenz Gottes. Infolgedessen ist Atheismus wohl als praktischer, nicht aber als theoretischer Atheismus möglich[3].

---

[1] vgl. dazu Daub: „Hinc generi humano, cujus, cum Deo contineatur, non nequit esse aliqua dignitas, innata videtur numinis summi notio perfecta, adjunctam sibi habens de ejus existentia persuasionem certissimam" (Theologumena, § 35 S. 117).

[2] Daub, Einleitung 1810, S. 200/201.

[3] Der Lasterhafte „wird zwar praktisch ein Atheist seyn können, indem er sich absolut selbstständig dünkend, und nach absoluter Unabhängigkeit strebend, das Bewußtseyn Gottes scheuet und meidet, wo er kann, aber theoretisch ein Atheist zu werden, wird er nicht vermögen, denn die An-

Ähnlich urteilt S c h l e i e r m a c h e r über den Atheismus. Ist für ihn das „schlechthinige Abhängigkeitsgefühl" und „Gottesbewußtsein ein wesentliches menschliches Lebensmoment", so kann der Atheismus, wie Schleiermacher ausdrücklich hervorhebt, „nur in mangelhafter oder gehemmter Entwikklung begründet sein". Er ist ein „tiefes Mißverständnis" und eine „Kränklichkeit des Verstandes, die sich zwar von Zeit zu Zeit sporadisch erneuern kann, aber doch nie etwas geschichtlich Beharrliches hervorbringt"[4].

Wird das ewige Bewußtsein von Gott durch Gott selbst vermittelt, so ist nach Meinung der spek. Theologen die darin gesetzte unmittelbare Gotteserkenntnis des Menschen eine E r k e n n t n i s   d u r c h   G o t t   s e l b s t . Erkenntnis Gottes ist demnach nicht Produkt freier menschlicher Selbsttätigkeit, sondern ein durch Gott selbst vermitteltes Wissen von Gott. Das Gottesbewußtsein ist der alleinige Vermittler zwischen Gott und den Menschen, das einzige Organ der Erkenntnis Gottes, in der Gott sich durch sich selbst den Menschen offenbart: „Non est... notio Dei nisi per Deum ejusque summam virtutem"[5]. Nicht „virtute ... propriisque viribus" der Menschen kommt cognitio Dei zustande, sondern allein „divina vi in suis semel evocata animis"[6]. Nur sofern das menschliche Denken Gottes in das göttliche Denken Gottes eingerückt ist, vermag der menschliche Geist, in die Idee Gottes aufgenommen und in ihr

---

lage der Menschheit kann er nicht verliehren, auch kann er durch Sophistereien und Aberwitz sich selbst zwar blenden, aber das Licht des göttlichen Bewußtseyns in ihm nicht auslöschen" (ebd. S. 93); vgl. auch Daub, Judas Ischarioth, S. 132 und Marheineke, Lehrbuch 1823, § 146.

[4] Glaubenslehre, Band 1, § 33 S. 172—174.

[5] Daub, Theologumena, § 34 S. 111. — „Deum in Deo mens humana contueri nequit, ni Deus ipse eam ad sese attollit et effert" (ebd. S. 114). — „Nullam dicamus de Dei existentia esse omnino persuasionem certam, nisi quae ab ipso Deo sit inchoata" (ebd. S. 115/116). — „V i r t u t e   i g i t u r   d i v i n a , quae mentis est ita comparatae, notio Dei et conscientia mente efformatur, ipseque Deus sese ideis declarat et cognoscendum praebet, quarum est genitrix mens aut omnino ratio humana p r o   n a t u r a   s u a   d i v i n a " (ebd. S. 118). — „In dem Bewußtseyn nämlich von seinem Wissen, das, wie dieses Bewußtseyn selber, die Selbstthätigkeit zu seinem Princip, oder den Menschen zu seinem Urheber hat ... gelangt er zu dem Erkenntniß, daß er d u r c h   s i c h von Gott nichts w i s s e n könne, daß es kein Wissen und keine Wissenschaft vom Uebersinnlichen gebe" (Daub, Einleitung 1810, S. 259); vgl. Marheineke, Grundlehren 1827, § 128.

[6] Daub, Theologumena, § 16 S. 30.

aufgehoben, Gott zu erkennen[7]. Eingerückt ist das menschliche Denken in das göttliche aber nur als Vernunft, der die Idee Gottes innewohnt. Im Begriff der Vernunft laufen alle Fäden zusammen, aus denen das Netz der spekulativen Gotteserkenntnis gewebt ist. Marheineke stellt darum die Frage: Wie findet die Vernunft Gott in sich?[8].

Die menschliche Seele, Gott in sich vernehmend, ist und heißt V e r n u n f t. Sie, die Seele, ist ursprünglich nichts anderes als ein Gedanke Gottes, sie hat nur Realität, sofern sie von Gott gedacht wird. Als Idee bzw. Gedanke v o n Gott ist die sich ihres Seins und Ursprungs bewußte Seele zugleich ein Gedanke a n Gott, da Gott ewig nur sich selbst denkt. Das Selbstbewußtsein der Seele führt diese demnach notwendigerweise zum Bewußtsein Gottes. Wäre darum die menschliche Seele kein göttlicher Gedanke, die menschliche Vernunft könnte Gott nicht denken[9].

Ist die Vernunft die Gott in sich vernehmende menschliche Seele und ist diese ihrerseits ein Gedanke Gottes, so muß die Vernunft ebenfalls eine göttliche Idee sein. Die Vernunft als solche ist letztlich nichts anderes als das Bewußtsein von Gott: „Iam vero cum ratio non sui solum et rerum, sed Dei etiam compos sit, summi autem principii conscientiam ad eam aliunde proficisci nequeat, ex ipso hoc principio eam promanare, nec rationem humanam, pro parte sua divina, ab hac Dei conscientia quicquam differe, sed ipsam hanc, seu potius summi numinis i d e a m e s s e, necessario sequitur"[10]. Die Vernunft ist nicht das Prinzip, wohl aber das uns gebliebene Organ der Erkenntnis Gottes und des göttlichen Willens[11].

Trägt die menschliche Vernunft das Göttliche in sich (Gott ist „fons sanctissimus" der Vernunft[12]) und besteht zwischen ihr und der Idee oder dem Bewußtsein Gottes kein wesentlicher Unterschied, ist weiterhin die ratio humana ein Ausschnitt aus der sich von Gott wesensmäßig nicht unterscheidenden ratio universa bzw. divina, so darf die menschliche Vernunft darum doch nicht mit Gott gleichgesetzt werden[13]. Die sich selbst erkennende Vernunft unterscheidet sich von sich selbst; sie ist stän-

---

[7] Marheineke, Grundlehren 1827, § 21.
[8] Grundlehren 1819, § 117 S. 86.
[9] ebd. §§ 117, 118 S. 86—87.
[10] Daub, Theologumnea, § 19 S. 43.
[11] ders., Judas Ischarioth, S. 196.
[12] Daub, Theologumena, § 18.
[13] „N o n e s t r a t i o ... Deus, quippe quo, ut suo principio, pro sua dignitate vera, non nisi continetur" (ebd. S. 38).

diges Sichvonsichselbstunterscheiden. Gottes Wesen hingegen besteht in der ewigen Übereinstimmung mit sich selbst, ist ewiges Sichselbstgleichsein. In der Vernunft begegnet uns nicht Gott selbst, wohl aber das vollkommenste A b b i l d Gottes (effigies Dei), das den übrigen „Bildern" insofern überlegen ist, als es sich selbst als Ebenbild Gottes erkennt und weiß[14]. So nennt S c h e l l i n g die Vernunft das einzig vollkommene Abbild des absoluten Wesens, die dieses in der völligen Indifferenz und Identität des Denkens und des Seins darstellt, „abbildet"[15]. Sie ist für Schelling ein Wissen Gottes, das selbst in Gott ist. Ihre Erkenntnis Gottes ist die unendliche Erkenntnis, die Gott von sich selbst hat. Die Vernunft h a t nicht die Idee Gottes, sie i s t diese selbst[16].

In der spek. Theologie übt die Vernunft als vollkommenes Ebenbild Gottes die Funktion eines S p i e g e l s aus, der Gott reflektiert. Gott erkennen, heißt darum eigentlich nichts anderes, als Gott in der Vernunft, in der Idee von ihm widerspiegeln. Franz von B a a d e r formuliert so kurz und prägnant — und die spek. Theologen der Schellingschen Periode würden ihm sicherlich darin zustimmen —: Spekulieren (spekulativ denken) heißt spiegeln[17]. Nach Baader, dessen theosophische Erkenntnislehre

---

[14] „... id tamen divini ei (der Vernunft) inest, ut ipsa iure sese censeat mentis divinae effigiem, a Deo homini informatam, ideoque homo ad Dei exemplar creatus recte dicatur" (ebd. S. 33). — „Profecto Dei putanda est effigies integerrima, siquidem, dum semet ipsa contuetur, Deum, ut omnium, quae praeter ipsam sunt, suumque sibi manifestat atque declarat principium. Reliquis autem, quotquot exstant, sive coelestis, sive terrenae aut humanae naturae, Dei imaginibus ea praestat ista effigies virtute, ut sese ipsam conspiciat, suique compos ipsam sese Numinis Supremi similitudinem agnoscat, et magni faciat" (ebd. S.. 38). — Worin die Göttlichkeit der menschlichen Vernunft besteht, sagt Daub ebenfalls in den „Theologumena": „P r i m o : quod sibi maxime par et constans, nisi aeternitate, saltim perpetuitate gaudet, d e i n d e quod disturbari, sibi adversari, aut a rebus aliis vexari prorsus nequit, t u m quod quas vel efficit, vel intrat, aut tranat, res humanas sua dignitate, suaque vi perenni et constanti perfundit, et homine divino dignas reddit, p o s t r e m o : quod quae ab ea conspiciuntur, ejusque ope a sensibus percipiuntur, ab intellectu cognoscuntur, neutiquam componendo aut dissolvendo... sed quales vere sunt exponendo potius... res manifestat omnes atque declarat" (ebd. S. 33).
[15] Bruno, S. 94.
[16] Aus den Jahrbüchern der Medizin als Wissenschaft, Schellings Werke, 4. Hauptband, S. 83.
[17] Schriften zur philosophischen Erkenntniswissenschaft, S. 197.

sich hier mit der spekulativen berührt, gestaltet, formiert sich das Gestaltende (Gott) im Gestalteten (Kreatur) und spiegelt sich in ihm ab. Wohnt der Erkennende dem Erkannten inne, so erkennt dieses jenes in dem in ihm aufgehenden Ebenbild des ersteren[18]. Auf die Vernunft bezogen heißt das: Nicht die natürliche, wohl aber die des göttlichen Geistes teilhaftgewordene, spiegelnde Vernunft vermag als eine Gabe Gottes zu dessen Erkenntnis zu gelangen. Ebensowenig wie für Daub und Marheineke kann es für Baader Gotteserkenntnis geben ohne Gottes Assistenz und „Erleuchtung".

Die s p e k u l a t i v e Vernunft bleibt immer angewiesene, ist keine autonome, selbstmächtige Vernunft. Will sie zu sich selbst kommen, so muß sie zunächst „vor Gott treten", sich ihm als Objekt darbieten, unterordnen („subjizieren")[19]. Der sich selbst überlassenen Vernunft versagt sich die Erkenntnis, sie bleibt im Negativen stehen und weiß, wie der Rationalismus, nur zu sagen, was Gott n i c h t ist[20]. Gewiß, die Vernunft ist von Gott zum Bilde Gottes geschaffen, doch beruht jede Gotteserkenntnis in der Vernunft zunächst auf Mitteilung, auf Mitteilung nämlich der Idee Gottes. Der Vernunft muß, will sie Gott erkennen, dieses Erkennen Gottes angefangen sein; sie führt nur zum Glauben an Gott, sofern sie bereits zu ihm geführt i s t (passiv!)[21].

Scharf unterschieden, wenn auch nicht getrennt, wird die Vernunft von V e r s t a n d und G e f ü h l (sensus). In beiden ist kein Wissen, im unmittelbaren Gefühl nur Ahnen und Sehnen, im abstrakten Verstand nur Vorstellen und Meinen. Gefühl und Verstand haben das Wissen erst nach seiner Möglichkeit, nicht aber nach seiner Wirklichkeit[22]. Sinne und Verstand sind für sich ohne Wahrheit und Würde, ihren eigentlichen Existenzgrund und erkenntnistheoretischen Wert haben sie nur i n der Vernunft und v o n der Vernunft. Ohne diese sind sie zum Begreifen und Erkennen Gottes völlig unfähig, da sie immer an Zeit, Raum und Vorstellung gebunden bleiben. Wie sensus und intellectus allein unter der Ägide der Vernunft zur wahren Erkenntnis Gottes beitragen[23], so kann die Vernunft andererseits auch nicht auf sie verzichten (der Verstand ist die Form der

---

[18] ebd. S. 53.
[19] Marheineke, Grundlehren 1827, § 30.
[20] ebd. § 27.
[21] ebd. §§ 24, 25.
[22] ebd. § 65.
[23] Daub, Theologumena, §§ 16, 17.

Vernunft!), da eine Trennung Sinne, Verstand und Vernunft in gleicher Weise entleeren würde. —

Die Vernunft ist dem Menschen durch Gott ein-gebildet. Sie wohnt ihm jedoch nur dann wirklich inne, wenn e r , der Mensch, Sinne und Verstand, nicht diese i h n gebrauchen. Ist der Mensch sich erst seiner selbst bewußt und völlig mächtig, dann ist er auch der Vernunft gleich und von ihr kaum unterschieden[24]. Die Vernunft hat der Mensch nicht nur als eine ihm angeborene, vielmehr ist e r in jeder Hinsicht der V e r - n u n f t geboren[25].

Aus dem in die Vernunft aufgenommenen Wesen des Menschen kann nun Gott klar und deutlich erkannt werden[26]. Sofern aber der menschliche Geist (mens) und die Dinge überhaupt (res) der Vernunft innewohnen, sind sie selbst göttlich, und insofern wird das Wesen Gottes auch in ihnen erkannt[27]. Allein die Vernunft macht die Göttlichkeit (divinitas) des Menschen aus, ohne sie hörte der Mensch auf, Ebenbild Gottes zu sein[28]. —

Religiöse und theologische Gotteserkenntnis entwickeln sich aus der sich der Vernunft mitteilenden Idee Gottes. Diese spekulative Erkenntnis bliebe jedoch höchst unvollständig und abstrakt, hätte nicht Gott selbst

---

[24] „H o m i n i enim, 1) cum sensus haud uantur eo, sed ipse contra sensibus utatur, sentiendi virtute praeditus, r a t i o i n e s t ; i d e m 2), cum intellectum sibimet inditum habeat eoque gaudeat, r a t i o n i i p s e p a r e s t , ab eaque nil fere differt" (ebd. S. 80).

[25] ebd. S. 40. — Ebenso hieß es von der Religion: Nicht entstand die Religion dem Menschen, sondern dieser der Religion!

[26] „Quamvis igitur in Dei naturam nil convertatur, ex hominis tamen natura, quae in rationem penitus recipitur, cujusque ratio, indeque Deus ipse, principium omni modo constitutum cernitur, natura Dei cognosci poterit in illaque clare conspici" (ebd. S. 80). — „Deus ... ex homine cognosci nequit, nisi quatenus ratio in hominis naturam conversa est, pariterque homo in rationis naturam susceptus, ita ut utriusque natura una sit fere atque eadem. Etenim imago Dei absolutissima exstat ratio u n i v e r s a ; hominem itaque aut mentem humanam numinis imaginem haud conspecturus es, nisi quatenus mens ipsa ratio est" (ebd. S. 81).

[27] „Quatenus enim mens et omnes omnino res humanae rationi insunt, eatenus ipsis inest divinitas, ex iisque Dei potest natura cognosci" (ebd. S. 40).

[28] Dum enim ratio cessat, aut menti animove submittitur, omnis divinitas ab homine abest, Dei imagine in ipso vel suppressa, vel penitus exstincta" (ebd. S. 41).

sich auch in der Geschichte offenbart. Wie der Mensch ohne die Idee Gottes keinen Sinn für eine geschichtliche Offenbarung hat, so kann sich diese Idee ihrerseits erst an der geschichtlichen Offenbarung vollständig entwickeln[29]. Geschichtliche und spekulative Gotteserkenntnis bedingen und ergänzen sich wechselseitig, wird auch der reinen Gotteserkenntnis in und aus der Idee von den spek. Theologen zweifellos der Vorrang eingeräumt[30].

Daub hat diesen von Marheineke in den „Grundlehren" von 1819 angedeuteten und in der 2. Auflage von 1827 (§ 124—145) weiterentwickelten Gedanken von der Wechselbeziehung und Parallelität der Gotteserkenntnis in Idee und Geschichte aufgenommen und in den Vorlesungen (6. Band) im Anschluß an Hegels Religionsphilosophie ein wenig weitschweifend und langatmig ausgeführt.

Vorstellung, vorstellendes Bewußtsein und denkendes Bewußtsein sind die ihrerseits wiederum dreifach untergliederten Elemente, in denen und durch die hindurch der Gedanke Gottes sich bewegt. Dabei sind die Elemente der Vorstellung und des vorstellenden Bewußtseins dem Gedanken und damit dem Wesen Gottes unangemessen: die Vorstellung, weil sie sich gegenüber der Erkennbarkeit Gottes gleichgültig zeigt, das vorstellende Bewußtsein, da es noch mit Subjektivität behaftet ist und die Erkennbarkeit Gottes negiert. Den Elementen der Vorstellung und des vorstellenden Bewußtseins entsprechen in der Geschichte die Religion des Fetischismus (Naturreligion), die griechische, römische und jüdische Religion. In ihnen kann daher von wahrer Gotteserkenntnis nicht die Rede sein. Erst mit der christlichen Religion wird das vorstellende Bewußtsein verlassen und erfolgt der Übergang zum denkenden Bewußtsein, das als das denkende durch seine Unendlichkeit, Unbegrenztheit und Unabhängigkeit von der Subjektivität dem Wesen Gottes unendlich angemessen ist.

Im Element des denkenden Bewußtseins bewegen wir uns auf der Stufe der christlichen Religion. In ihr wird die Erkennbarkeit Gottes in der Geschichte und damit auch in Gott selbst anerkannt. Vor dem Kommen Christi und dem Glauben an ihn bestand diese Möglichkeit nicht. Erst dadurch, daß Gott der Geist sich in Christus dem menschlichen Geist offenbarte, ist diesem die Erkenntnis Gottes als des Geistes ermöglicht

---

[29] Marheineke, Grundlehren 1819, §§ 111, 112 S. 83.

[30] „In der Natur nun und in der Geschichte ist Gott und sein Wesen zwar erkennbar; aber weder in jener noch in dieser wird er und sein Wesen wirklich erkannt, sondern lediglich und allein in ihm selbst: Dei natura non cognoscitur nisi in ipso" (Daub, 6. Band, S. 280).

worden. Als Geist nämlich will Gott begriffen sein, und erst das NT lehrt, daß Gott in seinem Wesen d e r Geist ist[31]. Gott als Geist begreifen, heißt zugleich, ihn als den trinitarischen Gott erkennen, als den, der sich in sich unterscheidet und doch in diesem Unterschied mit sich eins ist. Die Trinität ist darum der Skopus nicht nur der christlichen Gotteserkenntnis, sondern der christlichen Dogmatik überhaupt. Ohne sie könnte es keine spek. Dogmatik geben (s. u.).

Das Christentum ist die Negation aller Relationen (wie etwa die von Diesseits und Jenseits) und alles Endlichen, in ihm kommt es durch Jesus Christus zur Vereinigung des Menschen mit Gott[32]. Dieser Jesus Christus ist der Mensch in seiner konkreten Allgemeinheit[33], der Mittelpunkt der Weltgeschichte, keine bloß welthistorische Persönlichkeit neben anderen (Moses, Sokrates, Herakles usw.)[34]; von ihnen unterscheidet er sich wesentlich. Christus ist kein individueller Geist, kein Familien- oder Nationalgeist, sondern d e r Geist, in dem die Menschheit ihren Geist verwirklicht. So ist in ihm Gott der Geist erkennbar[35]. Christus ist keine welthistorische Persönlichkeit, wohl aber Mittelpunkt der Weltgeschichte, und zwar insofern, als er die vergangene Geschichte und die Welt dieser Geschichte als der Mittler zwischen Vorwelt und Nachwelt mit der künftigen Geschichte vermittelt[36]. Ist Jesus Christus das zugleich absolut unendliche und konkrete Bewußtsein, so bedeutet die Rede von der Erkennbarkeit Gottes in Christus nichts anderes als die Anerkenntnis der Erkennbarkeit Gottes im denkenden Bewußtsein als dem absolut unendlichen, alles Endliche negierenden, konkreten Bewußtsein. Nicht im abstrakten, sondern allein im Sein als denkendem Sein ist Gott erkennbar[37].

Aus I d e e und G e s c h i c h t e gestaltet sich die Erkenntnis Gottes. Beide stehen zueinander im Verhältnis der Korrelation und bedürfen

---

[31] ebd. S. 100. — „Im A. T. wird oft und nachdrücklich vom Geiste Gottes gesprochen, den Geist hat Elohim, ihn theilt er den Propheten mit, er ist sein Wesen; aber nirgends wohl ist im A. T. die Rede davon, daß Gott der Geist sei, so daß Gott und Geist eins und dasselbe wären... Dagegen (anticipando) im N. T. geradezu gelehrt und anerkannt ist nicht etwa, daß das Wesen Gottes Geist sei, sondern vielmehr daß Gott in seinem Wesen d e r Geist sei" (ebd. S. 99/100).
[32] ebd. S. 171.
[33] ebd. S. 164.
[34] ebd. S. 194—195.
[35] ebd. S. 248—251.
[36] ebd. S. 245.
[37] ebd. S. 247/248.

einander, die geschichtliche Erkenntnis der ideellen, indem jene durch diese als wahr anerkannt und bestätigt wird, die ideelle der geschichtlichen, indem diese erst die Erkenntnis Gottes in und aus ihm selbst ermöglicht und jene ergänzt und vervollständigt. Darum folgen in der Gotteslehre der spek. Theologie (wenigstens in der Hegelschen Periode) jeweils auf den Abschnitt über die Erkenntnis Gottes in ihm selbst entsprechende Paragraphen, die die Gotteserkenntnis aus der geschichtlichen Offenbarung in der christlichen Religion zum Inhalt haben.

Sicherlich bemühen sich die spekulativen Theologen ernsthaft, die Notwendigkeit einer geschichtlichen Offenbarung nachzuweisen und an Jesus Christus als einer konkreten Person festzuhalten. Man spürt jedoch auf Schritt und Tritt, wie ihre Gedanken immer wieder dem Sog einer symbolischen Auffassung erliegen, die in der Folge der Religionen bis hin zur Christusoffenbarung nichts weiter sieht als einen symbolischen Ausdruck für die Aufwärtsentwicklung des Menschengeistes. Von diesem symbolhaften Denken hat sich die spek. Theologie nie ganz gelöst. —

Damit verlassen wir den Bereich der (von Daub selbst in den Vorlesungen über die Dogmatik so genannten) „m ö g l i c h e n E r k e n n t n i s"[38], der Erkennbarkeit Gottes, und kommen zur W i r k l i c h k e i t der Gotteserkenntnis.

---

[38] ebd. S. 71 u. ö.

V. Die Lehre von Gott dem Vater

Dem Gedanken Gottes folgend, teilt sich die Dogmatik selbst ein. Das gilt nicht nur für ihren allgemeinen trinitarischen Aufriß, auch die jeweiligen Unterabschnitte (Von Gott dem Vater, dem Sohn und dem Geist) gliedern sich ihrerseits in dreifacher Weise (für Daub gilt das jedoch nur in der Hegelschen Periode).

So artikuliert sich der erste Teil der Gotteslehre „Von Gott dem Vater" folgendermaßen: 1. Vom Wesen Gottes, 2. Vom Dasein Gottes (hier geht es im wesentlichen um die Gottesbeweise), 3. Von den Eigenschaften Gottes. Anders als beispielsweise D. F. Strauß und die meisten neueren Dogmatiker behandeln die spek. Theologen (ähnlich wie ihre „Epigonen" Vatke und Biedermann) das Wesen Gottes vor seinem Dasein (mit Ausnahme der „Grundlehren" Marheinekes von 1819). Daß eine solche Gliederung nicht reiner Zufall sein kann, beweisen mehrere Stellen, die das Einhalten dieser Reihenfolge ausdrücklich fordern[1].

War in der Schellingschen Periode die Reihenfolge: Wesen — Dasein — Eigenschaften Gottes mehr ein Postulat ohne Fundament, so wird diese in der Hegelzeit mit der Selbstbewegung des Gedankens Gottes ausführlich begründet: Gott selbst bzw. sein Gedanke bestimmt sich im Denken seines Wesens, in der Selbstreflexion, zum Dasein[2]. Bei Daub sieht das dann folgendermaßen aus: Der Gedanke Gottes enthält das Sein als ein Denken. Das Sein aber als ein Denken nennen die spek. Theologen das Wesen Gottes. Der 1. Abschnitt der Gotteslehre entwickelt dementsprechend die Lehre vom Wesen Gottes. Zum andern enthält der Gedanke Gottes aber auch das Denken als das Sein, und so bestimmt sich der Gedanke zum Dasein Gottes. Der 2. Abschnitt wird sich darum mit Gottes Dasein beschäftigen. Die Synthese von Wesen und Dasein, ihr

---

[1] „De Deo igitur, ut ipsum cognoscamus, disserentes, eum sequi ordinem a rationis lege jubemur, ad quem quaestio A) de Dei natura, B) de ipsius existentia, C) de ejusdem virtutibus, seu attributis erit instituenda" (Daub, Theologumena, § 17 S. 37). Da allein der Begriff vom Wesen Gottes sich zum Begriff des Daseins Gottes fortbewegt, kann nach dem Dasein Gottes nur gefragt werden in der Idee des Wesens, nach dessen Dasein man fragt (Marheineke, Grundlehren 1827, § 149).

[2] vgl. Marheineke, Grundlehren 1827, § 149, und Daub, 6. Bd., S. 61—62.

wechselseitiges Sichaufeinanderbeziehen und -bestimmen entfaltet die Lehre von den Eigenschaften Gottes. Das Wesen als Dasein und umgekehrt das Dasein als Wesen bestimmen für Daub und Marheineke die Eigenschaft (Singular!) Gottes[3].

Trotz aller Unterscheidungen in Gott muß dieser dennoch stets als absolute Einheit betrachtet werden; Wesen, Dasein und Eigenschaft Gottes sind in Gott ohne jeden Unterschied: „Deus enim ... non est unitas plurium, nec pluritas ad unitatem relata redactave, sed exstat a b s o - l u t e u n u s" (vom Verf. hervorgehoben)[4].

a) Das Wesen Gottes

1. Die Lehre vom Wesen Gottes in der Schellingschen Periode

In der der Vernunft mitgeteilten Idee Gottes forschend, in der Gott sich selbst denkt und weiß, erkennt der Mensch das Wesen Gottes. Dieses stellt sich ihm dar in den drei Grundideen der
1. Selbständigkeit (aseitas)
2. Ewigkeit (aeternitas)
3. Selbstgenügsamkeit (sufficientia)[5].

Zu 1. Die in Gott begriffene, sich als göttlich wissende Vernunft erkennt Gott zunächst als Prinzip und Ursache seiner selbst (principium et causa sui)[6]. Der sich selbst schaffende und dazu keiner fremden Hilfe

---

[3] Daub, 6. Band, S. 63—69. — Ähnlich, wenn auch weniger systematisch und prägnant, Marheineke in den „Grundlehren" von 1827, § 124. Ihnen hat Daub zweifelloss diese Argumentation entlehnt.

[4] Daub, Theologumena, § 17 S. 36. — „Deum quidem distinguemus ab ejusdem substantia sive existentia, et subsistendi modo, hunc autem ab ista, istam ab hoc vicissim; at nihilominus constanter profitebimur: haec tria, Dei nempe n a t u r a m , s u b s t a n t i a m et formam dum per semetipsa spectantur, unum esse idemque omnium, quae sunt et intelliguntur principium, a quo non potentia, sed actu solum, et propter mentis humanae imbecilitatem ista tria differant" (ebd. S. 35/36); vgl. auch Marheineke, Grundlehren 1819, § 137. Sicherlich ist es kein Zufall, daß sich diese besondere Betonung der Einheit Gottes nur in den Schriften der Schellingschen Periode findet!

[5] Ähnlich F. H. C. S c h w a r z , nach dem die drei folgenden positiven Aussagen über Gott gewagt werden dürfen: Gott ist als das Wesen aller Wesen a) ens a se, b) aeternum, c) autarkes (Grundriß, § 5).

[6] „Quem ratio humana, dum ipsius ope erigitur, ejusque lumine accenditur, Deum conspicit, i s p r i m o p r i n c i p i u m e s t e t c a u s a s u i" (Daub, Theologumena, § 20 S. 47).

bedürfende Gott, der durch nichts als sich selbst bedingt wird, besitzt die absolute S e l b s t ä n d i g k e i t, ist ganz aus sich selbst (a sese)[7]. Diese Selbständigkeit bzw. dieses Aussichselbstsein Gottes nennt Daub mit den scholastischen und orthodoxen Dogmatikern A s e i t ä t[8], Marheineke A u t o u s i e[9]. Abbilder dieser göttlichen Aseität sind einmal das Wesen der Dinge, vornehmlich die organische Natur, zum andern die Vernunft (ratio)[10]. Sicherlich erzeugt sich die Natur nicht aus sich selbst — sie empfängt ihre Lebens- und Schaffenskraft von Gott —, doch ahmen die lebendigen Organismen Gott nach, indem sie scheinbar sich selbst hervorbringen und erhalten. Ähnlich verhält es sich mit der Vernunft. Auch sie entsteht und bewirkt sich nicht aus sich selbst, hat jedoch (außer Gott!) alles, Welt, Natur, Leben usw. unter sich und übt über alle Dinge ihre Herrschaft aus[11].

Zu 2. Das Aussichselbstsein Gottes führt zu seinem Insichselbstsein. Gott als Prinzip seiner selbst und der göttlichen Dinge (intimum sui et rerum divinarum principium), der seinen Grund in nichts anderem hat und ganz aus sich selbst ist, kann nur Gott sein in Gott. Weder finden wir ihn in Raum und Zeit, noch haben diese in ihm einen Ort. Gott hat das Prinzip seiner selbst an sich selbst. Zwar offenbart er sich in Raum und Zeit, doch, nicht aus sich heraustretend, bleibt er von Raum und Zeit unberührt. Er teilt sich der Schöpfung mit, ohne sich an das Geschaffene zu verlieren.

Daub etikettiert diese Seite des Wesens Gottes, sein absolutes Insichselbstsein, mit dem traditionellen Eigenschaftsbegriff aeternitas[12], will

---

[7] „Etenim qui semet procreat ipsum, n u l l o a d i d i n d i g e n s, a u t u s u s p r i n c i p i o, j u x t a s e c o l l o c a t o, quique n o n n i s i s u a v i effictitur, is nec p r o c r e a r i per se, nec e f f i c i, sed e s s e a s e s e dicendus erit" (ebd. S. 48); vgl. auch Marheineke, Grundlehren 1819, § 139 S. 101.

[8] Theologumena, § 20 S. 48.

[9] Grundlehren 1819, § 140 S. 101.

[10] vgl. Daub, Theologumena, S. 48—50.

[11] „Simillimam autem huic ratio suam ipsa naturam conspicit, et cognoscit. Ut enim Deus est per Deum, a Deoque, et omnia infra se posita habet, sic ratio ... constanter per semet efficitur ac generatur, et omnia, excepto, cui ipsa subest, Deo, sub semet habet, omnibus praeest, omnibus imperat... Non gaudet quidem, quatenus praeter Deum esse videtur, ratio aseitate, etenim non est a sese" (ebd. S. 49/50).

[12] „Nuncupatur autem Dei a e t e r n i t a s haec ipsa natura, qua, ut intimum sui, et rerum divinarum principium, Deus non est nisi in Deo, qua igitur

diese aber nicht als Eigenschaft Gottes verstanden wissen. Auch hier wiederum ist die ratio Gott ähnlich, indem sie ihn nachahmt. Sie besitzt zwar keine aeternitas, wohl aber perpetuitas, und überträgt diese Ähnlichkeit mit dem Wesen Gottes auf alle Dinge, die ihr unterworfen sind[13].

Zu 3. Gott als der absolut Aussich- und Insichseiende ist ewig sich selbst genug, existiert allein um seiner selbst willen. Diese absolute Unabhängigkeit und Bedürfnislosigkeit heißt bei Daub und Markeineke S e l i g k e i t (sufficientia, autarkia)[14]. Sie ist die höchste Harmonie von Bewegung und Tätigkeit. Gottes Wesen geht nicht nur nicht in die Natur der Dinge ein, diese können vielmehr nicht einmal in Gott auf- und zurückgenommen werden. Gott genügt absolut sich selbst ohne Kauf und Anleihe[15]. Demgegenüber läßt sich nichts erdenken, was so wie Gott sich selbst genug sein könnte. Jedes Ding bedarf eines anderen und entbehrt so der Selbstgenügsamkeit. Nicht einmal Wissenschaften, Künste und besonders ausgezeichnete Menschen verfügen über die sufficientia, da sie weder im Besitz der aseitas noch der aeternitas sind. Sie bezeugen nur die sufficientia Gottes und davon abgeleitet die der Vernunft. Diese und die organische Natur präsentieren sich daher wiederum als schwache Abbilder der göttlichen Autarkie, ohne darum Gott gleich zu sein. Ihnen hat Gott eine Art geborgter Suffizienz (mutata sufficientia) zuteil werden lassen[16]. —

Aseitas, aeternitas und sufficientia beschreiben das Wesen Gottes. Sie werden von den spek. Theologen jedoch nicht zu dessen Eigenschaften gezählt, wie das beispielsweise bei De Wette der Fall ist, für den aseitas

---

neque spatium, neque tempus in eo insunt, nec ipse iis inest, aut eorum quolibet modo continetur" (ebd. S. 52). — Vgl. auch Marheineke, Grundlehren 1819, § 141 S. 102. Marheineke ändert im übrigen die Terminologie, indem er das Insichselbstsein Gottes dessen Selbständigkeit nennt, Gottes Ewigkeit hingegen sein Aussichtselbstsein. Diese Abweichung von der Daubschen Begriffssprache hat jedoch kaum mehr als terminologische Bedeutung.

[13] Daub, Theologumena, S. 52—55.
[14] ebd. § 22 S. 56; Marheineke, Grundlehren 1819, § 142 S. 103.
[15] „Propter aseitatem Dei tanta est dignitas, ut ipsius natura non solum in nullius rei naturam convertatur, sed cujusque etiam rei natura in Dei naturam resumi, ac suscipi nequeat" (Theologumena, § 22 S. 55).
[16] „Neque enim summa ratio, neque summa rerum natura Deo potest aequiparari, siquidem Deus non nisi Deo par est, nec, utriusque instar, efficitur, sed est potius a se et in semetipso. Qua itaque gaudet et ratio et rerum natura, a Deo mutuatam quasi habet sufficientiam" (ebd. S. 59).

und aeternitas zu Gottes hervorstechenden Eigenschaften gehören[17]. Aseitas, aeternitas und sufficientia bezeichnen in der spek. Theologie auf seiten Gottes „Attribute" des göttlichen Wesens, auf seiten des Menschen absolute Ideen, Anschauungsformen, in denen die menschliche Vernunft das Wesen Gottes vorstellt und denkt.

Viel mehr als Gottes „dreifältiges" Wesen (triplex natura) wird als echt Schellingsches Erbe Gottes Einheit betont. Ob aus Gott (a Deo), in Gott (in Deo) oder „Gott genug" (satis Deo), Gott bleibt immer der E i n e[18]. Hat die Vernunft die Dreiteilung des Wesens Gottes in aseitas, aeternitas und sufficientia erst einmal überwunden und hinter sich gelassen, so schaut sie diesen e i n e n Gott unter dem Aspekt der drei eben genannten Ideen in Gott als den V a t e r. Es ist Gott der Vater, der zugleich aus und in Gott ist und sich absolut selbst genügt[19].

---

[17] Lehrbuch der christlichen Dogmatik, 2. Teil, § 34.

[18] „Scire nos et obtueri oportet, t r i p l i c e m istam... naturam, qua Deus est 1) auctor sui, 2) aeternus, et 3) autarkes... u n a m esse e a n d e m que... Est enim Deus a Deo, in Deo, satisque Deo; atqui haec vocatur ipsius natura, ea itaque nil differt a Deo, quippe Deus nil differt a sese" (Daub, Theologumena, § 23 S. 61/62).

[19] „Qui vero, hac distinctione deleta, cernitur, D e u s , p a t e r D e i cognoscitur, quippe quo, in quo, et cui satis e s t Deus" (ebd. S. 62). — Im Unterschied zu Marheineke führt Daub in den „Theologumena" im Anschluß daran Entsprechendes für Gott den Sohn und Gott den Geist durch. War Gott als Vater principium sui ipsius, das sich in den Ideen der aseitas, aeterniats und sufficientia darstellte, so werden Gott dem Sohn als principium mundi die Ideen der 1) natura creatrix, 2) conservatrix, 3) reconciliatrix zugeschrieben. Gott der Geist wird als principium rationis durch die Begriffe 1) sanctitas, 2) veritas, 3) intelligentia absoluta qualifiziert. Die Einheit der drei Personen in sich und untereinander wird wiederum mit Nachdruck betont (zum Ganzen vergleiche in den „Theologumena" die Paragraphen 25—33). Aus dieser doppelten Trilogie werden dann alle Eigenschaften des Vaters, des Sohnes und des Geistes abgeleitet. Sie gelten jedoch nicht nur jeweils für eine der drei Personen, sondern kommen Gott als dem e i n e n und a b s o l u t e n im ganzen zu. Die Eigenschaftslehre wird somit nicht in einem einzelnen, selbständigen Abschnitt dargestellt, sondern verbreitet sich über die gesamten „Theologumena". Daub muß später, wie schon vor ihm Marheineke, das Unzweckmäßige dieser Einteilung eingesehen haben. In den Hegelschen Schriften gibt er sie auf und schließt sich Marheinekes Gliederung an, die dem Abschnitt „Von Gott dem Vater" die beiden Kapitel „Von Gott dem Sohn" bzw. „Von Gott dem Geist" folgen läßt. Dieser Anschluß an Marheineke hat auch inhaltliche

2. Die Lehre vom Wesen Gottes in der Hegelschen Periode

Auf Hegelschem Standpunkt werden die Ideen der aseitas, aeternitas und sufficientia nicht mehr so assertorisch und unvermittelt als Attribute des göttlichen Wesens behauptet. Sie entwickeln sich nunmehr aus der Reflexion auf Raum, Zeit und Materie und deren Negation im Verhältnis zu Gott[20]. Ist Gott als geistiges Wesen nicht-räumlich, so muß er der absolut selbständige sein, in dem nichts ist außer ihm selbst. Als nichtzeitliches Wesen bestimmt er sich als der Ewige, als unabhängig von der Materie ist er sich selbst genug, bedürfnislos[21]. Die Kombination der Begriffe Selbständigkeit, Ewigkeit und Allgenugsamkeit erfolgt, wie nicht anders zu erwarten, nach dem Hegelschen Dreitaktschema. —

Hatte Hegel in der Religionsphilosophie wieder den Blick für die konkreten, geschichtlichen Religionen geschärft, so tritt dementsprechend nun in der Hegelschen Periode der spek. Theologie die Frage nach dem Bezug und den Rückwirkungen der oben beschriebenen Erkenntnis des Wesens Gottes auf die geschichtliche, spezifisch christliche Religion als neues bestimmendes Motiv hervor.

Artikuliert sich der Gedanke Gottes in den Ideen der absoluten Selbständigkeit, Ewigkeit und Allgenugsamkeit, so ist Gott darin zugleich der absolut wahre, freie und selige. Wahrheit, Freiheit und Seligkeit bestimmen das göttliche Wesen[22]. Sie werden aber nicht nur wie bisher in Gott selbst erkannt, sondern, anders als in den übrigen Religionen, auch im Christentum. Es bedurfte der langen, stufenweisen Entwicklung

---

Konsequenzen insofern, als Daub sich nunmehr stärker vom Pantheismus distanziert, dem er in den „Theologumena" mit der Identifizierung von filius Dei und principium mundi zum Opfer gefallen ist.

[20] Marheineke, Grundlehren 1827, § 133. — „Als dieses durchaus geistige Wesen ist Gott nicht nur die Negation der Wesenheit alles Sinnlichen, sondern selber auch der Grund der Erkenntniß der Wesenlosigkeit aller Dinge außer ihm" (derselbe, System 1847, S. 41).

[21] Für Daub vgl. 6. Band, § 134—136; für Marheineke, Grundlehren 1827, § 134—136 und System 1847, S. 41—45; vgl. auch Marheineke, Lehrbuch 1823, § 153—155. — Auf eine ausführlichere Ableitung und Darstellung der drei Begriffe kann verzichtet werden, da sie nur mehr oder weniger eine Wiederholung des Schellingschen Standpunktes wären.

[22] Der Zusammenhang von Aseität Gottes und Wahrheit klingt bei Marheineke schon in den „Grundlehren" von 1819 an (§ 140 S. 101).

der Religionsgeschichte, um Gott als den absolut wahren, freien und seligen in der christlichen Religion zu erkennen[23].

Hat sich bisher immer nur die Erkenntnis bzw. das Wissen durch den Glauben vermittelt, um Gott in sich selbst zu erkennen, so vermittelt sich nun umgekehrt der Glaube als das Wesen der christlichen Religion durch die Erkenntnis des Wesens Gottes in Gott selbst, indem er sich im Wissen absichert. Der Glaube verleiht somit als Erkenntnis der Selbständigkeit und Wahrheit Gottes auch seinem Inhalt, dem Glaubensinhalt, Wahrheit und Selbständigkeit[24] und verhilft dem glaubenden Menschen zu einem wahren Leben. Als Erkenntnis Gottes des Ewigen führt er den Menschen zur Freiheit und durch die Erkenntnis, daß Gott der Selige ist, vermittelt er ihm die Seligkeit, d. h. läßt er ihn teilhaben an Gottes seligem Leben[25].

Gelangt der Mensch nur durch den Glauben bzw. in der christlichen Religion zum wahren, freien und seligen Leben, so gilt nach Daub:
1. Extra religionem nulla veritas[26]
2. Extra religionem nulla libertas[27]
3. Extra religionem nulla salus[28].

Schon hier zeigt sich — und wir dürfen vorweg darauf hinweisen — die geringe Originalität der spek. Gotteslehre. Begriffe wie Wahrheit, Selbständigkeit, Ewigkeit, Freiheit, Bedürfnislosigkeit, Seligkeit als Wesensbestimmungen Gottes entstammen ausnahmslos der scholastisch-orthodoxen Tradition. Sie werden trotz des neuen spekulativen Ansatzes inhaltlich — und auf dieser materialen Seite liegt hier der Akzent — auch kaum modifiziert oder neu interpretiert, vielmehr nur unter Beibehaltung ihres traditionellen Gehalts mittels der spek. Methode entwickelt und begründet.

---

[23] vgl. dazu Marheineke, Grundlehren 1827, § 141—145 und System 1847, S. 47—52.

[24] „Der Glaube, wie er a. die Erkenntniß ist, daß Gott der Selbständige und als solcher die Wahrheit ist, so gewinnt er auch, indem er Vereinigung ist mit Gott, für seinen göttlichen Inhalt Wahrheit und Selbständigkeit" (Marheineke, System 1847, S. 45).

[25] Zum Ganzen vgl. Daub, 6. Band, § 137; Marheineke, Grundlehren 1827, § 137—140, und System 1847, S. 45—47.

[26] 6. Band, S. 353.

[27] ebd. S. 355.

[28] ebd. S. 358.

b) Das Dasein Gottes (Die Gottesbeweise und deren Kritik)

Entwickelte sich aus dem Sein als dem Denken die Lehre vom Wesen Gottes, so resultiert aus dem Denken als dem Sein die Lehre von Gottes Dasein. Das Denken des Wesens Gottes bewegt sich von diesem fort zum Gedanken des Daseins Gottes. Der gedachte Gott wird im Erkenntnisprozeß zum seienden Gott. Daher handeln die spek. Theologen zunächst vom Wesen, dann vom Dasein Gottes. Nach Marheineke ist die Lehre von Gottes Dasein nichts anderes als die Lehre von der S e l b s t o f f e n b a r u n g Gottes in seiner Idee, die verstanden wird als „Begriff und Inbegriff aller wahrhaftigen Wirklichkeit"[29].

Wie schon angedeutet, beschäftigen sich Daub und Marheineke in diesem Teil der Dogmatik im wesentlichen mit der Frage der Gottesbeweise, ihrer Möglichkeit bzw. Nichtmöglichkeit, mit ihrem Wahrheitsgehalt und ihrer Kritik.

Hatte Kant geglaubt, die theoretischen Gottesbeweise ein für allemal ad absurdum geführt zu haben, so holen die spek. Philosophen, allen voran Hegel, diese wieder aus der Vertiefung hervor, um sie erneut auf ihren Sinn- und Wahrheitsgehalt hin zu untersuchen. H e g e l kommt dabei zu dem Schluß, daß die Gottesbeweise wieder zu Ehren zu bringen seien. Er billigt ihnen zwar keine unbedingte Beweiskraft zu, sieht aber in diesen Beweisen als Wahrheitsmoment den Nachweis eines dem Menschen notwendigen Sicherhebens zu Gott, eine Erhebung des Menschen aus dem Endlichen zum Unendlichen, dem Einzelnen zum Allgemeinen. Dem Inhalt des ontologischen Gottesbeweises Anselms wird sogar bescheinigt, „durchaus richtig zu sein"[30]. Ist der Begriff (speziell der Begriff Gottes) die Totalität, die Bewegung, der Prozeß, sich zu objektivieren, so zeigt dieser Beweis die wahre, allem Wissen zugrundeliegende Vermittlung des Begriffs mit dem Sein, den Übertritt des Begriffs in die Realität, die Einheit von Sein und Begriff, Subjektivem und Objektivem.

Den Mangel der Gottesbeweise sieht Hegel in ihrer Form. Sie beruhen nach seiner Meinung auf einem Schlußverfahren, auf der Reflexion, in der das, was vorausgesetzt wird, das zu Beweisende bzw. zu Erschießende bedingt. Darum kann es so aussehen, als ob im kosmologischen und teleologischen Beweis, die von aus der Wahrnehmung und Erfahrung stam-

---

[29] Grundlehren 1827, §§ 147, 148. — Der für die Theologie unserer Tage so bedeutsame Begriff der S e l b s t o f f e n b a r u n g Gottes taucht bereits hier bei Marheineke auf! (Grundlehren 1827, §§ 207, 211 u. ö.)
[30] Religionsphilosophie, 1. Band, 1. Teil, S. 219.

menden zufälligen und endlichen Dinge ausgehen, diese das Dasein Gottes bedingen. Das aber ist dem Begriff Gottes unangemessen. Die vorausgesetzten endlichen Dinge werden als seiende, nicht aber, wie es nach Meinung Hegels sein sollte, als im dialektischen Prozeß sich aufhebende Momente gesehen[31]. Gewiß — die Beweise enthalten Wahrheit, jedoch nur als Aufweis der N o t w e n d i g k e i t des zu Beweisenden.

D a u b und M a r h e i n e k e schließen sich dem Vorgang der spek. Philosophie an. Übereinstimmend wird auf Schellingschem und Hegelschem Standpunkt betont, daß das Christentum keinen Beweis für das Dasein Gottes führt. Die christliche Religion besitzt unmittelbar den Glauben an Gottes Dasein, sie selbst i s t dieser Glaube. Wer die notio summa Dei hat, fragt nicht nach Beweisen[32]. Wunder werden als Beweismittel von vornherein ausgeklammert.

Wird auf Schellingschem Standpunkt der Sinn der Gottesbeweise fast ausschließlich in ihrer Illustrationskraft gesehen, d. h. in ihrer Fähigkeit, die Gewißheit der Existenz Gottes durch Gott selbst zu illustrieren, zu erhellen und ihn als auctor sui, mundi et rationis sichtbar zu machen[33], so erhalten diese in der Hegelschen Periode einen streng notwendigen Charakter. Die spek. Theologie auf Schellingschem Standpunkt würde

---

[31] Zum Ganzen vgl. Hegel, Religionsphilosophie, 1. Band, 1. Teil, S. 207 ff.; 2. Teil, S. 42 ff.; 2. Band, 2. Teil S. 20 ff.; 3. Teil, S. 40 ff.

[32] vgl. Daub, Theologumena, § 34 S. 112; derselbe, 6. Band, S. 423: „Der christlichen Lehre sind diese Beweise fremd und gleichgültig — in diesen Beweisen ist die Idee, mittelst der das Sein Gottes sich selbst manifestiert, zersplittert." — Marheineke, Grundlehren 1819, § 124 S. 90: „Das Christenthum führt keine schulgerechte Beweise für das Daseyn Gottes. Denn alle wahre Religion ist nichts anders, als eine Voraussetzung des Daseyns Gottes"; ders., System 1847, S. 53. — Dieses unmittelbare Wissen um die Existenz Gottes in der Religion bzw. in der Idee von ihm ist der eigentliche Grund, warum die spekulativen Theologen vom Wesen Gottes vor dem Dasein handeln. Die der Vernunft mitgeteilte Idee Gottes geht dem Zweifel und allen Beweisen für das Dasein Gottes vorauf.

[33] „Similis hujus est ratio argumentorum reliquorum, quae vulgo jactantur, nempe inanis, quando ipsis demonstrandi, aut probandi potestas attribuitur, divina autem veraque, dum iis, excepto uno alterove, non nisi illustrari creditur id, quod solummodo per ipsum Deum certum est et ratum, scilicet non solum e s s e D e u m, sed eundem etiam extistere 1) a u c t o r e m m u n d i — Deum Filium — 2) a u c t o r e m s u i — — Deum Patrem — et 3) a u c t o r e m r a t i o n i s — Deum Spiritum" (Daub, Theologumena, S. 123).

ohne die Gottesbeweise kaum an Gesicht und Inhalt verlieren, in der Hegelzeit hingegen brächte ihr Fehlen das gesamte spekulative Gebäude zum Einsturz[34]. Wiederum ist es die Funktion des Zweifels, die auch hier den Gottesbeweisen — wie schon vorher der Forderung nach unbedingter Wissenschaftlichkeit der Theologie — Notwendigkeit verleiht.

Im Glauben hat der Mensch die unmittelbare Gewißheit von Gottes Existenz. Als unmittelbare bleibt sie aber dem im Glauben angelegten Zweifel ausgesetzt. Sie wird damit zur Ungewißheit, kommt zur Reflexion und wirft die Frage nach Gottes Dasein auf. Die zur Ungewißheit gewordene unmittelbare Gewißheit, der Glaube, muß daher auf den Begriff gebracht werden, an dem alles Wissen seine Wahrheit hat, d. h. sie muß sich durch die Erkenntnis Gottes zur absoluten Gewißheit, zum Wissen von Gottes Dasein vermitteln. Dieses Vermitteln geschieht in der Wissenschaft, in ihr hebt die Vermittlung an. Das durch den Begriff Vermitteln aber heißt — b e w e i s e n. Somit ist der Beweis vom Begriff letztlich nicht verschieden. Zu Beweisen für das Dasein Gottes kommt es daher nur in der Wissenschaft, in der sich der Glaube durch den Zweifel zum Wissen vermittelt[35].

Die spek. Theologen teilen die aus der Tradition bekannten Gottesbeweise[36] gewöhnlich in drei Gruppen ein: 1. die argumenta cosmica (kosmologischer und physikotheologischer Beweis), 2. die argumenta rationalia aut metaphysica (im wesentlichen der ontologische Beweis), 3. die argumenta practica aut moralia (argumentum ab Utili, a Tuto, a desiderio vitae in infinitum beatae usw. und natürlich Kants moralischer Gottesbeweis).

Alle Schriften der Schellingschen und Hegelschen Periode stimmen darin überein, diesen Beweisen für das Dasein Gottes — und das gilt auch für den ontologischen Beweis — mit Hegel die eigentliche Beweiskraft abzu-

---

[34] „Auf Seiten noch immer des Subjectes ist die Nothwendigkeit, daß Gottes Sein bewiesen werde, eine innere, und keine relative, sondern die absolute" (Daub, 6. Band, S. 443).

[35] „Die Vermittelung selbst nun der zur Ungewißheit gewordenen Gewißheit vom Dasein Gottes durch die mögliche Erkenntniß Gottes ist der Beweis desselben, und ist die Gewißheit — durch die Ungewißheit hindurchgegangen — die vermittelte, also die bewiesene Gewißheit geworden; so ist das Wissen an die Stelle des Glaubens d.h. aus demselben hervorgetreten" (ebd. S. 419); vgl. auch Marheineke, System 1847, S. 56—61, und Grundlehren 1827, §§ 150, 151, 156.

[36] Daub nennt sie auch „Reflexionsargumente" (6. Band, S. 456) und verweist damit zugleich auf ihren nicht-spekulativen Charakter.

sprechen. Sie sind dem Begriff der Existenz Gottes unangemessen bzw. führen nicht zu diesem Begriff, da sie das, was sie beweisen wollen, nämlich die Existenz Gottes, in der Idee Gottes bereits voraussetzen. Sie können nur illustrieren, bestätigen und bekräftigen, was durch die Idee Gottes schon vorher im Menschen war und ist. An der Idee Gottes allein haben alle Beweise für das Dasein Gottes ihre Wahrheit, indem sie in allem, im Kosmos, in der Natur, im Menschen, in der Vernunft usw., die Idee Gottes aufdecken, bezeugen und ihre Spuren nachzeichnen[37]. Durch sich und in sich selbst, als reine „Reflexionsargumente", sind sie ohne Wahrheit. So können beispielsweise endliche und zufällige Dinge in der Welt keineswegs zu Gott führen (wie der kosmologische Beweis behauptet), sondern umgekehrt: Indem der Mensch das Bewußtsein Gottes hat, sieht er alles in der Welt durch Gott bedingt, verursacht und geordnet[38].

Daub meint gar, im kosmologischen Beweis die Gefahr der „Kosmolatrie" zu erkennen (wie im teleologischen die der „Idolatrie"). Für ihn ist das Prinzip dieses Arguments die Erkenntnis und Gewißheit vom Dasein der Welt als Natur. Ließe sich aus diesem Prinzip ein sicheres, über jeden Zweifel erhabenes Wissen von der Existenz Gottes erlangen — was Daub bestreitet —, so erhielte für dieses Wissen die Natur als Prinzip die höchste Autorität[39]. Eine überschwengliche Natur- und Weltverehrung, genannt „Kosmolatrie", wäre daher nach Daub nicht ausgeschlossen.

Besondere Beachtung findet, wie schon bei Hegel, der o n t o l o g i s c h e B e w e i s. Im Unterschied zu allen übrigen Gottesbeweisen hat er sein Prinzip wenigstens am gedachten, wenn schon nicht begriffenen Denken

---

[37] Ähnlich D e W e t t e : „Alle versuchte Beweise für das Daseyn Gottes enthalten einen Cirkel im Schluß... Die Idee Gottes kann nicht im logischen Sinne b e w i e s e n, sondern bloß als unserer Vernunft nothwendig einwohnend n a c h g e w i e s e n werden" (Lehrbuch 2. Teil, § 33 S. 56/57).

[38] Marheineke, Grundlehren 1819, § 125 S. 92. — Eine ähnliche Beurteilung erfährt der physikotheologische bzw. teleologische Beweis: „Doch den Geist in der Natur findet nur der Geist in uns... Nur der Geist, der der Idee Gottes fähig und desselben sich bewußt ist, kann durch die Ordnung und Gestalt der Natur erinnert, aber doch nur e r i n n e r t werden an Gott, und er beweiset sich in der Schöpfung nur, sofern er sich zuvor in uns bewiesen hat" (ebd. S. 92). Kaum anders lautet das Urteil bzw. die Kritik in der Hegelschen Periode.

[39] 6. Band, S. 457. — Hegels Kritik des kosmologischen und teleologischen Beweises unterscheidet sich von der der spek. Theologie nur im Wortlaut!

und kann somit größere Wahrheit für sich in Anspruch nehmen als jeder andere Beweis. Letztlich führt aber auch er nicht zum Ziel.

In seiner Kritik des ontologischen Beweises nimmt Marheineke Kants Argumentation auf und lehnt wie dieser die Etikettierung der Existenz Gottes als einer Eigenschaft ab. Auch der ontologische Beweis ruht auf dem Ich, auf der Reflexion des Verstandes. Mithin ist in dieser Form des Beweises zwar Verstand, aber keine Vernunft, d. h. das bloße Denken eines Gegenstandes, die Reflexion, kommt nicht über die Möglichkeit seiner Existenz hinaus. Die Form des Schlusses, eben der Reflexion, erreicht stets nur den Begriff als ein bloßes Denken, nicht aber auch das Dasein. Dieses ist, was Gott betrifft, mit der Idee Gottes bereits gegeben. Der Mensch hat diese nicht etwa durch sein reflektierendes Denken, sondern umgekehrt, weil die Idee Gottes im Menschen ist, wird in ihr Gott als der Seiende gedacht[40].

Die wahre Kraft des ontologischen Gottesbeweises liegt nicht in dem Schlußverfahren, im Reflexionsschluß — insofern hat er keine Beweiskraft —, sondern in dem Aufweis der Vernunft als eines göttlichen Denkens. Damit kommen wir zum eigentlichen theologischen Beweis, den die spek. Theologie als einzigen nun nicht nur gelten läßt, sondern auch fordert.

Der theologische Gottesbeweis[41] hat zu seiner Voraussetzung einmal (wie jeder andere Beweis) den Zweifel, zum andern die Idee Gottes. Er beruht auf der Einheit des menschlichen Geistes als Vernunft mit der Idee des Wesens Gottes in der Vermittlung des Begriffs. Der theologische Beweis führt sich selbst, d. h. **Gott beweist sein Dasein durch sich selbst an der Vernunft.** Diese ist das erste Zeugnis für das Dasein Gottes, indem Gott sich als Idee in der Vernunft manifestiert. In der Idee Gottes begriffen, d. h. in Gott seiend und

---

[40] „Die Idee aber von Gott dem Seyenden ist nicht durch das bloße Denken in uns, sondern weil sie in uns ist, wird sie auch und in ihr Gott, als der seyende, gedacht, hat also ihre Realität ganz anderswo, als blos in unserm Denken" (Marheineke, Grundlehren 1819, § 129 S. 94/95). Zum Ganzen vgl. Daub, Theologumena, § 35—55; Marheineke, Grundlehren 1819, § 125 bis 134 und Grundlehren 1827, § 157—165; derselbe, System 1847, S. 61 bis 72; Daub, 2. Band, S. 339—513 (Kritik der Beweise für das Dasein Gottes); derselbe, 6. Band, S. 456—461. — Eine Darstellung der Kritik der argumenta practica erübrigt sich, da diese keine neuen Aspekte liefert und sich ganz auf der bisherigen Linie bewegt.

[41] vgl. dazu Marheineke, Grundlehren 1827, §§ 154, 155, 164 und System 1847, S. 72—77; Daub, 6. Band, S. 442—452.

an der ewigen Vernunft teilhabend, vermag die Vernunft Gott zu denken und ihn als den Seienden zu erkennen. Somit beweist Gott sich selbst und sein Dasein in dem Denken der Vernunft als einem Wissen[42]. Das Denken des W e s e n s Gottes in seiner Idee impliziert zugleich das Wissen von Gottes E x i s t e n z. „Essenz" und „Existenz" lassen sich in Gott nicht auseinanderreißen[43].

Führt der theologische Beweis sich selbst, so muß das Subjekt, der Theologe, sich ganz gleichgültig werden. Das heißt: Wie die Wissenschaft, so fordert auch der theologische Beweis für das Dasein Gottes die Selbstresignation des Theologen. Er muß auf sein individuelles Denken verzichten, muß von ihm abstrahieren und sich ganz der Idee bzw. dem Gedanken Gottes anvertrauen und überlassen. Inhalt und Form der Idee Gottes sind vom Subjekt, das der Idee im Glauben teilhaftig ist, und dessen Denken völlig unabhängig.

Ist darum die Vermittlung vom Glauben an Gottes Existenz zu deren Wissen das Beweisen, so beweist sich Gott selbst in seiner Idee, die den zum Zweifel gewordenen Glauben zum Wissen von der Wirklichkeit Gottes vermittelt[44]. D i e D a r s t e l l u n g d i e s e s t h e o l o g i s c h e n B e w e i s e s i s t n i c h t s a n d e r e s a l s d e r g e s a m t e I n h a l t d e r D o g m a t i k. Diese selbst ist der Beweis für die Existenz des trinitarischen Gottes[45].

---

[42] Von der ratio aeterna, die zwar nicht mit der ratio humana identisch ist, an der diese aber teilhat, heißt es in Daubs „Theologumena": „Ratio aeterna nil differt ab ipso Deo... Rationem itaque aeternam... formam divinam essentiae divinae habebis. Non differt autem Dei essentia ab ejusdem forma, nec in Deo Esse a Nosse. Dum igitur ratio divina Deum in semet ipsa contuetur, Deus a Deo cognoscitur in Deo; q u i v e r o c o g n o s c i t u r, nullo pacto differt ab eo, q u i e s t, nec quicquam omnino distat C o g n o s c i ab E s s e. Deus itaque, dum a sese cognoscitur, e s t a semet ipso, dum item est, c o g n o s c i t u r a s e" (§ 46 S. 157/158).

[43] Marheineke, System 1847, S. 74.

[44] „Deo homines aut omnia prorsus debent aut nihil omnino; dum autem omnia, profecto et illud, quod Deum esse s c i a n t e t c r e d a n t" (Theologumena, S. 118/119).

[45] Marheineke, der sich auf Hegelschem Standpunkt in der Beurteilung des theologischen Beweises, wie der Gottesbeweise überhaupt, mit Daub völlig einig weiß, hatte sich in der Schellingschen Periode im Gegensatz zu Daub noch stark vom Denken Schleiermachers und der Romantik beeinflußt gezeigt. In § 121 der „Grundlehren" von 1819 lesen wir: „Streng genommen giebt es daher auch keinen Beweis für das Daseyn Gottes... Die

Das historische Zeugnis für die Wahrheit dieses theologischen Beweises aus der Idee und damit für die Wahrheit der Existenz Gottes liefert das von Cicero formulierte argumentum a consensu gentium. Es bezeugt in allen Völkern eine Ahnung des göttlichen Wesens[46], die Gegenwart und Anwesenheit der Idee, in der Gott sich den Menschen durch sich selbst als der Seiende beweist. Verständlicherweise kann auch dieses Argument nicht als vollgültiger Beweis gelten. Der Mensch verdankt die Erkenntnis Gottes nicht der Erfahrung, auf die dieser Beweis sich gründet bzw. an der er sein Prinzip hat, Gott kann überhaupt nicht erfahren werden. Er selbst gibt sich den Menschen zu erkennen, von ihm allein kommt jede Gotteserkenntnis her. Sollten daher alle Menschen und Völker über die Notwendigkeit der Existenz Gottes übereinstimmen, so gründet diese Übereinstimmung keineswegs in der Erfahrung, sondern läßt sich nur daraus erklären, daß Gott sich durch sich selbst den Menschen von Ewigkeit her offenbart hat[47].

Vom theologisch-dogmatischen Beweis isoliert, ist, wie jeder andere Beweis (außer dem theologischen), auch das argumentum a consensu gentium wertlos. Mit jenem verbunden aber, hat es Gültigkeit und Wahrheit, bezeugt es doch nur historisch-empirisch, was jener spekulativ entwickelt[48].

Idee von Gott, wie von seinem Wesen, so von seinem Daseyn, beweiset sich blos so, daß sie sich erweiset im **unmittelbaren Gefühl des tiefsten Lebens**, weil dieses selber in ihr begründet ist" (vom Verf. hervorgehoben) (S. 88/89).

[46] Daub, 6. Band, S. 452.
[47] vgl. Daub, Theologumena, S. 122.
[48] „Nicht wesentlich von demselben verschieden (gemeint ist das theologische Argument) ist das Argumentum a consensu gentium: es entwickelt nur als eine Erfahrung, was jenes speculativ enthält, und weiset die Nothwendigkeit der Idee im Leben des gesammten Menschengeschlechts nach. Nicht für sich, wohl aber in Verbindung mit dem theologischen Argument hat jenes seine hohe Kraft und Gültigkeit, wie auch dieses, um sich ganz zu vollenden, sich dahin entwickeln muß; es ist die andere empirische Seite desselben und macht so mit demselben ein Ganzes aus" (Marheineke, Grundlehren 1819, § 123 S. 90). — Nach dem Aufweis des Daseins Gottes in und aus der Idee folgt dann wiederum — allerdings nur in der Hegelschen Periode — die Bezugnahme auf die geschichtliche Wirklichkeit. Das heißt: Es wird nun nach der **geschichtlichen** Seite der bisher nur **spekulativ** ermittelten Idee des Daseins Gottes gefragt oder, wie Marheineke es formuliert, es wird gefragt, wie der Mensch zum Glauben an

c) Die Eigenschaften Gottes

1. Die Eigenschaftslehre in der Schellingschen Periode

Nach dem Wesen und dem Dasein Gottes entwickeln die spek. Theologen übereinstimmend die Lehre von den Eigenschaften Gottes. Diese werden verstanden als sein in unserer Vorstellung, in unserem Denken auseinandertretendes Wesen[49]. Nur die Endlichkeit des Verstandes zwingt den Menschen, neben dem Wesen Gottes auch göttliche Eigenschaften zu denken. Letztlich sind diese untereinander und von Gott selbst nicht verschieden, sind vielmehr absolut gleich: „Gott ist sie, sie sind sein Wesen"[50]. Ist von Gottes Eigenschaften die Rede, so muß man von ihnen den immer Zufälliges einschließenden Begriff der Qualität, wie auch den der „Affektion" und „Passion" gänzlich fernhalten. Diese sind einem in sich seienden und sich ganz und gar durch sich selbst bestimmenden Wesen unangemessen[51].

Die einzelnen Eigenschaften entwickeln sich aus einer Analyse des göttlichen Wesens[52]. Dieses hatte sich artikuliert in den Ideen der Aseität

---

Gottes Dasein kommt. Da diese Frage mit der nach dem Ursprung der Religion identisch ist, erübrigt sich eine weitere Darstellung. Wir verweisen dazu auf den Abschnitt „Die Religion als Gegenstand und Inhalt der spekulativen Dogmatik". In unserem Zusammenhang ist wichtig zu sehen, wieviel Mühe die spek. Theologen aufwenden, um durch die Vermittlung und „Versöhnung" von Idee und Geschichte die spürbare Präponderanz der Idee abzuschwächen (zum Ganzen vgl. Daub, 6. Band, § 170 bis 178; Marheineke, Grundlehren 1827, § 170—178 und System 1847, S. 78—85).

[49] Ähnlich scheint D e W e t t e die Eigenschaften Gottes zu bestimmen, wenn er sie „Entwickelung der Idee Gottes" nennt. Anders jedoch als die spek. Theologen entwickelt er die göttlichen Eigenschaften nicht aus den drei oben beschriebenen Ideen des Wesens Gottes, sondern aus den Kantischen Kategorien der Quantität, Qualität, Relation und Modalität (Lehrbuch, 2. Teil, § 34 S. 58/59).

[50] Marheineke, Grundlehren 1819, § 150 S. 111; vgl. auch Daub, Theologumena, § 56 S. 205: „... quod ... singulae Dei virtutes in uno eodemque Deo vere cernuntur ab eoque et sese nil sane diversae, sed dum per semet spectantur, ipsi potius absolute pares, ita ut modus, quo exponuntur Deoque et sibi opponuntur, neque ad Deum neque ad ipsas, sed ad hominis solummodo naturam intelligentem pertineat".

[51] Marheineke, Grundlehren 1819, § 151 S. 112.

[52] Dabei geht Daub in den „Theologumena" einen von Marheineke verschiedenen Weg. Er fordert zwar auch eine „analysis absoluta, qua Dei notio

(Wahrheit), Ewigkeit (Freiheit) und Seligkeit. Die Idee des w a h r e n Gottes führt 1. zu Gottes A l l w i s s e n h e i t. Wie Gott von sich selbst das vollkommenste Wissen hat, so ist ihm auch in der Welt nichts verborgen. Seine Präszienz ist zugleich Prädestination; Vergangenheit, Gegenwart und Zukunft gibt es für Gott nicht.

Die Idee des w a h r e n Gottes führt 2. zu Gott dem a l l w e i s e n. Allweise heißt, nicht nur alles wissen, sondern darüber hinaus alles auf die vollkommenste Weise wissen. Weisheit ist das vollkommenste Wissen unter dem Vorzeichen von Kausalität und Finalität[53].

in singulas suas partes dissolvatur et simul ad semet ipsam referatur" (Theologumena, S. 206), doch entwickelt er die göttlichen Eigenschaften nicht nur aus der aseitas, aeternitas und sufficientia, den Wesensbestimmungen Gottes des Vaters, sondern ebenso auch aus den Attributen Gottes des Sohnes und des Geistes. Dadurch gewinnt er nicht nur eine weitaus größere Anzahl von göttlichen Eigenschaften, sondern verändert gegenüber Marheineke auch deren wechselseitige Zuordnung. Im Schema sieht Daubs Eigenschaftslehre der Schellingschen Periode dann folgendermaßen aus:

I. 1. Die aseitas entwickelt sich zu a) realitas, b) liberats, c) necessitas;
    2. die aeternitas zu a) independentia, b) immutabilitas, c) absoluta Dei unitas;
    3. die sufficientia zu a) perfectio, b) magnitudo, c) summa maiestas (Gott der Vater) (vgl. § 56—57).

II. 1. Der natura reconciliatrix entsprechen a) actio, b) passio, c) oboedientia absoluta;
    2. der natura creatrix a) die virtus procreans, b) die virtus efformans, c) die virtus omnipotens;
    3. der natura conservatrix a) gubernatio, b) providentia, c) omnipraesentia (Gott der Sohn) (vgl. § 72—83).

III. 1. Aus Gottes absoluter Intelligenz entwickeln sich a) incorporalitas, b) immensitas, c) simplicitas;
    2. aus der Idee der sanctitas a) maxima iustitia, b) bonitas perfectissima, c) summa beatitas;
    3. aus der Idee der veritas folgen a) summa sapientia, b) veracitas absoluta, c) omniscientia (Gott der Geist) (vgl. § 110—123).

Die einzelnen Eigenschaften gelten nicht nur jeweils für eine Person, sondern kommen allen drei Personen zugleich zu (communicatio idiomatum!). —

Unsere Darstellung folgt Marheinekes „Grundlehren" von 1819, § 154 bis 163.

[53] Daub entwickelt die omniscientia und sapientia summa zwar auch aus der Idee der Wahrheit, zählt diese aber zu den Attributen Gottes des Geistes (vgl. Theologumena § 119).

3. zwingt die Idee des wahren Gottes dazu, diesen in seiner absoluten R e a l i t ä t zu denken. Realität ist negativ absolute Immaterialität, positiv höchste Einfachheit. Gott ist als Grund der Möglichkeit des Vielen und Mannigfaltigen immer nur E i n e r[54].

In seiner E w i g k e i t ist Gott 1. der A l l g e g e n w ä r t i g e. Diese Eigenschaft zeigt ihn als den Schöpfer der Welt. Nicht der allgemeine Raum oder die Substanz der Dinge (Spinoza), sondern das Sein Gottes, von den Dingen und der Welt wesensmäßig verschieden, ist das tragende P r i n z i p aller Dinge[55].

Ist der ewige Gott in seiner Allgegenwart die schaffende Kraft (natura Dei creatrix), so ist er 2. in seiner F r e i h e i t die alles erhaltende (natura Dei conservatrix). Gott ist das a b s o l u t f r e i e Wesen, d. h. ewig unberührbar von den Dingen der Welt. In Gottes ewiger Freiheit ist die Freiheit des Menschen begründet[56].

In seinem Gewissen erfährt der Mensch 3. die H e i l i g k e i t des göttlichen Wesens und Willens. Aus der Heiligkeit Gottes erkennt der Mensch die natura Dei reconciliatrix. Gottes Heiligkeit besteht in seiner Gerechtigkeit und Güte. „Die Gerechtigkeit ist die weise Handhabung der Güte; die Güte die weise Verwaltung der Gerechtigkeit in Gott"[57].

Die 3. Grundidee von Gott war die Seligkeit. Aus ihr erkennen wir Gott 1. in seiner N o t w e n d i g k e i t als der Einheit von Realität und Freiheit. In ihr begegnet uns zugleich der Begriff der P e r s ö n l i c h k e i t Gottes. Dieser ist weder ein Begriff des menschlichen Verstandes, noch heidnisches Fatum, noch eine abstrakte moralische Weltordnung.

---

[54] Bei Daub folgt die realitas ebenfalls aus der aseitas (ebd. § 59), incorporalitas und simplicitas werden jedoch als selbständige Eigenschaften aus Gottes absoluter Intelligenz entwickelt (ebd. § 111).

[55] Daub ordnet die omnipraesentia der natura conservatrix (ebd. § 79), die virtus procreans der natura creatrix des Sohnes zu (ebd. § 75).

[56] Daub hingegen entwickelt die libertas aus der aseitas Gottes des Vaters (ebd. § 59) und erklärt die natura conservatrix zur Wesensbestimmung Gottes des Sohnes.

[57] Marheineke, Grundlehren 1819, § 159 S. 119. — Sanctitas ist bei Daub keine göttliche Eigenschaft, sondern eine Idee Gottes des Geistes (Theologumena, § 30), aus der sich die Eigenschaften der iustitia und bonitas entwickeln (ebd. § 115 ff.).

Die Kenntnis bzw. Anerkenntnis des Sohnes Gottes schließt die Erkenntnis der Persönlichkeit Gottes ein[58].

Die Idee des seligen Gottes führt 2. zum Begriff der göttlichen A l l m a c h t. In ihr sind Wollen und Handeln, Können und Tun vollkommen eins: Gott sind alle Dinge möglich. Seine Allmacht ist seine Allgenugsamkeit[59].

Als der Selige wird Gott 3. in seiner M a j e s t ä t und H e r r l i c h k e i t erkannt. Die Majestät Gottes ist der Inbegriff aller göttlichen Vollkommenheiten. Alle Dinge sind geschaffen, um Gottes Majestät und Herrlichkeit zu offenbaren[60].

In diesen neun Eigenschaften glaubt M a r h e i n e k e das Wesen Gottes hinreichend umschrieben zu haben. D a u b kennt darüber hinaus noch einige mehr (vgl. Anmerkung 52).

Wie der Vergleich zwischen der Eigenschaftslehre Daubs und Marheinekes zeigt, hat letzterer zwar Daubs Lehre von den göttlichen Eigenschaften oder besser: deren spekulative Bearbeitung aufgegriffen, sie aber ihres ein wenig verworrenen und zerrissenen Gewandes durch strenge und straffe Systematisierung und Komprimierung des Stoffes entkleidet und ihr ein wesentlich anderes Gepräge gegeben. Marheinekes Eigenschaftslehre (auf Schellingschem Standpunkt!) ist so gegenüber der Daubs in den „Theologumena" von ungleich größerer Geschlossenheit und Einheitlichkeit. Marheineke wird aus diesem Grunde dem dogmatischen locus von den göttlichen Eigenschaften gerechter als Daub, der seinen Weg später als Irrweg eingesehen hat und sich — nicht nur in der Eigenschaftslehre! — dem Vorgang Marheinekes anschließt. Im 7. Band seiner dogmatischen Vorlesungen folgt Daub, zumindest was die Auf- und Einteilung der Eigenschaften angeht, Marheinekes Eigenschaftslehre nach den „Grundlehren" von 1827[61].

---

[58] Für Daub ist die notio personalitatis Dei der Einheitsgrund von absoluta oboedientia, omnipotentia und omnipraesentia, den Haupteigenschaften Gottes des Sohnes (ebd. § 83). Die necessitas hingegen entwickelt sich aus der aseitas Dei (ebd. § 59).

[59] Die omnipotentia folgt in Daubs „Theologumena" aus der natura creatrix Gottes des Sohnes (§ 75).

[60] Bei Daub entwickelt sich die summa majestas Dei aus der Idee der sufficientia. Dabei erhebt er die sich ebenfalls aus der Idee der sufficientia ergebende perfectio Dei zu einer selbständigen Eigenschaft (ebd. § 58).

[61] Es bleibt noch zu erwähnen, daß Marheineke im Anschluß an die eigentliche Lehre von den Eigenschaften Gottes einen kurzen Abstecher in die

2. Die Eigenschaftslehre in der Hegelschen Periode

Auf Hegelschem Standpunkt geben sich Daub und Marheineke nicht mehr damit zufrieden, der Lehre vom Wesen und Dasein Gottes mehr oder weniger blockartig die Lehre von den göttlichen Eigenschaften folgen zu lassen. Die logische Bewegung des Begriffs bzw. des Gedankens erfordert strenge Notwendigkeit auch hinsichtlich der Reihenfolge der einzelnen loci. Entwickelte sich aus dem Sein als dem Denken die Lehre vom Wesen Gottes und aus dem Denken als dem Sein die Lehre von Gottes Dasein, so folgt nun, anders als in der Schellingschen Periode, in der die verschiedenen Abschnitte noch beinahe zusammenhanglos aneinandergereiht werden, mit logisch-zwingender Konsequenz aus der Einheit des Wesens und des Seins Gottes die Lehre von den göttlichen Eigenschaften. In ihr wird die Einheit des Wesens und des Seins in Gott erkannt, in den göttlichen Eigenschaften sind Wesen und Wirklichkeit Gottes aufgehoben[62].

α) Das Wesen der göttlichen Eigenschaften

Für die spek. Theologen sind die Eigenschaften als Attribute Gottes keineswegs Produkte des räsonnierenden Verstandes[63], sondern umge-

---

geschichtliche Religion unternimmt (§ 163—167). Erkennt die V e r n u n f t Gottes Wesen in seinen einzelnen Eigenschaften, um durch sie zu dem wahren, ewigen und seligen Gott zurückzukehren, so stellt sich für Marheineke die Frage, wohin die wahre R e l i g i o n den Menschen führt. Durch die Religion gelangt der Mensch zum w a h r e n, e w i g e n und s e l i g e n L e b e n. Die Religion ist somit das praktische Pendant zur Vernunft, diese die theoretische Seite der Religion. Marheineke nimmt mit diesem Ausflug in die geschichtliche Religion bereits eine Eigenart der Hegelschen Periode vorweg.

62 „Die Wesenheit Gottes ist das Sein als das Denken. In der Eigenschaft, welche das absolute Wissen ist, ist diese Wesenheit aufgehoben, enthalten...; sodann die Wirklichkeit Gottes ist das Denken als das Sein in der Eigenschaft Gottes, welche die unendliche Macht, ist diese Wirklichkeit als aufgehoben enthalten... Wesenheit und Wirklichkeit, jede in unsern Gedanken von ihnen abstract gehalten, und für sich genommen, sind eben nur ein abstract gedachtes, und die Rede von ihnen ist eben nur die von diesen Abstractionen, in der göttlichen Eigenschaft sind beide nur als Momente noch vorhanden, so daß keine für sich etwas gilt" (Daub, 7. Band, S. 9); vgl. auch Marheineke, Grundlehren 1827, § 179 und System 1847, S. 96.

63 vgl. Marheineke, Grundlehren 1827, § 180.

kehrt: das Bedürfnis, Gott in seinen Eigenschaften zu denken, ist begründet in der inneren Notwendigkeit der göttlichen Idee Gottes[64]. Eigenschaft ist für Marheineke daher ein uneigentlicher Begriff. Er will sie eher „Bestimmtheit des göttlichen Wesens" genannt wissen, da dieser Ausdruck die Eigenschaften zugleich als Bestimmungen unseres Denkens Gottes qualifiziert, die ihr Prinzip aber nicht am Denken des Menschen, sondern ausschließlich am Wesen und Sein Gottes selber haben[65].

Wird Gott in seinen Eigenschaften erst wirklich erkannt, so verlangt die Notwendigkeit einer bestimmten und gründlichen Erkenntnis des göttlichen Wesens und Seins nach Unterscheidung einzelner Eigenschaften in Gott. Im Unterschied zur Schellingschen Periode wird aber nun nicht nur die absolute I d e n t i t ä t der Eigenschaften untereinander und mit Gott betont, sondern ebensosehr auch ihr U n t e r s c h i e d e n s e i n voneinander und von Gott. Hier zeigt sich deutlich das Fortschreiten der spek. Theologie von Schellings absoluter Identität zur dialektischen Differenzierung Hegels. Durch das wissenschaftliche Bestimmen der Idee Gottes wird deren konkrete Einheit und die seiner Eigenschaften aufgehoben. Doch kehrt durch Vermittlung des Begriffs die Idee aus der Unmittelbarkeit und der inneren Auffächerung in sich selbst, d. h. in ihre vermittelte Einheit zurück[66]. Alle Eigenschaften Gottes sind nicht nur in ihrem Unterschied voneinander absolut identisch, identisch sind sie auch mit Gott in ihrem Unterschied von ihm[67].

Noch schärfer als in der Schellingschen Periode wird der Begriff der Eigenschaft Gottes von dem der Qualität abgegrenzt. In einer Qualität als Eigenschaft hat 1. das Wesen eines Gegenstandes sein Bestehen. Zum

---

[64] derselbe, System 1847, S. 95.
[65] derselbe, Grundlehren 1827, § 182.
[66] ebd. § 185.
[67] „In ihrem Unterschiede von einander schließen sich die göttlichen Eigenschaften einander nicht nur nicht aus, und ist auch nicht nur die eine in der andern enthalten, so daß sie sich einander gegenseitig durchdringen, sondern ist auch jede die andere selbst ... jede Eigenschaft Gottes, indem sie jede andere desselben ist, und als Eigenschaft sich von ihm, dessen Eigenschaft sie ist, unterscheidet, ist zugleich in diesem Unterschiede identisch mit ihm. Jede göttliche Eigenschaft, identisch mit allen andern, ist Gott selbst" (Daub, 7. Band, S. 7); vgl. auch Marheineke, System 1847, S. 99: „Gott hat nicht etwa blos Eigenschaften, sondern er ist sie, er existirt nur in ihnen ... Der Unterschied der Eigenschaften in Gott ist also zugleich kein Unterschied: Gott ist jede seiner Eigenschaften, und jede göttliche Eigenschaft ist nicht nur er, sondern auch alle übrigen."

andern behauptet sich 2. ein Ding durch seine Qualität gegen jeden anderen Gegenstand, und 3. bezieht sich die Qualität auf die Empfindung. Alle drei Bestimmungen treffen auf Gott nicht zu. Gott ist weder ein Objekt, dessen Wesen in einer Eigenschaft sein Bestehen hat, er ist vielmehr Geist; noch unterscheidet sich Gott durch seine Eigenschaften von etwas anderem so, daß er sich darin eine negative Bestimmung gibt und zu einer Endlichkeit wird. Als absoluter Geist ist Gott über alle Endlichkeit unendlich erhaben. „Er ist die Negation aller Negationen und so das einzig Positive"[68]. Schließlich ist Gott auch kein Gegenstand der Sinne und Empfindungen des Menschen. So ist für Marheineke wie für Daub der Begriff der Eigenschaft ein „metaphorischer"[69].

Wie kommt es nun zur spekulativen Erkenntnis der göttlichen Eigenschaften auf Hegelschem Standpunkt?[70] Wie für jede spekulativ-theologische Erkenntnis ist auch hier Voraussetzung die Identität des Selbstbewußtseins des Menschen und seines Bewußtseins von Gott. Betrachtet darum die christliche Religion den Geist als Bild und Spiegel Gottes, so wird darin nach Daub und Marheineke der menschliche Geist in seiner Einheit mit dem göttlichen gedacht. Zwar ist der Geist der Menschheit ein anderer als der der Gottheit, doch sind beide wesensmäßig nicht voneinander verschieden. Das göttliche Denken ist zugleich ein menschliches, wenn anders es ein christliches ist.

Stellt darum die christliche Religion die göttlichen Eigenschaften auf menschliche Weise vor, so nur deshalb, weil in ihr Gott selbst die Trennung zwischen sich und dem Menschen aufgehoben hat. Das ist im NT jedoch erst für die Vorstellung, noch nicht für den Begriff geschehen. Darum werden in der Bibel die Eigenschaften Gottes größtenteils noch anthropomorph bzw. anthropopathisch dargestellt. Da es aber nicht genügt, Lehren von göttlichen Eigenschaften bzw. diese selbst in der Bibel nachzuweisen, ist zu zeigen, was diese unabhängig von der Schrift in Gott selbst sind[71], d. h. sie sind „auf den Begriff zu bringen" und spekulativ zu entwickeln.

Sind in Jesus Christus, dem reinen Geist der Menschheit, menschlicher und göttlicher Geist identisch, so offenbaren sich in ihm die göttlichen

---

[68] Marheineke, System 1847, S. 98.
[69] Zum Ganzen vgl. Daub, 7. Band, S. 4—5 und Marheineke, System 1847, S. 98.
[70] Zum folgenden vgl. Daub, 7. Band, S. 30—38; Marheineke, Grundlehren 1827, § 182—186 und System 1847, S. 101—102.
[71] Marheineke, System 1847, S. 86—88; Daub, 7. Band, S. 57.

Eigenschaften auch dem menschlichen Geist. Das Wissen des Menschen kraft des göttlichen Geistes beruht auf der Offenbarung Gottes in Christus. In ihm sind die Eigenschaften Gottes des Geistes erkennbar. Vom Göttlichen im menschlichen Geist, das in Jesus Christus angeschaut und vorgestellt wird, kann daher mit Recht der Weg zur Erkenntnis, wie des Wesens und des Seins, so auch der Eigenschaften Gottes genommen werden[72].

β) Daubs Methode der Entwicklung und Darstellung der göttlichen Eigenschaften

Im Unterschied zur Schellingschen Periode widmet D a u b jetzt der M e t h o d e zur Entfaltung der göttlichen Eigenschaften große Aufmerksamkeit. Die Feststellung, daß diese aus den Ideen des Wesens Gottes hervorgehen, genügt ihm offensichtlich nicht mehr, und so entwickelt er eine dreistufige Methode zur spekulativen Erkenntnis der Eigenschaften Gottes.

1. Die erste Stufe bemüht sich um eine Analyse, d. h. sie bezweckt eine a n a l y t i s c h e Erkenntnis[73]. Ihr Gegenstand, der Gedanke Gottes bzw. Gott selbst, ist zwar schon vorher bekannt, doch werden erst jetzt auf dem Wege der analysierenden Erkenntnis seine bislang unbekannten Bestimmungen, d. h. seine Eigenschaften e r kannt. Analytische Erkenntnis ist nichts anderes als die Reflexion a u f den Gedanken Gottes i m Gedanken Gottes. Hebt auch die Lehre von den göttlichen Eigenschaften mit einer Analyse des Gedankens Gottes durch das reflektierende Denken an, so haben doch die Eigenschaften Gottes an diesem reflektierenden Denken keineswegs ihr Prinzip. Ihr Grund liegt in Gott selbst.

Bezweckt die analysierende Methode zunächst eine analytische Erkenntnis des Gedankens Gottes, so kann die Methode sich doch nicht mit dem bisher Erreichten zufriedengeben, d. h. sie kann die Eigenschaften Gottes nicht unvermittelt und geschieden nebeneinander stehenlassen. Der spek. Methode geht es um eine synthetische Erkenntnis ihres Gegenstandes. So wird die analysierende Methode zur Bedingung der

---

[72] Daß in der Hegelschen Periode am Anfang der Lehre von den göttlichen Eigenschaften wiederum der Zweifel steht, bedarf kaum einer Erwähnung. Wie der Zweifel bzw. das Zweifeln den Beweis für das Dasein Gottes notwendig macht und vermittelt, so begründet er auch die Notwendigkeit einer Lehre von den E i g e n s c h a f t e n Gottes und vermittelt den Beweis für deren Sein (vgl. Daub, 7. Band, S. 38).

[73] vgl. Daub, 7. Band, S. 44—51.

2. **synthetischen Methode**[74]. Die sich auf die analysierende Methode stützende synthetische Erkenntnis begreift jede Eigenschaft Gottes als von jeder anderen unterschieden, doch zugleich in diesem Verschiedensein die eine Eigenschaft als identisch mit der anderen. Wären Gottes Eigenschaften so voneinander verschieden, daß sie, wie in jedem anderen Objekt, gegeneinander stehenblieben, so wäre die eine durch die andere bedingt und sie alle ständen insgesamt in Relation zu Gott. Die Absolutheit des Gedankens Gottes schließt jedoch Relation und Bedingtheit aus. Ist Gott in allen seinen Eigenschaften begriffen, so darf seine Erkenntnis eine synthetische heißen.

Der analytischen und synthetischen Erkenntnis geht es um das Wissen ihres Gegenstandes, des Gedankens Gottes, wie er da ist, eben als der gewordene. Es kann und muß nun aber auch nach dem **Werden** des Gewordenen gefragt werden, d. h. nach dem, woraus die Eigenschaften des Gegenstandes, des Gedankens Gottes, und mithin dieser selbst geworden sind. Die so fragende Methode ist

3. **die genetische**[75]. Die genetische Methode fragt nach dem Werden des Gewordenen. Sie ist die Methode des Werdens des Gedankens Gottes und stellt das Werden dieses Gedankens dar. Nicht Gott selbst, wohl aber sein Gedanke, läßt die genetische Methode zu[76], da zwar die Vorstellung eines werdenden Gottes absurd erscheinen mag, sein Gedanke aber als ein vom Menschen gedachter durchaus ein werdender und gewordener ist[77].

Der genetischen Methode geht es um ein Wissen und Begreifen ihres Gegenstandes und damit seiner Eigenschaften aus seinem Grunde. Greift die analytische Methode den Gegenstand nur an seiner Oberfläche und faßt die synthetische Methode die auf dieser Oberfläche unterschiedenen

---

[74] ebd. S. 51—54.
[75] ebd. S. 54—63.
[76] „Gott selbst als der Gegenstand des Gedankens von ihm, er ist nicht geworden und keine seiner Eigenschaften ist die seinige durch ein Werden; daß er ist und was er ist, das ist er auf ewige Weise... Nur der Gedanke Gottes, wie er der des menschlichen Geistes ist, lässet für die Erkenntniß Gottes aus diesem Gedanken die genetische Methode zu" (ebd. S. 55).
[77] „Der Gedanke von Gott ist ein werdender und ein gewordener... Er war der Gedanke schon im Fetischismus, aber dort im Schauen und Fühlen ganz verborgen, er hat sich im Polytheismus mehr herausgestellt durch die mannichfaltigen Göttergestalten, aber immer noch durch die Phantasie niedergehalten... Er entwickelt sich im Judenthum bestimmter und vollendet sich im Christentum (ebd. S. 56).

Eigenschaften zusammen, so soll der Gegenstand durch die genetische Methode gleichsam aus seinem innersten Kern heraus von seiner Entstehung bis zu seiner Vollendung begriffen werden. In der durch die analytische und synthetische Methode bedingten genetischen Methode wird der Gedanke Gottes analysiert, sein Inhalt entwickelt und jede seiner Bestimmtheiten als eine Eigenschaft Gottes begriffen.

Der im Glauben an Christus enthaltene Gedanke Gottes ist das Prinzip, aus dem sich für Daub in der genetischen Methode die göttlichen Eigenschaften entwickeln. Aus ihm, dem Gedanken Gottes, teilen sich die Eigenschaften Gottes selbst ein[78].

Während M a r h e i n e k e auch in der Eigenschaftslehre der Hegelschen Periode der Idee Gottes als des Wahren, Ewigen und Seligen folgt und so seine Einteilung der Eigenschaften Gottes auf der a) Wesenheit oder Wahrheit, b) Wirklichkeit oder Ewigkeit, c) Einheit von Wesenheit und Wirklichkeit oder Seligkeit Gottes[79] beruht, geht D a u b andere Wege. Er übt an Marheinekes Einteilungsprinzip und damit an seiner Mißachtung der genetischen Methode offene Kritik[80]. Für Daub wirft die Eigenschaftslehre drei Fragen auf, aus deren Beantwortung sich die Eigenschaften Gottes ergeben:

a) Worin hebt die Erkenntnis von Gottes Eigenschaften an?
b) Worin setzt sich diese Erkenntnis fort?
c) Worin und wie vollendet sie sich?[81]

---

[78] Marheineke hingegen weiß nichts von einer genetischen Methode, er kennt nur die analytische als Entwicklung der Eigenschaften aus der Idee bzw. den Ideen.

[79] vgl. Marheineke, Grundlehren 1827, § 187 und System 1847, S. 102. — Übereinstimmend mit der Schellingschen Periode entwickelt Marheineke aus der Idee des wahren Gottes 1. die Eigenschaften der Allwissenheit, Allweisheit und absoluten Realität (im „System" von 1847 der Wahrhaftigkeit), aus der Wirklichkeit bzw. Ewigkeit Gottes 2. die der Allgegenwart, Freiheit und Heiligkeit und aus der Idee des seligen Gottes 3. die Eigenschaften der Persönlichkeit, Allmacht und Majestät Gottes (Grundlehren 1827, § 188—196 und System 1847, S. 102—109).

[80] „Die theologische Forderung ist, daß die Methode für die Erkenntnis eine genetische sei, und dieser Forderung ist mit jenem dreifachen Eintheilungsgrunde nicht Genüge geschehen. In der Lehre von den Eigenschaften Gottes erklärt daher auch Marheineke, komme es blos auf eine Analysis an... Also jener Eintheilungsgrund, wenn auch die Eintheilung bleibt, ist zu verlassen" (7. Band, S. 67/68). Daub kritisiert das Eintheilungs p r i n z i p, hält aber an der Einteilung selbst fest!

[81] 7. Band, S. 68.

Die Lehre von Gott dem Vater

Zu a) Mit der ersten Frage wird der Fragende an den Gedanken Gottes selbst gewiesen. In diesem allein kann nach dem Anfang der Erkenntnis der göttlichen Eigenschaften gefragt werden. Der Gedanke Gottes hat zu seinem Inhalt

1. das Sein als das Denken, die Wesenheit Gottes. Ihre Bestimmtheit heißt A l l w i s s e n h e i t[82].
2. Der Gedanke Gottes enthält aber auch das Denken als das Sein, die Wirklichkeit Gottes. Ihre Bestimmtheit ist die W e i s h e i t. Sie ist das Wissen zugleich als ein Bewirken und zweckhaftes Vollbringen[83].
3. Wesenheit und Wirklichkeit Gottes sind im reflektierenden Denken zwar voneinander verschieden, doch ist Gottes Wesen selbst seine Wirklichkeit und umgekehrt. Die Bestimmtheit des Gedankens Gottes in dieser Einheit von Wesen und Wirklichkeit ist die W a h r - h a f t i g k e i t Gottes[84]. Diese ist als Eigenschaft G o t t e s ebensowenig wie die Allwissenheit und Weisheit eine werdende, sondern eine e w i g e Eigenschaft. Werdend ist nur die sich aus dem Gedanken Gottes genetisch entwickelnde Erkenntnis des M e n s c h e n von den göttlichen Eigenschaften[85].

Die Eigenschaft Gottes bestimmt sich so in einem genetischen Fortschreiten von der Allwissenheit über die Weisheit zur Wahrhaftigkeit Gottes. Um diese zu fassen, hält sich der Fragende ausschließlich im Gedanken Gottes, aus dem sich ihre Erkenntnis genetisch erzeugt[86].

Zu b) War bisher die Methode genetisch, so wird sie nun im folgenden analytisch. Durch Reflexion nämlich auf den Inhalt der absoluten Einheit (siehe Anmerkung 86) und Allwissenheit Gottes wird die bis-

---

[82] Auf ein Referat der meistenteils verkrampften und abstrakten Entfaltung der einzelnen Eigenschaften kann verzichtet werden, da dieses zum Verständnis des spek. Gottesbegriffs kaum beitragen würde. Die Methode ist in unserem Zusammenhang wichtiger als ihr Resultat!

[83] Daub, 7. Band S. 82/83.

[84] ebd. S. 90. — Auf derselben Seite weiter unten heißt es dazu: „Die Eigenschaft, welche die Weisheit Gottes war, und zu welcher die Allwissenheit geworden war, wird in unserer Erkenntnis von ihr die Wahrhaftigkeit."

[85] ebd. S. 93.

[86] Gott als der in seiner Wesenheit unabhängig und unveränderlich Wahrhaftige ist immer der e i n e Gott (ebd. S. 98). So führt nach Daub die Erkenntnis der Wahrhaftigkeit Gottes unmittelbar zur Erkenntnis der E i n h e i t Gottes.

herige Erkenntnis der Eigenschaft Gottes analysiert und bestimmt sich zu der Erkenntnis

1. der A l l g e g e n w a r t[87].
2. Durch Reflexion auf diese Erkenntnis und die der Weisheit bestimmt diese sich weiter analytisch zur Erkenntnis des a b s o l u t e n W i l l e n s Gottes. Dieser ist die Allgegenwart in ihrer Wirklichkeit und Wirksamkeit, die als nicht wirksame eine nur gedachte wäre[88]. Der Wille des allgegenwärtigen Gottes als des Wirklichen ist das Gesetz für Natur und Mensch.
3. bestimmt sich durch Reflexion auf die Erkenntnis des absoluten Willens und der Wahrhaftigkeit diese zu der Erkenntnis der H e i l i g k e i t Gottes.

Zu c) Hier geht es um die Frage: Worin und wie vollendet sich die Erkenntnis der göttlichen Eigenschaften? Wiederum wird, wie schon unter a), Bezug genommen auf Wesenheit und Wirklichkeit Gottes und deren Identität[89].

So bestimmt sich

1. die Heiligkeit in bezug auf das Wesen Gottes zur A l l m a c h t. Der Heilige ist der Allmächtige. Die Erkenntnis der Allmacht wiederum in bezug auf die Wirklichkeit Gottes führt
2. zur Eigenschaft der P e r s ö n l i c h k e i t. Gott als der Geist, der sich in einem Menschen manifestiert hat, ist der persönliche Gott[90]. Schließlich entwickelt sich
3. die Erkenntnis der Persönlichkeit durch Reflexion auf die Identität von Wesen und Wirklichkeit Gottes zur Erkenntnis der göttlichen M a j e s t ä t. —

Jede dieser Eigenschaften, die, wie ein Blick auf die Religionsgeschichte lehrt, erst in der christlichen Religion voll erkannt und anerkannt werden[91], ist nun nicht nur mit jeder anderen dialektisch-identisch, identisch sind auch alle mit Gott selbst in ihrem Unterschied von ihm.

---

[87] 7. Band, S. 106.
[88] ebd. S. 113.
[89] ebd. S. 123.
[90] ebd. S. 130.
[91] ebd. S. 133.

Anders als etwa F. H. C. Schwarz[92], Reinhard[93] und Bretschneider[94] hält Daub nichts von den drei Wegen der via causalitatis, negationis und eminentiae. Seine Denkrichtung ist gerade umgekehrt. Für ihn hebt die Erkenntnis der Eigenschaften Gottes im Gedanken Gottes an, setzt sich in diesem fort und vollendet sich in ihm. Daubs Eigenschaftslehre ruht selbstgenug in sich, sie bedarf keiner „außergedanklichen" Krücke. Wie die Glieder einer Kette reiht sich eine Eigenschaft an die andere, zusammengeschweißt mittels der analytisch-synthetisch-genetischen Methode. Jede Eigenschaft hat auf jede andere Bezug, das Fehlen eines Gliedes brächte das gesamte Gebäude der Daubschen Eigenschaftslehre zum Einsturz[95]. Daub macht ernst mit dem Hegelschen Gedanken der inneren logisch-dialektischen Selbstbewegung des Denkens bzw. des Begriffs. Alle Eigenschaften sind sich selbst im Gedanken Gottes setzende und in diesem aufgehobene Bestimmtheiten, Momente des Gedankens.

γ) Vergleich der Eigenschaftslehren Daubs und Marheinekes

Anders als Marheineke verleiht Daub seiner Lehre von den göttlichen Eigenschaften einen ungewöhnlich hohen Rang. Sie ist ihm „die Grundlage für die wissenschaftliche Erkenntniß aller Glaubensartikel, welche zum Inhalt der christlichen Religion gehören. Ohne eine wohlbegründete Lehre von den Eigenschaften Gottes ist keine tüchtige von der Schöpfung und Erhaltung der Welt, von der Vorsehung, von der Erlösung und Versöhnung, von der Erleuchtung und Beseligung möglich". Darum wird es für Daub „nicht eher eine dogmatische Theologie geben, welche wahrhaft belehrend zum Ziele führend wäre, bis die Erkenntniß von Gottes Eigenschaften durchgedacht und bewiesen worden sei aus ihrem Grunde"[96].

---

[92] Grundriß, § 21.
[93] Vorlesungen, § 31 S. 91—92.
[94] Handbuch, S. 326.
[95] „Der Mensch nämlich nachdenkend über diese oder jene Eigenschaft Gottes, erkennet in einer jeden die andern alle, indem keine ist, die nicht mit den andern in absoluter Identität, bei allem Unterschiede, wäre. Es kann daher gleich gut aus der Erkenntniß z. B. der Allwissenheit die Erkenntniß jeder andern Eigenschaft Gottes abgeleitet werden, wie aus der Erkenntniß der Allmacht und der Einheit. Jede göttliche Eigenschaft ist die unendliche Fülle aller göttlichen Eigenschaften, und so ist Gott selbst der in sich, oder was das Nämliche ist, in jeder seiner Eigenschaften der unendlich große" (Daub, 7. Band, S. 131/132).
[96] 7. Band, S. 133.

Wenn nun auch zweifellos Marheinekes Eigenschaftslehre in Absicht und Wollen mit der Daubs weitgehend übereinstimmt, so betont Marheineke doch weniger den e i n e n Gedanken bzw. die e i n e Idee Gottes als vielmehr die d r e i das Wesen Gottes bestimmenden Ideen, aus denen sich die Eigenschaften Gottes jeweils entwickeln. Marheinekes Denken ist in der Eigenschaftslehre der Hegelschen Periode weniger konsequent und streng als das Daubs. So werden die Nuancen und Varianten in den theologischen Systemen Daubs und Marheinekes kaum andernorts so sichtbar wie gerade hier. Ließ in der Schellingschen Periode Daubs Eigenschaftslehre hinsichtlich ihres Zusammenhangs und ihrer Geschlossenheit manches zu wünschen übrig, so übertrifft sie in der Hegelzeit nun umgekehrt die Marheinekes an Konsequenz, Einheitlichkeit und innerer Notwendigkeit. Andererseits darf aber auch nicht übersehen werden, daß Daub sich mit seiner Eigenschaftslehre der Hegelschen Periode in seinem abstrakt-logizistischen Konstruieren in Höhen versteigt, die weit über das theologische Ziel hinausschießen.

VI. Die Lehre von Gott dem Sohn

a) Die Lehre von Gott dem Sohn auf Schellingschem Standpunkt

Marheineke läßt mit der Lehre von Gott dem Sohn die innertrinitarischen Spekulationen, die Lehre von der „inneren" Offenbarung Gottes beginnen, der dann unmittelbar die Artikel von der Schöpfung, Erhaltung, vom Menschen, von der Inkarnation usw., mit anderen Worten: die Lehre von der „äußeren" Offenbarung Gottes folgt[1]. Wie sich schon in der Eigenschaftslehre zeigte, beschreitet Daub in den „Theologumena" einen anderen Weg als Marheineke. Er verzichtet hier noch auf eine Lehre von den innertrinitarischen Relationen und gewinnt den Begriff des Sohnes Gottes allein aus der Reflexion auf die Welt. In dieser Reflexion enthüllt sich die natura Dei als natura creatrix, conservatrix und reconciliatrix. Gott als creator, conservator und reconciliator mundi aber ist kein anderer als Gott der Sohn (filius Dei), der selbst Gott ist[2]. Gott-Sohn als Prinzip der Welt ist weder Welt noch Mensch, er ist Gott und läßt sich nur in diesem anschauen und erkennen[3]. So versucht Daub, wenn auch keineswegs überzeugend, den Vorwurf des Pantheismus abzuwehren. In seiner an Schellings Identitätsphilosophie angelehnten Einheitsspekulation verschwimmt der Unterschied zwischen der Welt und dem filius Dei als principium mundi[4].

---

[1] vgl. Marheinekes „Grundlehren" von 1819.

[2] „Quem itaque mundi, numine digni, ab omni parte auctorem veneramur, Deum, filium Dei cognoscimus, ut qui, cum a Deo, in Deo, ac Deo satis sit, ipse Deus est" (Theologumena, § 28 S. 79).

[3] „Perperam agunt et nulla numinis idea, sed sua indole et intelligendi necessitate caeca ducuntur, qui non Deum, quin mundum potius, vel hominem adeo, ex homine natum, Dei judicant esse filium, nec Dei filium in Deo, sed in mundo aut homine aliquo conspici posse censent; temere, inquam, agunt, namque nec mundus, nec homo Deus est, Dei autem filius non nisi Deus" (ebd. § 28 S. 79). — Die in diesem Zusammenhang von Daub dargestellte Lehre von Abfall und Versöhnung der Welt kann übergangen werden, da sie den Rahmen unserer Darstellung sprengt.

[4] vgl. dazu in den „Theologumena" § 24—28; außerdem Schelling, Aus den Jahrbüchern der Medizin als Wissenschaft, Schellings Werke, 4. Hauptband, S. 95—96. Dort werden Gott und All gleichgesetzt!

Marheineke setzt im Vergleich zu Daub eine Stufe höher an. Er läßt die Welt ganz aus dem Spiel, schwingt sich in der Idee Gottes auf zu Gott selbst und sucht in diesem die innertrinitarische Relation zwischen Gott-Vater und Gott-Sohn (die filiatio) zu ergründen[5].

Es gehört zum Wesen Gottes, nicht nur i n sich, sondern auch a u s sich zu sein, der ewig i n sich seiende ist zugleich der ewig a u s sich seiende Gott. In seinem Aussichsein ist Gott der offenbare, zunächst der sich selbst offenbare, der sich seiner selbst bewußt ist, sich selbst erkennt. Ohne diese Selbsterkenntnis, ohne das Aussichselbstsein Gottes würde dieser ohne Grund gedacht und unergründlich in sich selbst verborgen bleiben. So könnte er auch nicht der w a h r e Gott sein.

Das ewige Sichselbsterkennen Gottes zwingt zu der Unterscheidung eines erkennenden und eines erkannten Gottes, die wesensmäßig eins sind. Gott als Grund ist ein anderer als der aus dem Grund Hervorgehende. Um sich selbst zu erkennen, objektiviert sich Gott in einem mit ihm wesenhaft identischen Gegenbild[6]. Dieses Gegenbild heißt G o t t d e r S o h n, sein Wesen ist, Offenbarung des Vaters zu sein. In der christlichen Religion hat das Aussichherausgehen Gottes, sein ewiger Exitus in verschiedenen Symbolen Niederschlag gefunden, so in den Begriffen und Symbolen 1. der Zeugung und 2. des Logos (des Wortes).

Zu 1. Gott der Vater als Gegenstand und Prinzip zeugt den aus seinem Wesen ewig hervorgehenden Sohn. Zeugen und erkennen sind in diesem Fall identisch (vgl. das hebräische jadah). Nach Marheineke eignet sich der Begriff der Zeugung besonders gut zur präzisen Bestimmung einmal der absoluten Einheit des Wesens, zum andern des relativen Unterschieds in ihm, d. h. zur Unterscheidung der Personen[7].

---

[5] Zum folgenden vgl. Marheineke, Grundlehren 1819, § 168—194.

[6] „Wie verschieden in unserm Begriffe Gegenstand und Grund der Erkenntniß sind, so ist auch Gott, der in sich selber ist, verschieden von demjenigen, aus welchem er ist. Offenbar ist doch, was aus dem Grunde hervorgehet, insofern es dieses thut, verschieden von dem Grunde selbst, oder das, was aus etwas ist, verschieden von demjenigen, woraus es ist. Indem also Gott, sich selbst erkennend, sich gleichsam selbst objectivirt, ist dieser andere, der sein vollkommenstes Gegenbild, selbst wiederum doch nur a u s ihm, mithin zwar beide als Gegenstand und Grund, nicht aber dem Wesen nach verschieden" (Grundlehren 1819, § 169 S. 130).

[7] „Die Grundidee von dem Symbol der Zeugung und des Gezeugtseyns ist keine andere, als die Mittheilung des Wesens von dem einen an den andern. Ein Unterschied nicht des Wesens, wohl aber der Person ist hiemit statuirt,

Zu 2. Unter Hinweis auf den Anfang des Johannesevangeliums wird betont, daß der Logos seinen ewigen Grund in Gott hat. Nicht anders steht es mit Gott dem Sohn. Auch er, der aus Gott ist, hat das, was er ist, nur an dem in sich selbst seienden Gott. Das ausgesprochene „Logos-Wort" trennt sich keineswegs vom Wesen Gottes. Von Gott ausgehend, geht es doch nicht aus Gott heraus, ist vielmehr ewiger Akt in Gott selbst[8].

Marheineke sieht so in der urchristlichen Logoschristologie einen vollgültigen geschichtlichen Ausdruck der spekulativen Gotteslehre[9]. Nach Abweis des Sabellianismus und Arianismus und nach der besonderen Akzentuierung der Homousie des Vaters und des Sohnes wird deutlich, worum es geht: Er bietet eine kopiegerechte Neuauflage des Nicäno-Constantinopolitanums, des orthodox-trinitarischen Dogmas der alten Kirche auf spekulativem Boden.

Stand D a u b in den „Theologumena" noch ganz unter dem Einfluß der Schellingschen Identitätsphilosophie[10] — Gott tritt als der Sohn aus seiner absoluten Einheit heraus in die Welt, um diese, d. h. die abgefallene Endlichkeit zu versöhnen und kehrt nach der Versöhnungstat in die Einheit zurück —, so ist demgegenüber M a r h e i n e k e s Lehre von Gott dem Sohn schon weitgehend durch Schellings Schrift über die Freiheit angeregt und geprägt. S c h e l l i n g s dunkler, regelloser, wollender Grund in Gott ist Wille, Begierde, S e h n s u c h t, sich selbst zu gebären. Aus dieser Sehnsucht erzeugt sich in Gott selbst eine Vorstellung, in der sich Gott als in seinem Ebenbild erblickt, in der er verwirklicht ist[11].

---

weil man sonst sagen müßte: Gott habe sich selbst gezeugt, welches sich selbst widerspricht" (ebd. § 173 S. 132/133).

[8] ebd. §§ 174, 175.

[9] vgl. auch Fichte, Die Anweisung zum seligen Leben, S. 89—93.

[10] vgl. die 9. Vorlesung in Schellings „Methode des akademischen Studiums" und „Philosophie und Religion", S. 33 (Schellings Werke, 4. Hauptband): Die vollkommene Versöhnung und die Wiederauflösung in die Absolutheit ist die Absicht des Universums und seiner Geschichte!

[11] „Entsprechend der Sehnsucht, welche als der noch dunkle Grund die erste Regung göttlichen Daseins ist, erzeugt sich in Gott selbst eine innre reflexive Vorstellung, durch welche, da sie keinen andern Gegenstand haben kann als Gott, Gott sich selbst in einem Ebenbilde erblickt. Diese Vorstellung ist das erste, worin Gott, absolut betrachtet, verwirklicht ist, obgleich nur in ihm selbst" (Schelling, Über das Wesen der menschlichen Freiheit, Reclams Universal-Bibliothek, Nr. 8913—8915, Stuttgart 1964, S. 73/24).

Daß nach Schelling jene Vorstellung als Ebenbild Gottes am A n f a n g b e i G o t t, der in G o t t g e z e u g t e G o t t selbst ist, daß sie das W o r t jener Sehnsucht ist[12], deckt sich beinahe bis in den Wortlaut hinein mit dem Anfang des Johannesprologs, der, wie wir oben sahen, auch bei Marheineke erhebliche Beachtung findet. Zwar teilt Marheineke nicht die an romantische und Schopenhauersche Terminologie erinnernde Rede von Gott als einem dunklen, irrationalen, sich als Wille, Begierde, Sehnsucht bestimmenden Grund, der sich aus der Nacht eines dämmernden Bewußtseins zum Licht der Existenz hervortreibt und emporarbeitet. Doch erinnert das Sichselbstaussprechen Gottes im Logos, seine Selbsterkenntnis im Sohn, das unterschiedslose Unterschiedensein des erkennenden und erkannten Gottes deutlich an Schellings „innre reflexive Vorstellung", in der Gott sich als in seinem Eben- und Gegenbild anschaut, sich erkennt, sich seiner bewußt wird.

b) Die Lehre von Gott dem Sohn auf Hegelschem Standpunkt

In der Hegelschen Periode gleichen sich Daubs und Marheinekes Lehren einander an. Man spricht gemeinsam die begriffsdialektische Sprache Hegels, bei Marheineke letztlich das einzig Neue gegenüber der Schellingschen Periode. Wie schon häufiger beobachtet, ändert sich nicht der Inhalt der theologischen Aussagen, der eigentliche Lehrgehalt, nur die terminologisch-methodische Atmosphäre wandelt sich, mit anderen Worten: die F o r m des Denkens, des Gedankens wird modifiziert.

Es liegt im Wesen der unendlichen Majestät Gottes begründet, sich selbst absolut und ewig offenbar zu sein. Seine unmittelbare Selbstoffenbarung bestimmt sich als ein inneres und wesentliches Verhältnis in Gott, als ein unbedingtes ewiges Verhältnis Gottes zu sich selbst[13].

Gott will aus einem Mysterium hervortreten, seine Wesenheit verlangt nach Selbsterkenntnis, nach dem Sichselbstbegreifen Gottes. Dieses Begreifen vollzieht sich im Akt der immanenten Selbstunterscheidung Gottes. Dieser muß sich von sich selbst unterscheiden, d. h. in den Unterschied seiner selbst eintreten, in sein Anderes eingehen, um sich in diesem anzuschauen, zu erkennen, zu begreifen. Gott erkennt sich nur als sein Anderer, in welchem sich das Wesen selbst anschaut und als das W i s s e n

---

[12] ebd. S. 74.
[13] vgl. Daub, 7. Band, S. 145 und 215; Marheineke, System 1847, S. 218 und Grundlehren 1827, § 207.

seines Wesens in sich zurückgeht (unmittelbare Einheit — Vermittlung durch den Gegensatz — vermittelte Identität). Wird Gott in seiner inneren Offenbarung rein als Denken betrachtet, so ist er darin Vernunft (logos — vorgestellt als der Sohn), der „Andere" Gottes als Offenbarung seines Wesens. Erkennt das menschliche Denken den Logos als Offenbarung Gottes, so erweist es sich darin als das vernünftige, l o g i s c h e , t h e o - l o g i s c h e[14]. Für Marheineke ist Gottes ewige Existenz als ein ewiger Exitus zu denken, als ein Herausgehen und Hervortreten des Sohnes aus dem Vater[15].

Unterscheidet sich Gott in sich selbst als Grund und Wesen zum Zweck der Selbsterkenntnis, seines Selbstbegreifens, so ist derjenige, w e l c h e m Gott offenbar ist, ein anderer als der, welcher i h m offenbar ist. Gott, aus dem Gott ist (der ewige Grund), unterscheidet sich von Gott, der aus Gott ist. Umgekehrt: der aus Gott seiende Gott ist ein anderer als der, aus welchem Gott ist. Das ewige, absolute Verhältnis Gottes zu sich selbst als Grund und Begründetem ist das des ewigen Grundes zum ewigen Begründetsein[16].

Dieser Gegensatz, die Zweiheit in Gott, bleibt jedoch nicht bestehen, muß vielmehr, um Wahrheit zu enthalten, überwunden werden. So nimmt das Verhältnis Gottes zu sich selbst die absolute Zweiheit ewig in die Einheit des Wesens zurück, hebt jene in diesem auf. Das Wesen geht aus der Unmittelbarkeit der Einheit in den Unterschied seines Andersseins,

---

[14] vgl. Marheineke, Grundlehren 1827, §§ 208, 210, 218 und System 1847, S. 129—130.

[15] Grundlehren 1827, § 210 und System 1847, S. 132.

[16] „a. Derjenige, welchem Gott in seiner Existenz offenbar ist, ist b. ein anderer, als der, welcher ihm offenbar ist (is, cui Deus manifestus est, alius est ac is, qui Deo manifestus est) ... ad a. Der, welchem Gott offenbar ist, ist der ewig in ihm Begründete und der ewig aus ihm Seiende. ad b. Der, welcher ihm offenbar ist, ist der ewige Grund dessen, dem er offenbar ist ... Jener Satz, in der christlichen Vorstellung ausgesprochen, lautet: Der Sohn, welchem der Vater offenbar ist, ist nicht der Vater, welcher dem Sohne offenbar ist" (Daub, 7. Band, S. 180/181). — „Somit müssen wir sagen, daß Gott auch so sich von sich unterscheidet, daß er, aus welchem er ist, ein Anderer ist, als der, welcher aus ihm ist; als jener ist er Gott, wie er Princip ist, als dieser ist er Gott, wie er aus dem Princip ist" (Marheineke, System 1847, S. 132).

schaut sich in diesem an, begreift sich aus ihm und kehrt als Wissen unmittelbar in sich zurück[17].

Das Verhältnis des Vaters und des Sohnes ist das der absoluten Identität[18]. Diese ist nicht mehr die abstrakte Unmittelbarkeit der Substanz, sondern die vermittelte und durch den Unterschied hindurchgegangene[19]. Gott ist nur wahrer, d. h. aus sich seiender, sich selbst und damit den Menschen offenbarer Gott — und Gott ist nur darum den Menschen offenbar, indem er sich selbst offenbar ist![20] — in seinem dialektischen, sich zur absoluten Identität vermittelnden Sichselbstunterscheiden.

Im Begriff des Logos verkörpert sich das vermittelte Sichselbstoffenbarsein Gottes, und der Logos wiederum hat seinen reinsten und vollkommensten Ausdruck in der **christlichen** Religion gefunden. Erst das Christentum als die vollgültige äußere Offenbarung der inneren Selbstoffenbarung Gottes — diese ist nichts anderes als sein ewiges Sichselbstoffenbarsein — ermöglicht die Erkenntnis des nicht nur in sich, sondern auch aus sich seienden Gottes. Es ist hierin nicht nur die **offenbare** Religion, sondern muß als die **einzig vollendet geoffenbarte** Religion angesprochen werden[21]. Das Christentum erkennt den, durch welchen Gott sich der Welt offenbart, als den, in welchem er sich seinem Wesen und Dasein nach selbst offenbar ist (der Sohn)[22]. Es weiß andererseits um den sich selbst offenbaren Gott als den in dem Unterschied von sich **einen** Gott. Der Vater wird sich erst offenbar in dem Sohn, der Sohn ist die Offenbarung des Vaters. Beide sind ein und des-

---

[17] „Da aber das Wesen Gottes ist, Grund seiner selbst zu seyn, so ist in Ansehung des Wesens oder für Gott kein Unterschied zwischen sich, aus welchem er ist, und sich, welcher aus ihm ist; das Verhältniß Gottes zu sich als dem Grund und Begründeten ist ein absolutes, die Zweiheit ewig in die Einheit des Wesens resumirendes, so daß an eine numerische Zweiheit ... nicht zu denken ist" (Marheineke, System 1847, S. 132/133).

[18] vgl. Daub, 7. Band, S. 149/150, 177, 184, 186, 217 usf.; Marheineke, Grundlehren 1827, § 216.

[19] Marheineke, Grundlehren 1827, § 217.

[20] „Seine Wahrheit nun, wenn Wahrheit darin ist, kann das, daß der Mensch Gott von sich unterscheidet, allein darin haben, daß Gott sich von sich selbst unterscheidet. Ist es so, unterscheiden wir ihn darum von sich selbst, weil er sich von sich selbst unterscheidet, so ist unser ihn Unterscheiden ein durch ihn und sein Unterscheiden wahrhaftes und wahres" (Daub, 7. Band, S. 174/175; vgl. auch S. 212).

[21] Marheineke, Grundlehren 1827, § 219; Daub, 7. Band, S. 188.

[22] Daub, 7. Band, S. 190.

selben Wesens. Sie sind nicht außereinander, der Vater ist in dem Sohn, der Sohn im Vater[23]. Dieses Verhältnis nannte die alte Kirche H o - m o u s i e.
Zwar ist aufgrund der Agennesie der Vater nicht der Sohn, so daß in Gott der Vater immer und ewig Vater, der Sohn immer und ewig Sohn bleibt, doch ist Gott der Vater nie ohne den Sohn[24]. Die Idee Gottes läßt diesen nicht nur in der Dunkelheit und Einsamkeit seiner unendlichen Substanz, sie zeigt ihn zugleich auch als Grund seiner selbst, aus sich seiend, als Vater des Sohnes. „Gott, wie er der ewig aus dem Grunde seiner selbst oder der Begründete ist, so hat und weiß, erkennt und liebt er sich auf ewige Weise in seinem Grunde; und Gott, wie er der ewige Grund seiner selbst ist, so hat und weiß, erkennt und liebt er sich gleicher Weise in dem aus ihm Seyenden und Begründeten"[25]. —
Arianismus und Sabellianismus, der Begriff des Sohnes Gottes als einer göttlichen Dynamis, als eines göttlichen Lehrers und Gesetzgebers werden, wie schon in der Schellingschen Periode, abgewiesen, hier nur mit dem für den Hegelschen Standpunkt bezeichnenden Hinweis, daß, wenn Irrlehren in der Geschichte des menschlichen Bewußtseins ihren festen Ort haben, sie in ihrer Art n o t w e n d i g sind und sich von daher zu allen Zeiten erneuern[26].
Von hier aus bietet sich der Übergang zur eigentlichen Trinitätslehre von selbst an. Doch fassen wir vorher kurz zusammen: Der Artikel von Gott dem Sohn (wenigstens soweit wir ihn hier in Betracht gezogen haben) enthält auch in der Hegelschen Periode kaum etwas anderes als eine Aufarbeitung, Begründung und Absicherung des altkirchlichen Dogmas vom Ansatz Hegelscher Dialektik her unter Anwendung ihrer neuen methodisch-terminologischen Mittel.

---

[23] ebd. S. 221. — „Der Grund ist nur eine Bestimmtheit des Wesens, das durch ihn Begründete ebenso, aber das Wesen des Grundes und das Wesen des Begründeten ist ein und dasselbe mit dem Wesen, welches Gott selbst ist, Christus. Der Vater ist nicht der Sohn, aber das Wesen des Vaters ist ewig das Wesen des Sohnes und so beim Sohn" (ebd. S. 217).
[24] ebd. S. 221 und Marheineke, Grundlehren 1827, § 215.
[25] Marheineke, System 1847, S. 137.
[26] vgl. Marheineke, Grundlehren 1827, § 223.

VII. Die Trinitätslehre

Von Daubs „Theologumena" abgesehen, findet die spekulative Trinitätslehre ihren Ort innerhalb der Lehre von Gott dem Geist. Das entspricht der Konsequenz der spek. Dogmatik. Wird Gott als Geist erkannt — das höchste Prädikat, das Gott zukommen kann! —, erst dann kann er als wahrhaft und vollkommen begriffen gelten. Erkannt und begriffen wird Gott aber nur in der Dreieinigkeit seines Wesens, d. h. als der trinitarische Gott. Die Trinitätslehre entwickelt sich so organisch-kontinuierlich aus den Lehren von Gott dem Vater und Gott dem Sohn, sie ist gleichsam deren dialektische Synthese, in der diese aufgehoben sind.

Die Trinitätslehre schält sich damit als eigentlicher Skopus der spekulativen Dogmatik heraus[1], bei Daub schon daraus ersichtlich, daß er sie

---

[1] „Deus ergo, cum aliqua ex parte ab hominibus cognoscitur, ab iisdem ab omni parte cognoscitur... Cum autem hac ejus cognitione mens humana imbuitur, ipse, ni appellatur, necessario, tamen cernitur Deus triunus" (vgm Verf. hervorgehoben) (Daub, Theologumena, S. 439). — „Jede sich selbst getreue theologische Erkenntniß des göttlichen Wesens führet unfehlbar zur Erkenntniß desselben als eines dreieinigen" (Marheineke, Grundlehren 1819, § 482 S. 379). — „Alle wahre Religion d. i. alles Bewußtseyn des wahren Gottes ist daher immer zugleich Bewußtseyn von Gott als dem Dreieinigen" (derselbe, Lehrbuch 1823, § 214 S. 125). — „Gott und sein Wesen ist allein in ihm, dem Dreieinigen, erkennbar, mithin allein so, daß er als der Dreieinige anerkannt und vorerst als dieser nur geglaubt ist... Für alle die mithin, die dem christlichen Glauben an den dreieinigen Gott entsagt haben und hartnäckig entsagen, ist die ganze Dogmatik als speculative nicht vorhanden: sie können nicht anfangen und keinen Schritt vorwärts thun. Erst mittelst dieser Grundidee wird auch die Philosophie eine christliche" (Daub, 6. Band, S. 266/267). — „Noch wichtiger in den weiteren Folgen ist es, ob die Dogmatik sich in dem Grundgedanken des Christenthums bewegt oder nicht; denn nur durch diese Bewegung in der Dreieinigkeitslehre und so, daß sie an keinem Puncte aus derselben herauskommt, ist sie speculativ" (Marheineke, Vorrede zu Daubs 6. Band, S. VI). — „So entwickelt sich die Dogmatik... überhaupt nur als die Lehre von der Dreieinigkeit Gottes. Einen andern Gott, als den dreieinigen, kann weder der Christ, noch der Theolog haben" (derselbe, System 1847, S. 26). —„...so daß es nicht heißen kann: Gott

in der Schellingschen Periode als Krone der Theologie an den Schluß der „Theologumena" stellt, im Unterschied etwa zu Schleiermacher, der in der Glaubenslehre Daubs Verfahren nur aus einer gewissen Verlegenheit folgt[2]. Daubs „Theologumena" sind gleichsam von ihrem Ende her konzipiert; alles, was vor der Trinitätslehre steht, hat einen nur auf sie hinführenden, propädeutischen Charakter, wird erst in ihrem Licht verständlich.

In der Trinitätslehre erreicht die spek. Theologie ihren absoluten Höhepunkt, mit ihr steht und fällt sie, die Trinität ist Substanz, alles andere Akzidenz. Mit Einschränkung darf man die Trinitätslehre den hermeneutischen Schlüssel zum Verständnis der spekulativen Dogmatik heißen.

a) Die Trinitätslehre in der Schellingschen Periode

1. Die Darstellung der spekulativen Trinitätslehre hat einzusetzen mit der Interpretation des Geistbegriffs. Der Satz: Gott ist Geist, enthält implizit die gesamte spekulative Lehre von der Trinität, dessen Explikation ist deren Entfaltung.

Wird Gott nur als Grund und Urheber seiner selbst (auctor sui), als der absolut Notwendige, Höchste und Einzige (als der Vater) oder nur als Prinzip und Urheber der Welt (auctor mundi), als der Sohn gedacht, so ist diese Erkenntnis einseitig und von daher unvollkommen und unwahr. Gott muß auch als G e i s t erkannt werden, d. h. als auctor hominis, mentis et rationis, erst dann ist er wahrhaft, d. h. als der d r e i e i n i g e Gott erkannt[3]. Der Geist als das ewige Band zwischen Gott und den

---

wird gedacht als der dreieinige, sondern vielmehr: so muß er gedacht werden. Diese Nothwendigkeit ist offenbar eine solche, die nicht vom Denken herkommt, sondern vielmehr aus dem Seyn Gottes, als Geist, an das menschliche Denken kommt" (ebd. S. 418).

[2] In der Frage der Trinität distanziert sich auch D e W e t t e von Schleiermacher. Bietet nach seiner Meinung das Dogma von der Trinität auch erhebliche Schwierigkeiten und läßt es sich am schwersten auf eine philosophische Wahrheit zurückführen, so konzentriert sich in der Trinitätslehre doch die ganze Ansicht des Christentums. In ihr, in der christlichen Lehre von der Dreieinigkeit Gottes, vereinigt sich für De Wette alles Wahre, was der Monotheismus an Wahrheit enthält (Über Religion und Theologie, S. 237).

[3] vgl. Daub, Theologumena, § 125 S. 439; Marheineke, Grundlehren 1819, § 470.

Menschen[4], als der Urheber des absolut intelligenten, heiligen und wahren Geistes (des Menschen!) hat zu seinem Prinzip, zu seinem Grund Gott, aus dem, in dem und „dem Gott genug" ist, **Gott den Vater**, zugleich aber auch **Gott den Sohn**, der aus Gott, in Gott und „Gott genug" ist[5]. Indem Gott sich selbst in dreifacher Weise von sich unterscheidet, kann der Mensch ihn in der Totalität seines Wesens erfassen[6].

Dabei gründet der dem menschlichen Geist absolut notwendige Begriff der Trinität nicht in diesem, wird vielmehr in der absoluten Notwendigkeit Gottes selbst begriffen. Wir erblicken das dreieinige Wesen Gottes nicht in uns, sondern in Gott, in dem dieser aber nur durch Gott selbst erkannt wird[7].

Das menschliche Erkennen nennt die Idee Gottes des Geistes die Form des göttlichen Existierens. Diese Art der **Existenz** Gottes, sein **geistiges** Existieren, ist von seinem **Wesen** nicht verschieden[8]. Das Existieren Gottes als Gott in zwei Personen (Vater und Sohn) ist kein anderes als sein Existieren als **Geist** in zwei Personen. Mit Vater und Sohn dem Wesen nach eins, geht der Geist von beiden als dritte Person aus: sein Wesen besteht in dem, was Vater und Sohn gemeinsam ist[9]. Er ist das gemeinsame Wesen und die gemeinschaftliche Form des Vaters und des Sohnes, er ist das, wodurch Gott erst Gott ist[10].

---

[4] Marheineke, Grundlehren 1819, § 464.

[5] „Etenim auctor mentis absolute intelligentis (ut quae **Deum** cognoscit) indeque sanctae pariter et verae sui principium habet Deum, a quo, in quo et cui satis est Deus, — Deum **patrem** —, pariterque Deum, qui est a Deo, in Deo ac Deo satis — Deum **filium**. — Quem igitur mentis numine dignae auctorem veneramur, **Deum**, **Spiritum Dei** cognoscimus" (Daub, Theologumena, § 33 S. 110).

[6] „Ab humana itaque natura intelligente Deus pro cuncta sua essentia cognosci nequit, ni ipse triplici modo a se distinguatur pariter atque ad se referatur" (ebd. § 125 S. 440). — Marheineke ist in der Schellingschen Periode noch zurückhaltender als Daub: „Was die göttliche Dreieinigkeit, die Menschwerdung des Sohnes Gottes... an sich und dem Wesen nach sei, wird uns gewiß in dieser Zeitlichkeit immer unerforschlich bleiben" (Grundlehren 1819, § 25 S. 18). Hier zeigt sich noch der Einfluß Schleiermachers, Jacobis und gewisser romantischer Irrationalismen.

[7] Daub, Theologumena, § 126 S. 440.

[8] Marheineke, Grundlehren 1819, § 467.

[9] ebd. § 472 S. 372.

[10] ebd. § 480.

So schließt das dreifältige Wesen Gottes den Begriff der Vielheit (multitudo) aus. Gott wird von Gott in Gott erkannt als der, der in dem oben beschriebenen dreifachen Modus (triplex modus) in absoluter Einheit der Eine und Selbe ist[11]. Gott ist nicht der E i n e , wäre er nicht d r e i - e i n i g[12]. Seine Einheit ist keine andere als die der drei Personen. Gott ist 1. der, aus und in dem Gott ist (Gott-Vater), 2. der aus Gott seiende (Gott-Sohn) und schließlich 3. der in Gott seiende Gott (Gott-Geist)[13]. So ist der Vater G o t t , der Sohn G o t t , der Geist G o t t , wie der Vater P e r s o n , der Sohn P e r s o n , der Geist P e r s o n ist[14]. Daub bestreitet ausdrücklich die Wahrheit des Satzes: Gott der Vater hat einen Sohn, bzw. Gott der Sohn hat einen Vater. Nach Daub muß es richtig heißen: Gott-Vater ist sich Sohn, bzw. Gott-Sohn ist sich Vater. Entsprechendes gilt für den Geist[15]. Die Begriffe des Vaters, des Sohnes und des Geistes dürfen nicht als Prädikate zur Bezeichnung göttlicher Kräfte und Eigenschaften verstanden werden[16]. Von daher kommen Gott-Vater auch die Eigenschaften des Sohnes und des Geistes, dem Sohn die des Vaters und des Geistes, dem Geist die des Vaters und des Sohnes zu[17]. Daub beschließt seine Trinitätslehre der Schellingschen Periode und damit die „Theologumena" überhaupt mit dem schon aus der Zeit der alten Kirche bekannten Satz: „Tres ergo in Uno sunt, Unus in tribus est"[18].

2. Geht es Daub vor allem darum, die „formalen Relationen" der drei göttlichen Personen zueinander bzw. deren absolute Einheit herauszuarbeiten und bleibt von daher der eigentliche I n h a l t der göttlichen Trinität unklar und ungenannt, so äußert sich demgegenüber M a r h e i - n e k e auch zur inhaltlichen Seite der innertrinitarischen Beziehungen. Er wagt es, diese schärfer zu artikulieren[19].

---

[11] Daub, Theologumena, § 126 S. 441.
[12] „Deus enim, ni sit triunus, non est unus" (ebd. § 127 S. 445).
[13] ebd. § 126 S. 443.
[14] ebd. § 127 S. 448.
[15] „Propter aseitatem docebimus, Deum patrem esse sibi filium, Deumque filium esse sibi patrem; negabimus ergo, patri esse filium, filio patrem: hoc enim nisi negatur, aseitatis idea indeque Dei unius cognitio tollitur" (ebd. § 127 S. 444).
[16] ebd. S. 445.
[17] ebd. S. 447.
[18] ebd. S. 448.
[19] Marheineke setzt sich darin scharf von der Trinitätslehre des Supranaturalismus ab. Obwohl R e i n h a r d die Lehre von der Dreieinigkeit unter die Hauptartikel der christlichen Religion zählt, die „zur Seligkeit

Für Marheineke besagt der Begriff der Dreieinigkeit eben dies, daß der wahre und einzige Gott sich geoffenbart hat, daß er sich seiner selbst bewußt sei, sich weiß und erkennt als Vater, Sohn und Geist[20]. Auf eine dreifache Weise ist Gott sich seiner selbst bewußt[21]. Dieses Sichselbstbewußtsein, Sichselbsterkennen vollzieht sich in Gott als Selbstanschauung „mit unendlicher Liebe". Sie, die unendliche, ewige Liebe, ist das innere Band, die gemeinsame Form des Vaters und des Sohnes. Sie begründet für das Wesen Gottes die N o t w e n d i g k e i t, sich selbst aufs vollkommenste in seinem Gegenbild zu erkennen[22]. Ist Gottes Wesen die Liebe, die ewige Bewegung der Liebe in Gott, so besteht in dieser Gemeinsamkeit der Liebe zwischen Vater und Sohn, in ihrer Harmonie das Wesen des diese Harmonie, diese Liebesbeziehung erst ermöglichenden und v e r m i t t e l n d e n Geistes. Nicht der G e i s t ist die Liebe, sondern der e i n e G o t t, doch der Vater ist nur V a t e r in der Gottheit als G e i s t und der Sohn nur S o h n in der Gottheit als G e i s t. Dieser vermittelt das Liebesverhältnis des Vaters zum Sohn und umgekehrt, er bestimmt als das dem Vater und dem Sohn Gemeinsame und Verbindende den innertrinitarischen Prozeß als ewige Bewegung der Liebe[23].

Zweifellos sind auch diese Gedanken Marheinekes von Schellings Schrift über die Freiheit angeregt. Für S c h e l l i n g ist nicht der Geist, sondern

---

zu wissen" nötig sind (Vorlesungen, S. 154) und obwohl er die überlieferte kirchliche Trinitätslehre, die „in der Schrift wirklich gegründet„ ist (ebd. S. 129), mehr oder weniger unbesehen übernimmt, so läßt er doch keinen Zweifel daran, daß die innertrinitarischen Relationen der drei Personen unmöglich von der Vernunft begriffen werden können, hat sich doch die S c h r i f t darüber nirgends deutlich erklärt (ebd. S. 150); ähnlich auch F. H. C. S c h w a r z, Grundriß, § 53—59.

[20] Grundlehren 1819, § 486.

[21] ebd. § 473. — „Es ist das Eine göttliche Wesen, welches in der Trinitätslehre von uns erkannt wird als auf eine dreifach verschiedene Weise seiner selbst sich bewußt, als Vater, Sohn und Geist" (ebd. § 473).

[22] ebd. § 469.

[23] ebd. § 471. — „G o t t schauet s i c h selber an mit unendlicher L i e b e und wird hier jenes m i t als in dem Wesen Gottes selbst begründet oder als absolut nur... zu betrachten seyn" (ebd. § 469). — „Denn eben die Gemeinsamkeit der Gottheit als Vater und Sohn, welches Wesens ist sie selber, als göttlichen? Diese Harmonie, dieß Band der Liebe, worin besteht es von Ewigkeit, als eben in diesem Wesen Gottes, welches es in jeder wahren Erkenntniß Gottes mit sich bringt, Vater in der Gottheit zu seyn nur als Geist, Sohn in der Gottheit zu seyn nur als Geist" (ebd. § 471).

die L i e b e in Gott das Höchste. „Sie ist das, was da war, ehe denn der Grund und ehe das Existierende (als getrennte) waren, aber noch nicht war als L i e b e"[24]. Durch die Teilung des a b s o l u t I n d i f f e r e n - t e n, des allen Gegensätzen voraufgehenden „U n g r u n d e s" in die zwei gleich ewigen Anfänge (Gegensätze) werden diese durch die Liebe eins, d. h. der „Ungrund teilt sich nur, damit Leben und Lieben sei und persönliche Existenz. Denn Liebe ist weder in der Indifferenz, noch wo Entgegengesetzte verbunden sind, die der Verbindung zum Sein bedürfen, sondern ... dies ist das Geheimnis der Liebe, daß sie solche verbindet, deren jedes für sich sein könnte und doch nicht ist, und nicht sein kann ohne das andre". Wie im „Ungrund" die „Dualität" wird, so wird auch die das Existierende mit dem Grund zur Existenz verbindende Liebe[25]. Auch hier ist (wie in Marheinekes Trinitätslehre) die Liebe das die „Gegensätze" (Vater und Sohn!) Verbindende, sie wird verstanden als Wesen und Ziel des „Ungrundes" (der Gottheit!), dessen ewige Bewegung eine Bewegung der Liebe ist.

Bleibt Daub in den „Theologumena" noch ganz der Idee verhaftet[26], so fragt M a r h e i n e k e auch jetzt wieder nach der Erscheinung und Ausprägung der Trinität, des dreieinigen Wesens Gottes in der Geschichte, d. h. in der Religion. Zwar tritt für ihn das Geheimnis der Trinität überall und in jeder Religion auf[27], doch wird die „dreifältige" Einheit der Gottheit in den Personen des Vaters, des Sohnes und des Geistes nirgends bestimmter gedacht und gelehrt als im C h r i s t e n t u m[28]. Hier findet sich nicht wie in den anderen Religionen die geringste Spur einer „Inäqualität" der drei göttlichen Personen, in der christlichen Trinitätslehre herrscht vollkommenste Indentität bzw. Homousie[29]. Marheineke bejaht die Lehre von der „personellen Proprietät" Gottes des Vaters als agennesia[30], des Sohnes als genesis[31], des Geistes als ekporeusis (als Her-

---

[24] Über das Wesen der menschlichen Freiheit, S. 126.
[25] ebd. S. 129.
[26] Nur in der „Einleitung" von 1810 findet sich auf S. 65/66 eine kurze Andeutung des trinitarischen Gottesbegriffs, wie ihn die christliche Religion bietet.
[27] Grundlehren 1819, § 489.
[28] Marheineke, Lehrbuch 1823, § 216.
[29] derselbe, Grundlehren 1819, § 474.
[30] ebd. § 475.
[31] ebd. § 476.

ausgehen aus Vater u n d Sohn: filioque!)[32]; Patripassianismus[33], Deismus[34] usw. werden abgelehnt.
Gelangt Marheineke auf rein s p e k u l a t i v e m Wege zu eben derselben Form und Gestalt der von A t h a n a s i u s , A u g u s t i n usw. vertretenen und auf den a l t k i r c h l i c h e n K o n z i l i e n dogmatisierten Lehre von der Trinität, so meint er damit die Kongruenz und wechselseitige Durchdringung von Idee und Geschichte nachgewiesen zu haben. Anders darum als Daub, den in dieser Zeit das Verhältnis von Idee und Geschichte noch wenig interessiert, kann dem D o g m a t i k e r Marheineke der Sinn für die Geschichte nicht abgesprochen werden.

b) Die Trinitätslehre in der Hegelschen Periode[35]

Auf Hegelschem Standpunkt werden die Geistspekulationen aufgenommen und verstärkt fortgesetzt (Die Lehre von Gott als Geist ist der einzig wahre Standpunkt der Erkenntnis Gottes!)[36]. Bei einer sich eng an die Hegelsche Philosophie anlehnenden Theologie kann das keineswegs verwundern. H e g e l s Trinitätslehre und so letztlich seine Religionsphilosophie insgesamt ruht auf der Explikation des e i n e n Satzes: „Gott ist Geist"[37]. Nur als Geist ist Gott der dreieinige, der E i n e in der unendlichen Subjektivität des Unterschieds. Gott der Geist ist für Hegel d i e Wahrheit und die Religion, die diesen Inhalt hat, die einzig wahre. In der christlichen Religion heißt diese Wahrheit D r e i e i n i g k e i t .
Die Trinität ist laut Hegel zunächst in Gott zu betrachten, in seiner ewigen Idee, wie er an und für sich noch vor oder außer Erschaffung der Welt ist. In der Dreieinigkeit Gottes sind die drei Personen nur als verschiedene M o m e n t e , nicht der Zahl nach gesetzt. Die Bestimmungen Gottes, d. h. die drei göttlichen Personen, gehen hervor aus der

---

[32] ebd. §§ 476, 477.
[33] ebd. § 487.
[34] ebd. § 487.
[35] Wir sind in diesem Abschnitt fast ausschließlich auf Marheinekes „Grundlehren" von 1827 und sein „System der christlichen Dogmatik" von 1847 angewiesen, da Daub keine geschlossene Trinitätslehre in schriftlicher Form mehr vorgelegt hat und sich im 2., 6. und 7. Vorlesungsband nur verstreute Andeutungen zu einer Lehre von der Trinität finden.
[36] Marheineke, Grundlehren 1827, § 413.
[37] Zum folgenden vgl. Hegel, Religionsphilosophie, 2. Bd., 3. Teil, S. 53 ff.

logisch-dialektischen Bewegung der Idee. Gott der Vater, der abstrakte Gott, schaut sich in dem Unterschiedenen, seinem Anderen (dem Sohn) an und ist als Geist in diesem seinem Anderen mit sich selbst verbunden, ist darin ganz bei sich selbst, nur mit sich zusammengeschlossen. Gott der Vater, der abstrakte, an sich seiende, allgemeine Gott — Gott der Sohn, „das Andere", die unendliche Besonderheit —, Gott der Geist, die unendliche Rückkehr in sich, die unendliche Subjektivität — alle drei sind d e r Geist[38].

Der Unterschied, durch den das göttliche Leben hindurchgeht, ist nach Hegel eine innere Entscheidung, so daß das Erste (Gott der Vater) in gleicher Weise wie das Letzte (Gott der Geist) zu fassen und zu bestimmen ist — nämlich als Geist. Als dieser Geist ist Gott die ewige Liebe, d. h. das Sichvonsichselbstunterscheiden und zugleich die Negation, die Aufhebung dieses Unterschieds. Gott als Geist, der dreieinige Gott „ist eine Manifestation, (sein) sich Objektivieren und identisch mit (sich) in dieser Objektivierung zu sein, die ewige Liebe. Diese Objektivierung in ihrer vollendeten Entwicklung bis zu dem Extrem der Allgemeinheit Gottes und der Endlichkeit, (dem) Tod ist diese Rückkehr in sich im Aufheben dieser Härte des Gegensatzes, Liebe im unendlichen Schmerze, der ebenso in ihr geheilt ist"[39].

Die enge Anlehnung der spek. Theologie an die Hegelsche Religionsphilosophie hat zur Folge, daß nun im Gewand Hegelscher Dialektik und Terminologie die v e r m i t t e l n d e und v e r b i n d e n d e Funk-

---

[38] „Der Geist ist dieser Prozeß, Bewegung, Leben. Dies Leben ist, sich zu unterscheiden, sich zu bestimmen, und die erste Unterscheidung ist, daß er ist als diese allgemeine Idee selbst. Dies Allgemeine enthält die ganze Idee, aber enthält sie auch nur, ist nur Idee an sich. In diesem Urteil ist das Andere, das dem Allgemeinen Gegenüberstehende, das Besondere Gott als das von ihm Unterschiedene, aber so, daß dies Unterschiedene seine ganze Idee ist an und für sich, so daß diese zwei Bestimmungen auch füreinander dasselbige, diese Identität, das Eine sind, daß dieser Unterschied nicht nur an sich aufgehoben ist, daß nicht nur wir dies wissen, sondern das es gesetzt ist, daß sie, diese zwei Unterschiedenen, dasselbe sind, daß diese Unterschiede sich aufheben, insofern als dies Unterscheiden ebenso ist, den Unterschied als keinen zu setzen, und das eine in dem andern bei sich selber ist. Dies, daß es so ist, ist der Geist selbst, oder, nach der Weise der Empfindung ausgedrückt, die ewige Liebe: der heilige Geist ist die e w i g e L i e b e" (Religionsphilosophie, 2. Bd., 3. Teil, S. 74/75); vgl. auch S. 196/197.

[39] ebd. S. 184.

tion des Geistes als L i e b e klarer heraustritt als in der Schellingschen Periode. Von einer i n h a l t l i c h e n Weiterentwicklung der immanenten Trinität kann allerdings auch hier wiederum nicht die Rede sein. Neu hingegen ist in Form von Stellenhinweisen und Zitaten die Bezugnahme und Rückbesinnung auf die biblischen Grundlagen der Trinität[40]. Wie es die Idee Gottes zu keiner Zeit und in keinem Volk unterlassen hat, das Wesen Gottes zur Offenbarung und Erkenntnis zu bringen, so ist im Zuge der allmählichen Selbstentwicklung der göttlichen Offenbarung in der Welt die Lehre von der Trinität auch im AT dunkel und verborgen enthalten. Deutlicher schon spricht sie sich nach Meinung Marheinekes im NT aus. Ihm ist Gott als Geist bekannt, wie auch dem NT die Unterscheidung und Einheit von Vater, Sohn und Geist nicht fremd ist. All das wird von Marheineke mit den entsprechenden Bibelstellen belegt.

Sieht der Standpunkt des Gefühls und des Verstandes (Heidentum, Judentum usw.) die Trinität als Mysterium, so tritt sie zwar im NT schon klarer hervor, bleibt aber auch hier noch ganz im Raum der Vorstellung befangen und so dem Zweifel zugängig. Damit freilich können sich die spek. Theologen — und das gilt in gleicher Weise von Daub wie von Marheineke — nicht zufriedengeben, geht es ihnen doch um Wahrheit, um Erkenntnis und Wissen, die nicht in der Vorstellung, sondern nur im Begriff zu erreichen sind. Mit anderen Worten: Die im Glauben anwesende V o r s t e l l u n g von der Trinität muß auf den B e g r i f f gebracht werden, um der Wahrheit zu entsprechen. Gehört der Begriff der Wissenschaft an und nicht dem Glauben — obgleich es gerade nur dieser ist, der sich in ihr begreift —, so kann allein die „begriffene" Trinität Anspruch auf Wissenschaftlichkeit erheben. Nicht nur der Geist, auch die Trinität ist erst in der Wissenschaft in ihrem wahren Element.

Die Trinitätslehre auf Hegelschem Standpunkt entfaltet sich in den Begriffen der S u b s t a n t i a l i t ä t , S u b j e k t i v i t ä t und I d e n t i t ä t . Marheineke weist mit einem Seitenblick auf Lessings, Schellings und Hegels Trinitätslehre darauf hin, daß diese Begriffe als stets wiederkehrende Momente immer schon zur Bestimmung des trinitarischen Dogmas gehört haben[41]. Gott ist als der sich in sich Denkende, als der

---

[40] vgl. Marheineke, System 1847, S. 389—392. — Neu ist auch die Auseinandersetzung mit den Einwänden gegen die Trinitätslehre, besonders mit der Kritik D. F. Strauß' (ebd. S. 403—409).
[41] ebd. S. 410—412.

in sich Seiende die absolute Substanz[42]. Als solche ist Gott nur erkannt, wie er in sich ist, als causa sui, Grund und Ursache seiner selbst, verharrt aber als abstraktes Wesen in unvermittelter Unmittelbarkeit (Gott-Vater). Da aber nun das Substantielle erst in der rein logischen Bewegung aus dem Ansich zum Fürsich in der Entzweiung des Begriffs in Substanz und Sujekt zu seiner wahren Gestalt gelangt[43] (Gott will, d. h. m u ß sich wissen und begreifen!), so muß er aus seinem An- und Insichsein heraustreten. Das reine Ansichsein Gottes in seiner Substantialität kann nicht anders als ein Verhältnis Gottes zu sich selbst gedacht werden[44]. So ist Gott Substanz u n d Subjekt nicht nur an und in sich, sondern auch für sich (Gott—Sohn). Ohne den Sohn bliebe das göttliche Wesen in sich dunkel, verschlossen und unerforschlich[45].

Hat sich der Begriff entzweit, so kann er nicht im Gegensatz verharren. Die Negation des Vaters im Sohn und umgekehrt (der Vater ist nicht der Sohn, dieser nicht der Vater), die Differenz von Substanz und Subjekt, Insichsein und Fürsichsein muß noch negiert werden[46]. Dies geschieht, indem Gott selbst durch die Negation, durch die Differenz sich mit sich selbst auf eine ewige Weise vermittelt. In dieser unendlichen Vermittlung des Ansich- durch das Fürsichsein ist Gott der G e i s t[47]. Dieser ist die Identität der Bewegung aus der Substanz zum Selbstbewußtsein (Subjekt) und deren Einheit. Gott der Geist ist in seinem

---

[42] „Gott also ist der Sich in Sich Denkende. Sein (Gottes) Wesen ist das Sein als das Denken, denkendes Sein, Bewußtsein: er der Sich in Sich Denkende ist bei dieser Identität des Seins und Denkens d e r in S i c h S e i e n d e. Das Sich in Sich Denken ist das in Sich Sein, identisch mit dem Denken. Der blos abstracte Begriff von dem Insichsein als solchem ist der Begriff der S u b s t a n z : substantiell ist das in sich Seiende, in sich Beharrende" (Daub, 6. Band, S. 255); vgl. auch Marheineke, System 1847, S. 412—413.

[43] Marheineke, Grundlehren 1827, § 432. — Vgl. dazu Hegel in der Phänomenologie: „Es kommt nach meiner Einsicht ... alles darauf an, das Wahre nicht als S u b s t a n z, sondern eben so sehr als S u b j e k t aufzufassen und auszudrücken" (S. 19). Und gleichsam als Erläuterung dazu heißt es wenig später: „Die lebendige Substanz ist ferner das Sein, welches in Wahrheit S u b j e k t, oder was dasselbe heißt, welches in Wahrheit wirklich ist, nur insofern sie die Bewegung des Sichselbstsetzens, oder die Vermittlung des Sichanderswerdens mit sich selbst ist" (S. 20).

[44] Marheineke, Grundlehren 1827, § 422.

[45] derselbe, System 1847, S. 414—415.

[46] ebd. S. 415.

[47] Marheineke, Grundlehren 1827, § 423.

Verhältnis zu sich, in dem Unterschied von sich selbst mit sich identisch. Indem die Identität, das Geistsein Gottes, über die Bestimmungen Substanz und Subjekt hinausgeht, tritt sie als das Dritte hervor, in dem jene eins sind. Gottes D r e i e i n i g k e i t gründet und vollendet sich in seinem G e i s t s e i n. In seiner Dreieinigkeit bestimmt sich Gott der Geist als die Identität der Identität (Einheit des Vaters und des Sohnes) und der Differenz (von Substanz und Subjekt, Vater und Sohn)[48]. Diese Identität ist nicht mehr die unmittelbare der Substanz, sondern die durch den Unterschied Gottes von sich selbst durch seine Negation vermittelte. „Gott erst in dem Unterschiede seiner von sich, der mit sich identische, ist der wahrhafte und wirkliche Gott, Gott der Geist"[49].

„Gott ist Liebe", dieser Satz wird in der Hegelschen Periode erneut zur Bestimmung der innertrinitarischen Relationen aufgenommen, gegenüber der Schellingzeit jedoch mit ausdrücklicher Berufung auf 1. Joh. 4[50]. Ist Gott L i e b e, so fragt Daub, da die Liebe einen Gegenstand haben muß, Liebe zu wem? Antwort: „Z u d e m, a l s w e l c h e n e r s i c h s e l b s t v o n s i c h u n t e r s c h e i d e t, u n d d e r in dieser Unterscheidung zugleich... m i t i h m... i d e n t i s c h oder Einer und derselbe ist"[51]. Gott der Geist ist der Liebende, er ist in seinem Ansich- und Fürsichsein zugleich Sein für den A n d e r e n. Das innertrinitarische Verhältnis der drei Personen bestimmt sich als das der Liebe, diese ist das die Personen in der Gottheit einigende Band. —

Von Anfang der Welt an war die Arbeit des Geistes in der Weltgeschichte darauf ausgerichtet, die wahre Religion, die die vollkommene Dreieinigkeit Gottes zum Inhalt hat, den Glauben an diese und das Wissen von diesem Glauben, die wahre Wissenschaft, hervorzubringen[52]. In der christlichen Religion bzw. in der Wissenschaft von ihr hat diese Arbeit des Geistes ihre Erfüllung gefunden. Bestimmt die christliche Religion den Geist bzw. Gott als die Liebe, so entspricht in dieser Be-

---

[48] Vgl. Marheineke, System 1847, S. 416 und Grundlehren 1827, §§ 423, 424.
— „Indem so der Geist selbst in die Differenz eingeht zwischen Vater und Sohn, aber dann auch der Geist von Vater und Sohn ist, so ist er selbst die Identität der Differenz und Identität, dieß die höchste Bestimmung, kraft deren Gott selbst als der Geist der dreieinige ist" (derselbe, System 1847, S. 416).
[49] Daub, 6. Band, S. 262.
[50] ebd. S. 175 und S. 238; für Marheineke vgl. Grundlehren 1827, § 425.
[51] Daub, 6. Band, S. 240.
[52] Marheineke, Grundlehren 1827, § 426.

stimmung der christliche Glaube der Idee auf vollkommene Weise. Die christliche Religion apostrophiert sich als die R e l i g i o n d e s G e i s t e s und damit als die Lehre vom dreieinigen Gott[53].

Versteht sich die christliche Religion als Religion des Geistes, so ist sie darin zugleich die offenbare Religion, das Sichoffenbaren des absoluten Geistes im menschlichen Geist und das Sichoffenbarwerden des menschlichen Geistes im absoluten Geist. Der Geist ist darum nicht nur Liebe, sondern auch W i s s e n als die Einheit des menschlichen Wissens von Gott in der offenbaren Religion und des sich an das menschliche Wissen vermittelnden göttlichen Wissens. Der Geist offenbart sich in der christlichen Religion im Konkreten, d. h. in Jesus Christus als der Einheit des göttlichen und menschlichen Geistes. In Christus ist die Einheit des göttlichen und menschlichen Geistes konkret geworden. Die christliche Religion umgreift darum in gleicher Weise Glauben u n d Wissen: Als Glaube ist sie das A n s i c h der Religion, als Wissen auch das F ü r s i c h der Wahrheit bzw. der Religion. Sie ist die an und für sich seiende, die sich selbst offenbare Wahrheit[54]. —

Mit der Darstellung der Trinitätslehre rundet sich der Kreis des spekulativen Gottesbegriffs. Wir kommen damit zum Schluß und fassen zusammen.

---

[53] derselbe, System 1847, S. 417. — Daub faßt diesen Gedanken folgendermaßen zusammen: „Das Ergebniß der Betrachtung ist so das, daß d i e c h r i s t l i c h e R e l i g i o n nicht etwa, weil sie die christliche heißt, die Religion des Sohnes oder die Religion des Vaters sei: da stünde sie im Unterschiede: sie ist d i e R e l i g i o n d e s G e i s t e s ; da ist sie über jeden Unterschied hinaus" (6. Band, S. 263). Und weiter oben: „Der Christ unterscheidet in Gott ihn selbst von ihm selbst, wie er ewig mit sich einig — in der Vorstellung der V a t e r , wie er ewig von sich unterschieden — in der Vorstellung der S o h n , wie er in diesem Unterschied ewig mit sich einig ist — d i e e w i g e L i e b e , d e r G e i s t " (ebd. S. 174); vgl. auch Daub, 2. Band, S. 186—188.

[54] vgl. Marheineke, Grundlehren 1827, §§ 435, 436 und System 1847, S. 417 bis 418.

ZUSAMMENFASSENDE BEURTEILUNG

Den „Säulen" der spekulativen Theologie (Wissenschaftspathos und Trinitätslehre) galt unsere besondere Aufmerksamkeit; sie herauszuarbeiten, war das vornehmste Ziel unserer Darstellung. Wissenschaftsbegriff und Trinitätslehre sollten als markante Orientierungspunkte, gleichsam als Lichtwerfer, dazu dienen, die Umrisse und Konturen (den „Geist") der spek. Theologie in ihrem Lichtkegel erscheinen und aufleuchten zu lassen.

In diesem Licht fiel der Monismus des spekulativen Systems, das monistische Denken der spek. Theologen, das Denken in und aus e i n e m Prinzip, das Denken in der Idee und die Selbstbewegung und das Beharren der Dogmatik in dieser Idee als erstes ins Auge. Alle dogmatischen Aussagen sind Variationen über das e i n e Thema: die Idee bzw. der Gedanke Gottes.

Der von Rosenkranz erwähnte Einwand[1] der chamäleonartigen Wandlungsfähigkeit Daubs (aber auch Marheinekes) sticht dagegen nicht. Monstisch bleibt ihr Denken in der Hegelschen wie in der Schellingschen Periode, wenn auch mit entsprechender Modifikation. In Anlehnung an Schellings Identitätslehre wird der Begriff der „Idee" zunächst von Daub, dann auch von Marheineke aufgenommen, in die Hegelsche Periode hinübergetragen und in der terminologisch abgewandelten Form des Gedankens Gottes weiterentwickelt. Dementsprechend werden fast ausnahmslos alle Ansätze und Gedanken der Schellingzeit in der Hegelschen Periode durchgehalten und im Element und Horizont der Hegelschen Dialektik ausgestaltet. Das Absolute, die absolute Einheit Schellings (nach Hegel die Nacht, „worin ... alle Kühe schwarz sind"[2]), die Idee Gottes, wird in sich dialektisch gegliedert und schärfer differenziert: die Einheit der Idee bzw. Gottes wird nicht mehr nur vorausgesetzt, sie wird, wie das Beispiel der Eigenschaftslehre zeigt, auf g e n e t i s c h e m Wege e n t w i c k e l t.

Die spek. Theologie auf Hegelschem Standpunkt legt im großen ganzen gegenüber der der Schellingschen Periode eine größere Geschlossenheit an

---

[1] Erinnerungen, S. 3.
[2] Phänomenologie, S. 19.

den Tag, sie ist strafer durchgeformt und m e t h o d i s c h strenger durchdacht (man vergleiche nur Daubs weitschweifige Ausführungen über die Methode zur Entwicklung der göttlichen Eigenschaften!). So betrachtet, stellt die Theologie der Hegelschen Periode einen wirklichen Fortschritt dar, sind auch andererseits gerade in ihr der Verlust der Wirklichkeit bei Daub und sein gefährlicher Aufschwung in die immer lichteren und luftigeren Höhen der Abstraktion und des Formalismus nicht zu übersehen. Von einem Bruch innerhalb der Entwicklung der spek. Theologie kann so — sehen wir von Daubs Kantischer Periode ab — in keiner Weise die Rede sein. Mittels Abklärung und Verbesserung der Methode und der gedanklichen Form entwickelt sich die Dogmatik auf Hegelschem Standpunkt o r g a n i s c h aus der der Schellingschen Periode heraus: die theologische Substanz bleibt erhalten, die Einheit der Gedankenwelt wird gewahrt, der „Monismus" kommt auch insofern zu seinem Recht. Der jeweilige Vergleich zwischen Marheinekes Grundlehren von 1819 und denen von 1827 zeigt das in aller Deutlichkeit.

Überhaupt weist Marheinekes theologisch-philosophische Entwicklung weniger Korrekturen und Verschiebungen auf als die Daubs. Dieser hält zwar an seinen Grundüberzeugungen und -gedanken zu jeder Zeit fest, korrigiert sie aber auf Hegelschem Standpunkt (beispielsweise in der Eigenschaftslehre und in der Lehre von Gott dem Sohn) zugunsten der bei Marheineke vorfindlichen Ansätze. Obwohl kein Zweifel bestehen kann, daß Daub gegenüber Marheineke der tiefere und originale Denker und zunächst (in der Schellingschen Periode) der allein Gebende gewesen ist, bedarf doch die Behauptung eines einseitigen Lehrer-Schüler-Verhältnisses in den Beziehungen zwischen Daub und Marheineke[3] insofern einer Revision, als Daub in der Hegelschen Periode Marheineke sicherlich ebensoviel verdankt, wie umgekehrt dieser jenem in der Schellingzeit (man vergleiche nur die Eigenschaftslehre, die Lehre von Gott dem Sohn, aber auch die Trinitätslehre selbst, in der Marheineke schon während der Schellingschen Periode über Daub hinausgeht). Zwischen beiden findet ein schöpferischer, fruchtbarer Austausch statt. W. Herrmann ist zuzustimmen, wenn er feststellt: „Marheineke ist gleichsam als das vermittelnde Glied zwischen dem früheren und dem späteren Daub anzusehen"[4].

---

[3] So noch Pfeiffer, Karl Daub, S. 7.
[4] Die speculative Theologie in ihrer Entwicklung durch Daub, Hamburg-Gotha 1847, S. 39.

Von daher für Daub und Marheineke ein schwächliches Anlehnungsbedürfnis und geistige Unselbständigkeit zu behaupten[5], läßt sich mit Gründen nicht beweisen oder auch nur wahrscheinlich machen. Im Gegenteil, beide bewahren eine „gedoppelte" Selbständigkeit: untereinander und im Verhältnis zu ihren philosophischen Lehrmeistern Schelling und Hegel. Wie Marheineke an verschiedenen Stellen seiner „Grundlehren" von 1819 über Daub hinausgeht, so klammert dieser sich in seiner Dogmatik der Hegelschen Periode keineswegs sklavisch an die seinen dogmatischen Vorlesungen untergeschobenen „Grundlehren" Marheinekes von 1827. Die kritische Distanz bleibt durchaus gewahrt. Sind sich Daubs und Marheinekes theologische Systeme auch sehr ähnlich, die mancherlei verschiedenen Akzente und Nuancen, etwa in der Stellung zur Geschichte, zur Philosophie, zur Kirche, aber auch in der Trinitätslehre selbst, können nicht übersehen werden. In jedem einzelnen Fall zeigt Marheineke einen schärfer ausgeprägten Sinn für Geschichte und Wirklichkeit und größere Zurückhaltung gegenüber der philosophischen Spekulation und Abstraktion, denen sich Daub mit Leib und Seele verschrieben hat.

Betonen beide die Relevanz der Philosophie, genauer: der idealistischen Philosophie für die Theologie (ohne Philosophie keine Theologie!), so soll dieses Postulat — besonders bei Marheineke — allein für Methode und Form der Dogmatik gelten. Die Philosophie ist nur als Fundament der Theologie gedacht, eine Einflußnahme auf deren Inhalt wird ihr untersagt. Bleibt hier auch weithin der Wunsch der Vater des Gedankens — gerade in der Trinitätslehre, in der die idealistischen Philosopheme oft das christliche Dogma überwuchern —, so präsentiert sich die Theologie Daubs und Marheinekes doch keineswegs als Anhängsel der spek. Philosophie. Ihr gegenüber kann der spek. Theologie Selbständigkeit und Originalität nicht abgesprochen werden. Sie läßt sich nicht durch Philosophie vertreten und ersetzen und geht schon gar nicht in ihr auf.

So gesehen ist Falk Wagner daher im Recht, wenn er die geistesgeschichtliche Einordnung Marheinekes als Hegelianer zurückweist und diesen nicht als Vertreter einer Hegelschen Theologie gelten lassen will[6]. Entsprechendes gilt auch für Daub. Trotzdem reichen die Gründe aus, Daub und Marheineke mit gutem Recht spek. Theologen und Schüler Hegels zu heißen, und das nicht nur nach ihrem Selbstverständnis, son-

---

[5] So beispielsweise L. Lemme, Heidelberger Professoren aus dem 19. Jahrhundert, Heidelberg 1903, S. 84 und M. Lenz, Geschichte der Universität Berlin, I. Band, S. 613.
[6] F. Wagner, S. 83, 85, 86.

10 Krüger, Gottesbegriff

dern auch nach dem, was sie tatsächlich gesagt haben, mögen sie — und das steht sicherlich außer Frage — auch Hegels Niveau nicht erreicht und die Denkbestimmungen seiner Philosophie nur äußerlich aufgegriffen haben. Schließlich kann ja nicht nur der als wahrer Schüler seines Lehrers gelten, der es auch zu dessen Meisterschaft und Größe bringt. Legt man diesen Maßstab an, Hegel hätte keinen einzigen Schüler gehabt.

Der Tatbestand allein, d a ß Daub und Marheineke überhaupt Denkbestimmungen der Hegelschen Philosophie aufgreifen und die christlichen Glaubensinhalte mit Hegelscher Dialektik und Terminologie durchsetzen und umkleiden, reicht für sich schon aus, Daub und Marheineke in Abhängigkeit von Hegel und damit als dessen Schüler zu sehen. Ein völliges, auch innerlich organisches Verschmelzen Hegelscher Philosophie mit der biblisch-christlichen Tradition könnte, sofern dies überhaupt möglich wäre, darüber hinaus nur die Auflösung der christlichen Dogmatik in idealistische Philosophie bedeuten, was sicherlich nicht in Daubs und Marheinekes Interesse lag. Die mancherlei Verzerrungen und Vergewaltigungen biblischer und kirchlicher Lehren durch die spek. Theologie, die von Wagner sehr richtig herausgearbeiteten Inadäquatheiten und Ungereimtheiten der Gottes-, speziell der Trinitätslehre Marheinekes gründen von daher nicht eigentlich in dessen Nichtverstehen der Hegelschen Philosophie und in mangelnder Kongenialität, sondern sind eher beredte Beispiele für die grundsätzliche Unvereinbarkeit des christlichen Glaubens und seiner Inhalte mit philosophisch-idealistischer Spekulation. Marheinekes Theologie ist darum nicht nur, wie Wagner meint[7], ein warnendes Beispiel gegen jeden Versuch, Denkbestimmungen der Hegelschen Philosophie äußerlich aufzugreifen, ohne sie auf dem Hegel entsprechenden Niveau zu denken, sie sollte vielmehr von vornherein jedes theologische Unterfangen im Keim ersticken, das sich anschickt, den christlichen Glauben spekulativ zu begründen und auf dieser Grundlage zu entfalten. Auf die Unmöglichkeit und das zwangsläufige Scheitern eines solchen Versuchs haben Ihle und vor allem Pfeiffer bereits mit Recht hingewiesen (s. o., Einleitungskapitel). —

Ist es wesentliches Anliegen der spek. Theologen, die christlichen Glaubensaussagen und Wahrheiten in der spek. Idee zu verankern und abzusichern, so muß das spek. Denken als ein Denken in und aus der Idee geschichtsfern und geschichtsfremd bleiben, mag — vor allem in der Hegelschen Periode — die Entsprechung von Idee und Geschichte, die Versöhnung von Idee und Wirklichkeit auch noch so sehr gesucht und

---

[7] ebd. S. 86.

erstrebt werden. Mit der unkritischen Übernahme des orthodoxen Dogmas verschließt sich die spek. Theologie nicht nur der historisch-kritischen Forschung, sondern wirkt ihr geradezu entgegen. Schon von daher versperrte sie sich selbst den Blick und den Weg in die Zukunft. Wiederum ist F. Wagner zuzustimmen, wenn er aus diesem Grunde Marheinekes Theologie — und das gilt ebenso für Daub — als „Repristination eines vorkritischen Theismus"[8] und sein Denken als „unkritisch-pseudometaphysisches Vorstellungsdenken"[9] charakterisiert, das „der Verwendung Hegelscher Termini zum Trotz unkritische, d. h. vorkantische Metaphysik"[10] produziert.

Genau an dieser Stelle aber, bei ihrem Mangel an kritischem und geschichtlichem Sinn, setzte dann auch schon frühzeitig die Kritik an der spek. Theologie ein. Bereits in der Vorrede zur 2. Auflage seines „Handbuchs der Dogmatik" (1822) sagt B r e t s c h n e i d e r als Wirkung und Erfolg einer Theologie, die sich wie die De Wettes, Daubs und Marheinekes eng an die Philosophie anschließt, die Verachtung kritischer und historischer Studien voraus[11]. Bretschneider, der in der spek. Dogmatik nichts weiter sieht als ein sich in theoretischen Spekulationen verlierendes rein philosophisches System[12], lehnt von daher die Verbindung von Theologie und Philosophie entschieden ab, ist er doch von der Unvereinbarkeit der Schellingschen Philosophie mit der christlichen und biblischen Lehre von Gott zutiefst überzeugt[13].

Wesentlich schärfer noch als Bretschneider geht D. F. S t r a u ß mit der spek. Theologie ins Gericht. Schon sein bereits erwähnter Aufsatz „Schleiermacher und Daub" (1839) nennt als besonders unbefriedigend in Daubs theologischem System das Fehlen jedes kritischen Elements[14]. Wie Schleiermacher, so lasse auch Daub die wahre Vermittlung der Geschichte mit der Idee vermissen[15].

---

[8] ebd. S. 44.
[9] ebd. S. 65.
[10] ebd. S. 57.
[11] S. VIII—IX.
[12] Über die Grundansichten der theologischen Systeme in den dogmatischen Lehrbüchern der Herrn Professoren Schleiermacher, Marheineke und Hase, Leipzig 1828, S. 39, 65, 67.
[13] Handbuch, S. 313.
[14] S. 206.
[15] ebd. S. 208.

Auch in seiner „Glaubenslehre"[16] setzt sich Strauß mit der spek. Theologie mehrfach kritisch auseinander. Ihm mußte eine Theologie, die die zur Spekulation verführende Trinitätslehre so prononciert auf ihren Schild erhebt, ohnehin schon anstößig sein. Doch ist ein anderer Grund noch entscheidender. Lösen sich nach Strauß alle „formellen Grundbegriffe" und Dogmen der kirchlichen Glaubenslehre im Zuge ihrer geschichtlichen Entwicklung kritisch auf und gehen sie in den Geist zurück, der sie aus sich herausgesetzt hat[17], so gilt das selbstverständlich auch für das Dogma von der Trinität. Seine Auflösung und sein Verfall, „unter der täuschenden Gestalt von analogischen Erläuterungen oder Beweisen für jene Lehre" verdeckt, kündigte sich schon seit den Tagen der Kirchenväter an[18]. Und so ist Strauß selbst im Begriff, der Trinitätslehre in seiner Dogmatik den noch fehlenden Grabstein zu setzen. Infolgedessen kann die Trinitätslehre der spek. Theologie nach Strauß auch nur ein Zerrspiegel des kirchlichen Trinitätsdogmas sein, in dem man dieses kaum wiederzuerkennen vermag[19]. Verstehen wir Strauß richtig, so ist nach seiner Meinung die spek. Trinitätslehre eine Art Rettungsversuch des kirchlichen Trinitätsdogmas, der jedoch von vornherein zum Scheitern verurteilt ist.

Eine nicht minder scharfe Kritik erfährt die spek. Eigenschaftslehre. Sicherlich mit Recht sieht Strauß in dem Versuch, die göttlichen Eigenschaften aus dem spek. Gottesbegriff zu deduzieren, einen offenen Widerspruch. Denn Vorstellungen und Begriffe, die auf unspekulativem Boden gewachsen sind, lassen sich nicht aus einem spekulativen Prinzip herleiten. In der Theologie Daubs und Marheinekes zeigt sich nach Strauß sehr deutlich, wie in solchen Deduktionen das spek. Denken die anthropologische Ordnung jener Begriffe stört und umgekehrt ihr menschlicher Inhalt die Reinheit des spek. Grundgedankens trübt[20].

Diese Kritik geht an die Wurzeln der spekulativen Theologie. Nimmt man daher F e u e r b a c h s Religionskritik hinzu[21], die die Theologie auf die Anthropologie reduziert, d. h. Gott zu einem psychologischen

---

[16] Die christliche Glaubenslehre, 1. Band, Tübingen-Stuttgart 1840.
[17] Glaubenslehre, S. 353.
[18] ebd. S. 462.
[19] ebd. S. 492.
[20] ebd. S. 610.
[21] vgl. Feuerbach, Das Wesen des Christentums, hg. v. K. Quenzel, Leipzig 1904.

Wesen macht[22], und den Menschen zum Gott erhebt[23], für die das Geheimnis des göttlichen Wesens der Mensch[24] und das Geheimnis der Trinität das gemeinschaftliche Leben, das Geheimnis von Ich und Du ist[25] — eine der spek. Theologie genau entgegengesetzte Position! —, so bedarf es keiner großen Phantasie, um sich vorzustellen, wie eine derartige Kritik schon frühzeitig das Bild der spek. Theologie geprägt und zu ihrem sinkenden Einfluß und baldigen Vergessen entscheidend beigetragen hat. Historisches Bewußtsein und kritisches Denken, empirische und psychologische Betrachtungsweisen traten immer stärker in den Vordergrund und gaben dem theologischen Denken eine zunehmend antispekulative Richtung. Aber auch die Ablösung des Idealismus durch realistische und materialistische Daseins- und Weltansichten hat sicherlich nicht am wenigsten dazu beigetragen, die spek. Theologie aus dem theologischen Bewußtsein auszuradieren.

Mit der Theologie A. Ritschls und seiner Schule erreichte der Prozeß der Verdrängung und des Absterbens der spek. Theologie einen vorläufigen Höhepunkt. In der von Ritschl und seinen Schülern geprägten theologischen Landschaft sind ihre Spuren völlig ausgelöscht. Bereits dieser Theologengeneration scheinen die Namen Daub und Marheineke nahezu unbekannt zu sein, wenigstens werden sie so gut wie nie erwähnt. Daß H. H. Wendt in seinem Überblick über die wichtigsten theologischen Systeme von Justin bis zu Max Reischle und Otto Kirn die Arbeiten Daubs und Marheinekes ganz übergeht, während beispielsweise Martensen, Biedermann und Weiße genannt werden, spricht in diesem Zusammenhang für sich[26].

Doch auch Theologen wie R. Rothe und I. A. Dorner, R. A. Lipsius und O. Pfleiderer, in deren theologischen Systemen sich noch mannigfache spek. Elemente (z. B. das Wissenschaftspathos, der System- und Organismusgedanke, die Verwandtschaft von Gottes Geist und Menschengeist, die Erhebung der religiösen Vorstellung auf den Begriff usw.) nachweisen lassen und bei denen von daher am ehesten ein direkter Einfluß der spek. Theologie zu erwarten wäre, weichen dem Gespräch mit ihr aus. Während die Nachwirkung Schleiermachers und die Auseinandersetzung mit ihm und mit der spek. Philosophie (vor allem Schellings

---

22 ebd. S. 413.
23 ebd. S. 505 u. ö.
24 ebd. S. 389.
25 ebd. S. 452.
26 Wendt, System der christlichen Lehre, Göttingen 1907, S. 8—11.

und Hegels), aber auch mit der nichtspekulativen Theologie der 1. Hälfte des 19. Jahrhunderts überall noch lebendig ist, werden Daub und Marheineke totgeschwiegen. Die spek. Elemente in der Theologie Rothes, Dorners, Lipsius' und Pfleiderers sind daher mit Sicherheit nicht auf den Einfluß der spek. Theologie zurückzuführen, sondern stammen mit großer Wahrscheinlichkeit unmittelbar aus der Berührung mit der spek. Philosophie, vor allem Hegels.

Wenn wir richtig sehen, macht hier nur der Hegelianer H. M a r t e n - s e n eine gewisse Ausnahme[27]. Trotz mancher Abweichungen und mehrfacher Kritik an der spek. Theologie, aber auch an Hegel[28], gibt es zwischen ihm und der spek. Theologie auffallende Parallelen[29], die deren

---

[27] H. Martensen, Die christliche Dogmatik, vom Verfasser selbst veranstaltete deutsche Ausgabe, Berlin 1856.

[28] Besonders in der Frage des Verhältnisses von Theologie und Philosophie, in der Martensen sich gegen eine Vermischung beider wendet (§§ 35, 36). Kritik übt Martensen auch an der Funktion des Zweifels in der spek. Theologie. Für ihn erhält die christliche Erkenntnis ihren Impuls nicht durch den Zweifel, sondern durch den Glauben (§ 31). Die Dogmatik kann von daher ihren Ausgangspunkt nicht im Zweifel nehmen (§§ 2, 3). Auch durch seine besondere Hervorhebung des kirchlichen und konfessionellen Charakters der dogmatischen Wissenschaft (§§ 1, 3, 28) und des unlösbaren Zusammenhangs von Offenbarung und Geschichte (§ 12) weicht Martensen von der spek. Theologie ab.

[29] Wie Marheineke, auf den Martensen in diesem Zusammenhang ausdrücklich hinweist (§ 58), gibt auch er seiner Dogmatik einen trinitarischen Aufriß, da die Trinitätslehre die ganze christliche Offenbarungsanschauung umfasse! Auch seine Erörterung der innertrinitarischen Beziehungen läßt manche Ähnlichkeiten mit der spek. Trinitätslehre erkennen (vgl. §§ 54 bis 56). Am deutlichsten treten die Gemeinsamkeiten bei der Aufgabenbestimmung der Dogmatik heraus. Wie für die spek. Theologen, so hat auch nach Martensen die Dogmatik die Aufgabe, das in der christlichen Anschauung und Vorstellung Gegebene zu b e g r e i f e n ; und zwar ist dieses dogmatische Begreifen zunächst ein „explikatives Begreifen", d. h. eine Entfaltung dieses Gegebenen. Doch drängt das „explikative Begreifen" zum spekulativen Begreifen, das, wie in der spek. Theologie, auch nach Möglichkeit und Grund fragt. Wörtlich heißt es dann: „Die gründliche Explication wird nicht umhin können, solche Gedanken = Gegensätze zu entwickeln, solche Antinomien, die eine M e d i t a t i o n im Begriff verlangen ... und das Speculative beruht grade darauf, die Gegensätze in der Einheit der Idee zu fassen. Ein speculatives Schauen muß immer vorausgesetzt werden, wenn die Darstellung sich nicht in eine äußerliche Ver-

unmittelbaren Einfluß wahrscheinlich machen. Doch blieb Martensen ein Einzelfall, der am Gesamtbild wenig ändert. Und dieses Bild wird im wesentlichen von der Tatsache geprägt, daß die die spek. Theologie mit der theologischen Entwicklung im 19. Jahrhundert verbindenden Fäden schon frühzeitig abgerissen sind.

Um so erstaunlicher ist es daher, daß trotz dieser nahezu totalen Wirkungslosigkeit und Vergessenheit der spek. Theologie einige ihrer Motive und Elemente in der Theologie unseres Jahrhunderts wieder ans Licht treten. Das gilt vor allem für die Theologie K. Barths, aber auch, allerdings mit erheblicher Einschränkung und weniger offenkundig, für P. Althaus und P. Tillich.

Ohne sich einer Übertreibung oder Verzeichnung schuldig zu machen, darf man sagen, daß die spek. Trinitätslehre in der Theologie K. B a r t h s eine Art Auferstehung erfahren hat. Barths mehrfache Bezugnahme auf Marheineke[30] erscheint von diesem Tatbestand her als symptomatisch und legt den Gedanken an einen direkten Zusammenhang zwischen der spek. Theologie und dem theologischen Denken Barths nahe. Zwar unterscheidet sich Barth im christologischen Ansatz — hier in fast völliger Übereinstimmung mit der Theologie seiner Zeit[31] — grundlegend von der Ausgangsbasis der spek. Theologen, kommt aber doch im Ergebnis zu ähnlichen Konsequenzen und Aussagen wie diese[32].

Anders als die spek. Theologie setzt Barth beim geschichtlichen Jesus Christus an und entwickelt die Trinitätslehre aus dem urchristlichen Bekenntnis: Jesus der Herr. Weniger einzelne Bibelstellen, als vielmehr das Faktum der O f f e n b a r u n g wirft für Barth die Probleme der Trinitätslehre auf[33]. Die Offenbarung Gottes in Christus zwingt und führt notwendigerweise zu einer Lehre von der Dreieinigkeit Gottes. Die

---

ständigkeit verlieren ... soll" (§ 33). Solche Sätze könnten auch bei Daub oder Marheineke stehen.

30 vgl. dazu den Anhang: Die spek. Theologie im Urteil der Geschichte.

31 P. Althaus, Die christliche Wahrheit II: Die ewige Dreifaltigkeit Gottes läßt sich nur von der geschichtlichen her begründen (S. 518). Sie ist nicht vor oder außer Christus zu erkennen (S. 512). — P. Tillich, Systematische Theologie I, 3. Aufl., Stuttgart 1956: „Jede Diskussion über das christliche Trinitätsdogma muß mit der christologischen Aussage, daß Jesus der Christus ist, beginnen. Die christliche Trinitätslehre ist eine Konsequenz des christologischen Dogmas" (S. 289) usw.

32 Im folgenden beziehen wir uns auf Barths „Christliche Dogmatik im Entwurf", 1927.

33 ebd. S. 168.

Trinität wird nur erkannt in der Offenbarung[34]. Barth bleibt jedoch bei dieser „Offenbarungstrinität" nicht stehen. Er behautpet zwar, daß die Trinitätslehre nicht in das Geheimnis Gottes hineingreife, vielmehr dieses eben als Geheimnis anerkenne[35], doch fragt er zugleich hinter die geschichtliche Offenbarung zurück nach der Selbstoffenbarung Gottes in sich selbst, schwingt sich vom Boden des urchristlichen Bekenntnisses auf zu einem Standort, von dem aus er wie die spek. Theologen in das innere Leben Gottes selbst hineinsehen kann, da es sich ihm als ein „Kreislauf", als ein „Ineinanderwohnen" der drei unzertrennbar zusammengehörigen, aber zugleich unaufhebbar unterschiedenen Hypostasen darstellt[36]. Er begründet diesen „Aufschwung", dieses Hineinsehen in Gott selbst mit dem Satz, daß Gott der Herr in den drei Weisen des Vaters, des Sohnes und des Geistes i s t, nicht nur in ihnen e r s c h e i n t bzw. sich nicht nur als Vater, Sohn und Geist g e s c h i c h t l i c h o f f e n -
b a r t[37]. Bevor und ohne daß Gott-Vater Schöpfer und unser Vater ist, ist er Vater p r i m ä r in sich selbst als Vater des Sohnes, der mit ihm gleichen Wesens, mit ihm Gott ist[38]. Ebenso kann der Sohn (Jesus) nur darum das an uns gerichtete Wort der Versöhnung sein, weil er es ursprünglich in sich selbst ist: als ewiges Wort, als ewiger Sohn seines ewigen Vaters. Der Sohn Gottes wurde nicht Sohn in der Zeit, sondern gründet vor aller Zeit ewig in Gott. Der Vater erkennt sich selbst d u r c h sein Wort, erkennt sich i n seinem Wort und gibt sich ihm zu erkennen[39]. Nichts anderes sagen und meinen die spek. Theologen, wenn sie von dem Sichselbstunterscheiden Gottes als des Vaters und des Sohnes reden, in welcher Bewegung jener sich in diesem als seinem Abbild erkennt.

Schließlich ist Gott nach Barth heiliger, abgesonderter, absoluter Geist, der auch nicht etwa nur in der Offenbarung, sondern ursprünglich in sich selbst Geist, d. h. Gott ist. Gott ist Gott von Ewigkeit zu Ewigkeit als Vater, Sohn und Geist[40]. Wie die spek. Theologen identifiziert Barth den Geist als das, was dem Vater und dem Sohn gemeinsam ist. Auch Barth nennt den Geist die L i e b e zwischen der ersten und der zweiten

---

[34] ebd. S. 150/151.
[35] ebd. S. 171.
[36] ebd. S. 166.
[37] ebd. S. 165.
[38] ebd. S. 177/178.
[39] ebd. S. 192—196.
[40] ebd. S. 208/209.

Seinsweise in Gott[41]. Gott selbst ist die Liebe als das ewige Geschenk, das sich in der Gnade zeitlich ereignet[42].

Abgesehen vom Ansatz besteht in der formalen u n d inhaltlichen Fixierung der Trinitätslehre zwischen Barth und den spek. Theologen kaum ein Unterschied. Sie alle sehen Gott, wie er sich außer aller Zeit und vor aller Schöpfung in sich selbst bewegt und lebt, wie er sich zwecks Selbsterkenntnis in sich selbst als Vater und Sohn unterscheidet, die der Geist als das dem Vater und dem Sohn Gemeinsame, als das Band der L i e b e verbindet. Sie wissen um Gott als die ewige Liebe, als den, dessen Leben, dessen ewige Bewegung in sich selbst die L i e b e ist. —

Obwohl P. A l t h a u s sicherlich nicht in der Tradition spek. Denkens steht, trägt sein Begriff der U r o f f e n b a r u n g unverkennbar spekulative Züge, treten diese auch nicht so klar und eindeutig heraus wie in der Trinitätslehre Barths. Für Althaus ist die Uroffenbarung das ursprüngliche Bewußtsein Gottes, die Selbstbezeugung Gottes am Gewissen, in der Existenz, am theoretischen Denken. Die ursprüngliche Selbstbezeugung Gottes ist in den vor- und außerchristlichen Religionen wirksam, die sich ohne den Hintergrund der Uroffenbarung nicht verstehen lassen. Sie, die Selbstbezeugung Gottes, geschieht im unmittelbaren Innewerden, in lebendiger Erfahrung an der Wirklichkeit unseres Lebens[43]. Schon der Gottesgedanke als solcher ist Selbstbezeugung Gottes und Wahrheit. Besser hätten die spek. Theologen kaum beschreiben können, was sie unter Urreligion, unter dem sich der menschlichen Vernunft mitteilenden und bezeugenden, ursprünglichen Bewußtsein Gottes verstehen.

Nur von der Uroffenbarung her meint Althaus die Religion bzw. die Religionen verstehen zu können. Ist die Religion ein Echo des Menschen auf die Selbstbezeugung Gottes und Ausdruck seiner Lage unter der Selbstbezeugung, so ist jede Religion durch „Offenbarung" begründet, ja enthält jede Religion ein Stück „Offenbarung". Religion gibt es überhaupt nur, weil Gott sich den Menschen nicht unbezeugt gelassen hat, weil eben ständig Uroffenbarung geschieht[44].

Daß Gott sich vor Entstehung des Christentums immer schon den Menschen in den Religionen offenbart und bezeugt hat, daß mithin die Religionen „Offenbarungsträger" sind, diese Auffassung teilt Althaus

---

[41] vgl. Althaus: Die Trinität besagt: Gott ist ewige Liebesbewegung in sich (Die christliche Wahrheit II, S. 517).
[42] Barth, Christliche Dogmatik im Entwurf, S. 210.
[43] Althaus, Die christliche Wahrheit I, S. 60 ff.
[44] ebd. S. 111—112.

mit den spek. Theologen. Andererseits darf aber auch der grundlegende Unterschied nicht übersehen werden. Apostrophiert die spek. Theologie das Christentum als den Gipfel der Religion und damit als deren Vollendung, so setzt Althaus das Evangelium (die „christliche Religion") allen Religionen entgegen, da nur in ihm, in der Botschaft von der rettenden Tat Gottes, alle Wahrheit beschlossen liegt. Althaus sieht nicht nur die positive Seite der Religion, ihre Rolle als Ausdruck der Selbstbezeugung Gottes, als Ausdruck seiner Uroffenbarung, er weiß auch um die Religionen als Wege der Selbsterlösung des Menschen. Für Althaus bezeugt die Religion ein Doppeltes, einmal das ständige Getroffensein der Menschen von Gott, ihr Verlangen n a c h Gott — hier stimmt er mit der spek. Theologie überein —, zum anderen ihre Gottlosigkeit, ihre Flucht v o r Gott[45]. Diesen Gedanken vermöchte kein spek. Theologe nachzuvollziehen. —

Eine ähnliche Mischung aus Nähe und Distanz zur spek. Theologie findet sich bei T i l l i c h hinsichtlich der Beurteilung und Kritik der Gottesbeweise[46]. Wie die spek. Theologen will auch Tillich diese als B e - w e i s e nicht gelten lassen. Sowohl der Begriff der Existenz Gottes (hier nehmen die spek. Theologen keinen Anstoß), als auch das logische Schlußverfahren, die „Reflexion", scheinen ihm der Idee Gottes nicht angemessen zu sein. Tillich betrachtet die Beweise für das Dasein Gottes als Ausdruck der F r a g e nach Gott, die in der menschlichen Endlichkeit beschlossen liegt. Als Frage haben sie Wahrheit, die von ihnen gegebene Antwort ist unwahr. Nur soweit die Gottesbeweise Analyse der menschlichen bzw. kosmischen Endlichkeit sind, in der jeweils ein diese Endlichkeit transzendierendes Element begegnet, sind sie gültig, nicht aber wenn sie behaupten, die Existenz Gottes sei die logische Schlußfolgerung ihrer Analyse, mit anderen Worten: wenn sie Beweiskraft für sich in Anspruch nehmen.

Im Chor der spek. Philosophen (Hegel) und Theologen lehnt Tillich die auf der Methode des logischen Schlußverfahrens beruhenden herkömmlichen Gottesbeweise als B e w e i s e ab. Mit Hegel, Daub und Marheineke will er sie aber nicht gänzlich ad acta gelegt sehen, sondern spricht ihnen durchaus ein Wahrheitsmoment zu.

Im Unterschied zur spek. Theologie will Tillich nun aber auch den sog. theologischen Beweis nicht gelten lassen, an dem allein nach Daub und Marheineke die übrigen Gottesbeweise ihre Wahrheit haben. Tillich muß

---
[45] ebd. S. 174.
[46] vgl. Systematische Theologie I, S. 239 ff.

daher den Wahrheitsgehalt der Gottesbeweise in anderer Richtung suchen und findet ihn in der mit der Struktur des endlichen Seins gegebenen F r a g e nach Gott. Das heißt: Ziehen in der spek. Theologie die Gottesbeweise ihre Wahrheit aus der O b j e k t i v i t ä t der I d e e G o t t e s, so sieht Tillich diese in der S u b j e k t i v i t ä t der F r a g e nach Gott.

In eine noch größere Nähe zur spek. Theologie rückt Tillich mit seiner Sicht des Verhältnisses von Theologie und Philosophie. Wenn man so will, unterscheidet auch die „Systematische Theologie" Tillichs wie Marheinekes „Grundlehren" von 1827 zwischen einer „philosophischen" und einer „traditionellen" Seite der Dogmatik. Beide werden bei Tillich durch die Methode der Korrelation zusammengehalten. Ist es Aufgabe der Philosophie, die Strukturen des Seins und der Existenz zu analysieren, die von der Existenz gestellten Fragen zu formulieren und die Begriffe und Kategorien bereitzustellen, deren sich der Theologe bedient, so darf man daraus schließen, daß auch Tillich — allerdings nur seiner Intention und der Theorie nach — der Philosophie eine Art „Rahmenfunktion" im Bereich der Theologie zuweist. Diese kann ebensowenig wie die Philosophie der Frage nach dem Sein entgehen. In jedem Satz setzt sie die Struktur des Seins, seine Kategorien, Gesetze und Begriffe voraus. Wie von selbst wird daher die Theologie auf die Philosophie verwiesen.

Wie Daub, Marheineke, Hegel, Baader usw. wahre Philosophie nur als religiöse kennen, so ist für Tillich jeder schöpferische Philosoph ein heimlicher oder gar ausdrücklicher Theologe[47]. Umgekehrt muß der systematische Theologe zum mindesten ein kritischer, wenn nicht sogar ein schöpferischer Philosoph sein[48]. Für Tillich ist somit zwischen Theologie und Philosophie weder ein Konflikt nötig noch eine Synthese möglich[49].

Ganz ähnlich wie die spek. Theologen bemüht sich also auch Tillich um eine saubere Trennung und Abgrenzung von Theologie und Philosophie und um eine harmonische Ausgewogenheit von philosophischer und historischer Funktion der Dogmatik. Doch ist ihm das nicht immer und überall gelungen. Kann man von Tillich im Unterschied zu Daub und Marheineke auch sicherlich nicht behaupten, daß er letztlich die Theologie an die Philosophie verloren habe, so hat doch auch in seiner Theologie die philosophische Seite die historische bzw. theologische mancherorts in den Hintergrund gedrängt oder gar überwuchert. Tillich steht mit Daub und Marheineke insofern in einer Art Schicksalsgemein-

---

[47] Systematische Theologie I, S. 33.
[48] ebd. S. 30.
[49] ebd. S. 34/35.

schaft, als sie alle, ganz entgegen ihrer eigentlichen Intention, der Philosophie nicht nur formal, sondern auch inhaltlich ein erhebliches Mitspracherecht in Sachen der Theologie gewährt haben, wenn Daub und Marheineke hier auch wesentlich weitergegangen sind als Tillich. Jenen sollte ihre Hingabe an eine bestimmte Philosophie daher auf die Dauer auch zum Verhängnis werden. —

Das gleichsam punktuelle Aufflackern spekulativer Elemente und Motive, ihr sehr vereinzeltes Wetterleuchten am Horizont der Theologie des 20. Jahrhunderts kann nun allerdings kaum darüber hinwegtäuschen, daß die spek. Theologie als S y s t e m aufs Ganze gesehen auch heute noch unterhalb der Schwelle des theologischen Bewußtseins ruht. Sie ist bis heute aus dem Tiefschlaf, in den sie in der zweiten Hälfte des vorigen Jahrhunderts gefallen ist bzw. in den man sie gesenkt hat, nicht erwacht. Und letztlich ist das nicht einmal sehr verwunderlich, wenn man bedenkt, in welch hohem Maße r e s t a u r a t i v e Züge den Charakter der spek. Theologie prägen und bestimmen, die mit ihrer ahistorischen und unkritischen Denkweise gut zusammenstimmen. Auf diesen Sachverhalt weist F. Wagner mit Recht hin, wenn er feststellt, daß Marheineke „eine unkritische und restaurative, weil einseitig positive Spekulation etabliert"[50].

Denn ohne Zweifel ist die spek. Theologie in einer Zeit p o l i t i s c h - g e s c h i c h t l i c h e r R e s t a u r a t i o n d i e t h e o l o g i s c h e R e s t a u r a t i o n d e s a l t k i r c h l i c h - o r t h o d o x e n D o g m a s a u f d e m B o d e n d e r S p e k u l a t i o n . Und insofern sind Daub und Marheineke tatsächlich „Vermittlungstheologen". Ihre Theologie trägt von daher auch eine „ianusköpfige" Doppelgesichtigkeit zur Schau: ihrer Thematik und ihrem Inhalt nach blickt sie zurück (auf die altkirchlich-orthodoxe Tradition), in ihrer Methodik ist sie etwas radikal Neues (Aussage der christlichen Glaubensinhalte im Gewand philosophisch-idealistischer Spekulation und Terminologie). Man muß daher auf der Suche nach dem Grund nicht nur der K r i s i s (Pfeiffer), sondern auch des nahezu totalen Verlustes der spek. Theologie überhaupt nicht gerade in die Ferne schweifen. F. Kattenbusch hat, wollen wir dem Urteil der Geschichte Glauben schenken, zweifellos recht, wenn er Daub und Marheineke Theologen heißt, denen keinerlei Erfolg beschieden war, unrecht freilich, wenn er meint, wir könnten sie darum völlig links liegenlassen[51].

---

[50] F. Wagner, S. 87.
[51] Die deutsche evangelische Theologie seit Schleiermacher, 6. Aufl., Gießen 1934, S. 43.

Dem muß entgegengehalten werden: Die spekulative Theologie war der legitime und teilweise auch gelungene Versuch, die Wahrheit und Substanz des christlichen Glaubens in die eigene Gegenwart zu übersetzen, sie in diese hineinzusprechen, die christliche Botschaft in der Sprache und den Vorstellungen der Zeit, in den Denkkategorien der Gegenwart — und diese deckten sich in nicht geringem Maße mit der spekulativ-idealistischen Philosophie — wenigstens für „die Gebildeten unter ihren Verächtern" neu zu formulieren.

ANHANG

Die spekulative Theologie im Urteil der Geschichte

Am 15. Mai 1817 schreibt der junge Student Richard R o t h e in einem Brief an seinen Vater: „Geh. Kirchenrat Daub ist ein Mann, auf den nicht etwa nur Heidelberg stolz sein kann, sondern unser ganzes deutsches Vaterland. Ich zweifle nicht daran, daß er der erste aller jetzt lebenden akademischen Lehrer und — Menschen ist... Ich glaube nicht, daß außer ihm noch Jemand zu gleicher Zeit einen so natürlichen, würdevollen, klaren und verständlichen, feurigen und dabei doch durchaus ruhigen und hinreißenden Vortrag hat"[1].

Ähnlich positiv, wenn auch nicht so enthusiastisch, äußert sich 1831 E. Z i m m e r m a n n in der Allgemeinen Kirchenzeitung[2]. Daub, so heißt es hier, sei ein tiefer philosophischer Denker. Die Dunkelheit und Unverständlichkeit seiner Schriften sei zwar nicht zu leugnen, „aber auch das Schwerste wird dem aufmerksamen Zuhörer klar, wenn der treffliche Mann mit dem Feuer seiner Beredsamkeit das todte Wort belebt".

Die umfassendsten und schönsten Würdigungen und Zeugnisse von Daubs Persönlichkeit und Charakter finden sich bei Karl R o s e n k r a n z[3]. Er nennt Daub den Vater der spekulativen Theologie und stellt

---

[1] F. Nippold, Richard Rothe. Ein christliches Lebensbild, I. Band, 2. Ausgabe, Wittenberg 1877, S. 43. — Ebenfalls bei Nippold (S. 32) lesen wir eine Äußerung D i t t e n b e r g e r s über Daub mit Bezug auf die Reorganisation der Universität Heidelberg: „Das eigentlich theologische Prinzip war durch Daub gewaltig vertreten, und seine ganze großartige Persönlichkeit erschien damals schon, wie keine andere bei der Universität, dazu gemacht, eine neue bessere Zeit über Heidelberg heraufführen zu helfen."

[2] Allg. Kirchenzeitung, 10. Jhg., 1831, Sp. 1131.

[3] Zuerst 1835 (also noch zu Lebzeiten Daubs) in den Jahrbüchern für wissenschaftliche Kritik (C. Daub's Darstellung und Beurteilung der Hypothesen in Betreff der Willensfreiheit), dann 1837 in den bereits mehrfach zitierten „Erinnerungen an Karl Daub" und 1840, allerdings nur sehr kurz und thematisch begrenzt (nur über Daubs Anthropologie, die lobend her-

ihn ohne Bedenken mit Goethe, Hegel, Fichte und Schleiermacher auf eine Stufe[4]. Daub sei der größte der neueren Theologen. „Er ist ein ächter Kirchenvater der protestantischen Theologie"[5].

Mit Nachdruck begegnet Rosenkranz dem Vorwurf, der Daub den Talleyrand der deutschen Philosophie nennt, weil er „von der kantischen Revolution zu Schellings Kaisertum mit seinen vielen Marschällen der Spekulation und von ihm zur Hegelschen Restauration" übergegangen sei. Für Rosenkranz ist Daub ein „umgekehrter Talleyrand", der „der Wahrheit wegen ohne sittliche Collisionen den Verruf der Inconsequenz nicht scheute und ihr den Egoismus des Rechthabens opferte, weil die genannten Philosophiien der Fortschritt des Geistes, weil Schelling die Consequenz Kant's und Fichte's, Hegel die von Schelling war. Daub ist eben dadurch der große Theolog geworden, daß er von dem Gang der Philosophie niemals abstrahirte"[6]. Nur einem „herkulischen Geist" wie Daub sei die Arbeit möglich gewesen, den Prozeß der philosophischen Erkenntnis von Kant bis Hegel durchzumachen. Rosenkranz' Hymnus auf Daub gipfelt in dem Satz: „Er hat die Theologie mit der Philosophie wirklich versöhnt" und sei als die wahrhafte Mitte des kirchlichen Glaubens und der Wissenschaft, der Theologie und der Philosophie zu charakterisieren[7].

Während Rosenkranz Daubs Kathedervortrag, ähnlich wie Rothe, Zimmermann u. a., überschwenglich rühmt, läßt er dieses Lob der Art und Form seiner schriftlichen Darstellung nicht zuteil werden[8]. Indem Daub in der Energie seines Denkens viele Gedanken auf einmal in ihrer

---

    vorgehoben wird), in seinen „Kritischen Erläuterungen des Hegelschen Systems".

[4] 1873 schränkt er dieses Urteil in bezug auf Schleiermacher jedoch ein: „Ich gestehe jetzt, nachdem Schleiermacher's gesamte wissenschaftliche und homiletische Tätigkeit uns vorliegt, daß ich ihn doch als den genialeren, produktiveren und vielseitigeren Theologen und Philosophen anerkennen muß" (zitiert nach Pfeiffer, Karl Daub, S. 10 Anm. 15).

[5] Erinnerungen, S. 41.

[6] ebd. S. 3.

[7] ebd. S. 43.

[8] Davon wird nur die Anthropologie ausgenommen. Hier erweise sich Daub als ein Mann, der das Wort beherrsche und dessen Stil nach außen hin die einschmeichelndste Anmut habe. Rosenkranz spricht sogar von einer „Kunst der Prosa" (Kritische Erläuterungen des Hegelschen Systems, S. 139). Ähnlich äußert sich Marheineke in der Vorrede zu Daubs philosophischer Anthropologie, S. XI ff.

Verkettung zusammenfasse, verderbe er infolge dieser periodischen Diktion seinen Stil[9]. Nach Rosenkranz ist das aber auch das einzige, was man an Daub tadeln könne. Und so ist er überzeugt, daß sich Daub „zu Fichte, Hegel und Schleiermacher als das vierte Kleeblatt unserer jetzigen philosophisch-theologischen Literatur der Verstorbenen gesellen wird"[10].

Auch E b e r l i n schildert in seinem „Nekrolog" (1837) Daub als Koryphäe der theologischen und philosophischen Wissenschaft, als Muster eines deutschen Universitätslehrers[11] und vor allem als eine verehrungs- und liebenswürdige Persönlichkeit. Er nennt Daub „die merkwürdigste und glänzendste Erscheinung unserer Zeit", der „weniger d u r c h , als vielmehr m i t einem Schelling und Hegel, also selbstständig und originell, auf der Bahn wissenschaftlicher Vollkommenheit vorwärts drang"[12]. Eberlin weist damit ebenso wie Rosenkranz den gegenüber Daub erhobenen Vorwurf der Unselbständigkeit zurück. Daub habe der Theologie als Wissenschaft die Bahn gebrochen und werde mit Hilfe seiner Schüler diese ihrer Vollendung entgegenführen. „Das Zeugnis wird ihm die Geschichte der Theologie reden"[13]. Wir wissen heute, daß dieses Zeugnis sehr viel anders ausgefallen ist, als Eberlin es erwartet hat.

Als letzter in der Reihe derer, die Daub beinahe uneingeschränkt Lob zollen, steht Wilhelm H e r r m a n n mit seinem Buch „Die speculative Theologie in ihrer Entwicklung durch Daub" (1847)[14]. Er „unternahm", wie Pfeiffer es ausdrückt, „die schwierige Aufgabe einer Übersetzung Daubs für die Öffentlichkeit"[15].

---

[9] Erinnerungen, S. 51.
[10] ebd. S. 38.
[11] „Schon das Aeußere seines Vortrages hatte alle lockende Eigenschaften für die studirende Jugend. Unabhängig von einem Hefte, stand der überaus eifrige Lehrer, ein reproducirender und producirender Geist, mit etwas vorwärts gebeugtem Körper, auf seinem Katheder. Die kräftige, lebendige Rede floß bald in ruhigen, würdigem Ernste, bald in jener jugendlichen Heiterkeit und freudigen Begeisterung, womit er der Jugend bis an sein Ende so nahe stand, von seinen Lippen" (Nekrolog, Sp. 209).
[12] ebd. Sp. 203.
[13] ebd. Sp. 208.
[14] Hier sei außerdem noch auf Äußerungen L. F e u e r b a c h s und C. L. M i c h e l e t s hingewiesen. In einem Brief aus Heidelberg schreibt Feuerbach 1824 an seinen Vater, Daub sei der einzige ihm eindrucksvolle Denker. Und Michelet urteilt: „Daub ist der Sokrates einer neuen Theologie" (1838) (Beides nach Pfeiffer, Karl Daub, S. 10 Anm. 17).
[15] Karl Daub, S. 8.

Obwohl selbst kein Hegelianer, sondern Schüler Schleiermachers und Hases, fällt Herrmanns Urteil über Daub doch bemerkenswert positiv aus. Nach ihm hat die Entwicklung der neueren Philosophie und Theologie in Daub ihre Verkörperung gefunden. Sein Fortschreiten von einer Philosophie zur andern sei kein Zeichen geistiger Unselbständigkeit, sondern bezeuge gerade Daubs Fortstreben zu wahrhafter Freiheit[16]. Weder an Tiefe noch an Erhabenheit des Denkens stehe Daub Schelling und Hegel nach, an christlicher Frömmigkeit erhebe er sich sogar über beide. „So hell wie sein Kopf, so warm war sein Herz"[17]. —

Inzwischen hatte sich durch den Siegeszug der historisch-kritischen Forschung und der historischen Fragestellung überhaupt, wie durch den Aufschwung und Erfolg der Naturwissenschaften und die Ablösung des philosophischen Idealismus durch den Materialismus die geistige Landschaft erheblich verändert — und das sehr zu Ungunsten der spek. Theologie. Im Jahre 1839 veröffentlichte D. F. S t r a u ß den oben erwähnten Aufsatz „Schleiermacher und Daub" (später aufgenommen in die Aufsatzsammlung „Charakteristiken und Kritiken" 1844), der erstmals neben einem eingehenden Vergleich zwischen Schleiermacher und Daub eine Gesamtansicht und -beurteilung aller Schriften Daubs bietet (mit Ausnahme der Vorlesungen, die noch nicht herausgegeben waren).

Hält Strauß in seinem Aufsatz mit seiner Kritik an Schleiermacher und Daub auch nicht gerade zurück, so fällt diese doch wider Erwarten maßvoll aus. Er kritisiert an Daub die Schwerverständlichkeit seiner Schreibweise und vor allem, wie schon erwähnt, den Mangel an kritischem Denken[18]. Beide, Schleiermacher wie Daub, ließen es an der wahren Ver-

---

[16] W. Herrmann, Die speculative Theologie, S. 5.
[17] ebd. S. 19. — Herrmann meint sogar, Daub sei als Überwinder der ganzen, durch Strauß vertretenen Weltanschauung zu betrachten! Die Geistesgeschichte und die theologische Entwicklung haben dieses Urteil gründlich widerlegt. — Es ist nicht uninteressant, wie Herrmann Daubs Verhältnis zu Marheineke sieht. Unter Hinweis darauf, daß Daub seinem „System der christlichen Dogmatik" Marheinekes Einteilung und Gliederung des dogmatischen Stoffes zugrundegelegt hat, die dieser in den „Grundlehren der christlichen Dogmatik als Wissenschaft" (1827) befolgt, heißt es: „Aber dieses Anschließen ist nur ein formelles, äußerliches; die von Daub getroffene Gedankenentwicklung steht in eigentümlicher Selbständigkeit da" (S. 39).
[18] „Aber wahr bleibt es doch, daß eben in dieser Ausschließung des kritischen Elementes, wie es in Schleiermacher am würdigsten repräsentirt war, alles

mittlung des Dogmas mit dem Begriff, des Geschichtlichen mit dem Ideellen fehlen. Von Daub könne man sagen, „er habe innerhalb des Princips der heutigen Wissenschaft, die hauptsächlichsten älteren Entwicklungsstadien der christlichen Theologie wieder durchlaufen: er war alexandrinischer Platoniker in den Theologumenen; Gnostiker und Manichäer im Judas; in dem zuletzt betrachteten Werke (gemeint ist „Die dogmatische Theologie jetziger Zeit") und den noch folgenden ist er Scholastiker"[19].

Immerhin hat Strauß noch ein Gespür für die Größe und Eigenart von Daubs Persönlichkeit, die er „metallisch gediegen" nennt[20]. Daub sehe das Wissenschaftliche und Sittliche als untrennbare Einheit, in ihm seien Intelligenz und Charakter aus einem Stück, der Ernst und die Erhabenheit seines Denkens zugleich Eigenschaften seiner Gesinnung.

Im großen ganzen zeigt der Aufsatz, daß auch ein D. F. Strauß Daub und Schleiermacher noch auf gleicher Höhe sieht[21], wenn er auch mit Recht darauf verweist, daß Daubs produktive Tätigkeit nicht so vielgestaltig wie die Schleiermachers gewesen sei. Daub und Schleiermacher seien nur darum Feinde gewesen,

„weil die Natur

nicht einen Mann aus ihnen beiden formte"[22].

Mit diesem Zitat beschließt Strauß seine Darstellung.

Ganz unter dem Eindruck der Straußschen Kritik steht ein Artikel (Die Hegelsche Rechte. Daub und Conradi), der 1842 in den von E. Z e l l e r herausgegebenen Theologischen Jahrbüchern veröffentlicht wurde[23]. Hier wird ausdrücklich betont, Strauß sei im Recht, wenn er bei Daub das kritische und historische Element vermisse[24]. Daubs Darstellung des Wesens Gottes sei eine Mischung verschiedener Gesichtspunkte und wider-

---

    dasjenige seinen Grund hat, was wir in Daub's theologischem Systeme unbefriedigend finden" (Charakteristiken und Kritiken, S. 206).

[19] ebd. S. 146.

[20] ebd. S. 127.

[21] „Doch so gewiß, ohne durch Schleiermacher ergänzt zu sein, Daub die Theologie nicht fördern kann: so wenig auch Schleiermacher denjenigen, der die Daub'sche Richtung von sich stößt" (ebd. S. 206). — „In Schleiermacher wie in Daub lebte das wissenschaftliche Princip unserer Zeit, der absolute Begriff; aber in jedem in einer, der im andern entgegengesetzten, einseitigen Form" (ebd. S. 207).

[22] ebd. S. 212.

[23] In bezug auf Daub handelt es sich um eine Besprechung seines „Systems der christlichen Dogmatik" (6. Vorlesungsband).

[24] Theologische Jahrbücher 1842, S. 748.

spreche unverkennbar der biblisch-christlichen Lehre. Zwar lege Daubs Dogmatik ein ehrenvolles Zeugnis von der Größe ihres Urhebers ab, doch wird bezweifelt, ob dieses Werk bedeutend in die Entwicklung der zeitgenössischen Theologie und Philosophie eingreifen werde. „Hierfür enthält es zu wenig Neues für den, welcher mit der Hegel'schen Philosophie bekannt ist, und namentlich zu wenige Berücksichtigung der kritischen Fragen, welche in den letzten Jahren so entschieden in den Vordergrund getreten sind. Steht Daub auch unläugbar als klassische Erscheinung der zum Charakter gewordenen Wissenschaftlichkeit den Riesen des Gedankens, Schelling und Hegel, auf's Ehrenvollste zur Seite, so ist es doch eben durch ihren weitgreifenden Einfluss geschehen, dass er in dem seinigen beschränkt blieb, mehr eine persönliche, als eine geschichtliche Grösse gewesen ist"[25].

Hier zeigt sich, wie sehr der Stern nicht nur der Theologie Daubs — trotz nach wie vor höchstem Respekt vor der Größe seiner Persönlichkeit und seiner Leistung —, sondern der spekulativen Theologie überhaupt im Sinken ist. Denn auch Marheineke, der sich nie solcher Verehrung erfreut und nie in so hohem Maße Anerkennung gefunden hat wie Daub, sollte dessen Schicksal nicht entgehen.

Halten wir in dieser Zeit (etwa bis zur Jahrhundertmitte) Ausschau nach ähnlichen Zeugnissen und Urteilen über Marheineke, wie sie uns für Daub begegnet sind, wir würden vergeblich danach suchen. Marheineke hat nie seinen Rothe, Zimmermann, Rosenkranz oder Herrmann gehabt, ihn hat niemand mit Hegel, Schelling, Fichte oder Schleiermacher in einem Atemzug genannt oder in eben dem Maße geschätzt und gewürdigt wie diese. Äußerungen von Zuhörern Marheinekes wie die Fischers: „Alles von oben herunter aus metaphysischer Höhe, nirgends der Stoff durchdrungen, ein kolbiger, gestiefelter Formalismus, eine klappernde Begriffsmühle, bei der einem Hören und Sehen vergeht" und De Valentis: Der widerliche Affe eines gottvergessenen Selbstanbeters[26] suchen wir über Daub vergeblich.

So fällt schon eine der ersten ausführlichen Untersuchungen der Theologie Marheinekes recht negativ aus. In B r e t s c h n e i d e r s bereits genannter Schrift „Über die Grundansichten der theologischen Systeme in den dogmatischen Lehrbüchern der Herren Professoren Schleiermacher,

---

[25] ebd. S. 759/760.
[26] Beides nach G. Frank, Geschichte der protestantischen Theologie, hg. v. G. Loesche, Leipzig 1905, Teil IV, S. 61.

Marheineke und Hase" (1828)[27] wird schon kritisch vermerkt, daß Marheinekes Dogmatik überhaupt spekulativer Natur sei[28]. Beide, Schleiermacher und Marheineke, trügen im Grunde rein philosophische Systeme vor, die in ihrem eigentlichen Sinne ganz unfaßbar und damit auch unbrauchbar für das Volk seien — ein für den Rationalismus entscheidendes Moment! Außerdem seien diese ihrem Wesen nach bloß theoretischen Spekulationen für das christliche Leben wenig fruchtbar und löschten — für den Rationalisten Bretschneider ein schweres Vergehen! — die moralische Begeisterung aus. Bretschneider befürchtet, daß, sollte ein System wie Marheinekes Dogmatik herrschend werden, das nur den Übergang zum Katholizismus, d. h. die Wiederaufnahme der vor 300 Jahren abgetanen Irrtümer und Mißbräuche bedeuten könne. Dieser sehr harten Kritik stehen positiv die Urteile von Rosenkranz, Vatke[29] und F. A. Maerker[30] entgegen.

Bezeichnend ist, was Rosenkranz in seinen bereits erwähnten „Kritischen Erläuterungen des Hegelschen Systems" über Marheineke schreibt. Wenn nach Rosenkranz' Überzeugung auch die Dogmatik der Hegelschen Spekulation in Marheinekes „Grundlehren" kulminiert[31] und wenn er weiterhin Marheineke zu den vornehmsten Koryphäen der theologischen Literatur zählt, so ist doch von dem Enthusiasmus, von der begeisterten Zustimmung, die er Daub gegenüber an den Tag legt, wenig zu spüren. Sein Urteil ist eher zurückhaltend, ja kritisch[32].

---

[27] Mit großer Vorsicht darf man diese kritisch-vergleichende Darstellung Bretschneiders das Pendant zu Strauß' Aufsatz über Schleiermacher und Daub nennen.

[28] Ist das zwar richtig, so befindet sich Bretschneider jedoch insofern in einem grundlegenden Irrtum, als er die „spekulative Natur" der „Grundlehren" von 1827 (denn um diese handelt es sich im wesentlichen) ganz auf den Einfluß der Philosophie Schellings zurückführt. Von Hegel fällt kein Wort!

[29] Für Vatke vergleiche: Marheinekes Lebensgang (im 1. Band der von Vatke und Matthies herausgegebenen theologischen Vorlesungen).

[30] Zur Erinnerung an Ph. Marheineke. Beilage zu den Berlinischen Nachrichten von Staats- und gelehrten Sachen vom 13., 17., 20. Juni 1846 (erschienen kurz nach Marheinekes Tod). Maerkers sehr positives Urteil über Marheineke gipfelt in der Überzeugung: Marheineke wußte zu philosophieren (nach Ihle, S. 26).

[31] Kritische Erläuterungen, S. 260.

[32] „Wollten wir das Buch (gemeint ist Marheinekes Lehrbuch des christlichen Glaubens und Lebens, 2. Aufl. 1836) einer Specialkritik unterwerfen, so würden wir wohl auf manches Verfehlte, Unvollendete, Widersprechende

Rosenkranz verteidigt zwar auch Marheinekes in der 2. Ausgabe seiner „Grundlehren" vollzogenen Übergang von Schelling zu Hegel (Marheineke habe damit bewiesen, „eine progressive Natur zu sein"), bezeichnenderweise jedoch mit dem Vorbild Daubs, „dem doch wohl Niemand die intensivste Gewalt der Speculation abzusprechen wagt"[33]. Für Rosenkranz steht außer Frage, daß Daub der größere, originellere und tiefere Denker ist, und diese Meinung dürfte für seine Zeit repräsentativ sein.

Ihn ähnlicher Weise, zugleich zustimmend und doch nicht ohne Kritik, äußert sich der Verfasser eines 1841 in den Hallischen Jahrbüchern erscheinenden Aufsatzes über die Universität Berlin. Für ihn ist mit Marheineke der neue, nun dauernde Tag der vernünftigen theologischen Wissenschaft angebrochen. Marheineke sei ein Mann des Gedankens, der Gedanke in allem sei ihm in allem das Wesen[34]. In demselben Aufsatz lesen wir aber auch den Satz: „Marheinekes Gedanke ist noch nicht der wahrhaft concrete, und allumfassende, weil derselbe die Kritik nicht genug seiner Aufmerksamkeit gewürdigt hat"[35]. (Denselben Vorwurf erheben Strauß und Zeller gegenüber Daub!) —

Wie bereits gezeigt, schreitet in der zweiten Hälfte des 19. Jahrhunderts der sich schon vorher andeutende Prozeß des Niedergangs der spek. Theologie unaufhaltsam fort; sie kommt immer mehr in Mißkredit — finden sich auch noch hier und da positive Würdigungen und Urteile[36] —, um schließlich fast ganz in Vergessenheit zu geraten (s. o. das Schlußkapitel). So mehren sich seit der Jahrhundertmitte die negativen Urteile.

---

aufmerksam machen können" (ebd. S. 264). — „Überhaupt ist Marheineke, wie uns scheint, noch in einem gewissen Dualismus befangen" (ebd. S. 266). — „So wäre wohl zu wünschen, daß es Marheineke gelänge, bei einer nochmaligen Revision dieses Lehrbuchs eine gewisse Herbheit der Sprache, eine gewisse dictatorische Strenge ... zu vertilgen und der Diction ein noch zutraulicheres Collorit zu geben" (ebd. S. 267).

[33] ebd. S. 266.

[34] „Marheinekes Erscheinung auf dem Katheder ist in hohem Grade würdevoll, sein Vortrag streng methodisch, echt wissenschaftlich, aber anziehend, hie und da unterbrochen durch blitzende Pointen, die das Volk da unten in seiner Erbärmlichkeit vernichten" (Hallische Jahrbücher 1841, S. 118).

[35] ebd. S. 117.

[36] Grenzboten, 17. Jhg., 2. Semester, III. Band, Leipzig 1858: Daubs und Marheinekes „Ansichten der frühern Periode (gemeint ist die vorhegelianische) haben etwas Eigenthümliches, das in der Culturgeschichte seinen Platz behaupten wird" (S. 402). — E i l e r s , Meine Wanderung durchs Leben I,

C. Schwarz macht neben Conradi und Rosenkranz vor allem Daub und Marheineke für die Verwirrung verantwortlich, die diese mit der Anwendung der Hegelschen Philosophie auf die Theologie gestiftet hätten

Leipzig 1856, S. 102: Daub habe die Geschichte der Philosophie nicht etwa bloß äußerlich historisch studiert, er habe sie in seinem Geiste erfahren und durchlebt. — K. Ph. Fischer nennt Schleiermacher und Daub die „Häupter der protestantischen Theologie" (Zur hundertjährigen Geburtsfeier Franz von Baaders, Erlangen 1865, S. 42). — Kahnis (Der innere Gang des deutschen Protestantismus, 2. Aufl., Leipzig 1860, S. 183 über Daub): „In diesem originellen Theologen ist der dialektische Fortschritt der neueren Philosophie gleichsam Person geworden... Dieser den Wandel der neueren Philosophie repräsentierende Theologe war aber nichts weniger als eine bewegliche Proteusnatur. Er war ein Mann von altdeutscher Einfachheit, sittlicher Energie, großartiger Objektivität, warm im Glauben; ein Geist von schöpferischer Denkkraft bei einer großen Fülle des Wissens und der Erfahrung"; derselbe über Marheineke (S. 185): „Marheineke hatte nicht Daub's Tiefe und Originalität, aber mehr Form; nicht Daub's Einfalt und Charakterkraft, aber mehr praktischen, mehr kirchlichen Geist. Daub war nur Lehrer, Marheineke war auch Geistlicher und hatte etwas von einem Kirchenfürsten." — Holtzmann (der sich mehrfach über Daub und Marheineke geäußert hat) in Weechs Badischen Biographien: „Daub war eine ihres Eindruckes nie verfehlende, persönliche Würde eigen, die man ... als eine echt priesterliche wird bezeichnen dürfen" (S. 164); er sei an Adel der Seele und Größe des Geistes Schleiermacher ebenbürtig gewesen (S. 165). Bedauert wird jedoch auch von Holtzmann Daubs mangelndes historisches und exegetisches Interesse. — A. Mücke (Die Dogmatik des 19. Jahrhunderts, Gotha 1867, S. 103 über Daub): Er habe in epochemachender Weise in den inneren Entwicklungsgang der neueren Dogmatik eingegriffen und habe noch lange nicht die Beachtung gefunden, die er in der neueren Theologie verdiene; derselbe über Marheineke (S. 112): Marheineke gebe das dogmatische System des reinen Panlogismus (Hegelianismus) in einem vollendeten und streng wissenschaftlichen Guß; besonders lobend werden seine Arbeiten für die historische Theologie hervorgehoben. — Fr. Nitzsch (Die romantische Schule und ihre Einwirkung auf die Wissenschaften, namentlich die Theologie. Preußische Jahrbücher, Band 75, hg. v. Delbrück, 1894, S. 336): „Durch Männer wie Schleiermacher, De Wette, Hase und auch Schellingianer wie Daub und Marheineke wurde die Bahn frei gemacht für eine geschmackvolle, psychologisch und ähstetisch geschulte, alle Momente der modernen Bildung verwertende Theologie, die pietätvoll und kritisch zugleich sein kann." — A. Hausrath (Geschichte der theologischen Fakultät zu Heidelberg im 19. Jahrhundert, Heidelberg 1901, S. 4): „Daub konnte als Lehrer und nach seiner Wirkung auf die

und nennt ihre Theologie scholastisch[37]. Ähnlich urteilt L a n d e r e r in der RE. Ihm erscheint Daub mit all seiner sittlichen Hoheit, Lauterkeit und Energie nach seinem Fortschreiten von Schelling zu Hegel „als der vollkommene Revenant eines mittelalterlichen Scholastikers"[38]. Daub fehle wie auch Schleiermacher der wahrhaft historische Sinn[39].

Erscheint M a r t e n s e n s Vorwurf des Pantheismus noch zurückhaltend[40], so sprechen O. Pfleiderer und L. Lemme der spek. Theologie das Todesurteil.

P f l e i d e r e r redet von „romantischer und kritikloser Spekulation", „Begriffsverwirrung" und „hochmüthiger Verachtung des gesunden Menschenverstands"[41]. „Die Gabler, Göschel, Rust, Konradi, Marheineke und Daub begründeten einen Scholasticismus, in welchem die Hegel'schen Ideen mit mehr oder weniger Geist und Geschmack zum Aufputz des kirchlichen Dogmas benutzt wurden und die Dialektik nur noch das Mittel war, um die besonnene Verstandeskritik zum Schweigen zu bringen"[42].

Für L. L e m m e sind Daub und Rothe die beiden charakteristischen Repräsentanten der Heidelberger theologischen Fakultät im 19. Jahrhun-

---

Jugend die Vergleichung mit Schleiermacher aushalten. Daub's Bedeutung beruhte auf seiner imponierenden Persönlichkeit und erschütternden Beredsamkeit"; dagegen über Marheineke (D. F. Strauß und die Theologie seiner Zeit, 2 Bände, Heidelberg 1876/1878, 1. Band, S. 81): Marheineke habe keinen großen theologischen Kredit gehabt, da ihn Schleiermacher verdunkelte. — R. A. K e l l e r (Geschichte der Universität Heidelberg im ersten Jahrzehnt nach der Reorganisation durch Karl Friedrich (1803 bis 1813), Heidelberg 1913, S. 80) über Daub: „Mit dem Feuer eines liebenden Herzens ging sein Trachten nach jenem idealem Ziele, eine Aussöhnung zwischen Religion und Philosophie zum Besten der ersteren zu erreichen."

[37] Zur Geschichte der neuesten Theologie, 4. Aufl., Leipzig 1869, S. 18.
[38] RE IV, 3. Aufl., Leipzig 1898, S. 500. — Auch Fr. H. R. von F r a n k meint in seiner „Geschichte und Kritik der neueren Theologie" (4. Aufl., Leipzig 1908, S. 172), Daub habe in seiner Hegelschen Periode Ähnlichkeit mit den mittelalterlichen Scholastikern gehabt. Er nennt die spek. Theologie eine „Taschenspielerei" mit dem Dogma (ebd. S. 174). Beide, Daub und Marheineke, hätten sich dem Wahn hingegeben, „auf dem Wege monistischer Lehre eine wirkliche Erneuerung der kirchlichen Theologie zu erzielen" (ebd. S. 169).
[39] RE IV, S. 502.
[40] Aus meinem Leben I, Karlsruhe-Leipzig 1883, S. 136.
[41] Die Entwicklung der protestantischen Theologie, Freiburg 1891, S. 130.
[42] Geschichte der Religionsphilosophie, 3. Aufl., Berlin 1893, S. 447.

dert. Im Unterschied zu Rothe sei Daubs Entwicklung aber stark von der Zeitphilosophie abhängig gewesen[43]. Indem er versucht hat, das kirchliche Dogma in die Hegelsche Spekulation aufzunehmen, sei aus dieser Verbindung ein trübes Gemisch von Theologie und Philosophie erwachsen, das viel unerträglicher gewesen sei als die mittelalterliche Scholastik[44]. Daub sei es nicht klar gewesen, „daß die christliche Religion die Krücke der Philosophie nicht braucht und auch nicht brauchen kann"[45]. Aufschlußreich ist Lemmes Urteil über Daubs Verhältnis zu Marheineke. Zwar habe sich auch dieser in der gleichen Illusion wie Daub befunden, als er die altprotestantische Orthodoxie im Schmelztiegel der Hegelschen Philosophie zu erneuern versuchte[46], doch überrage er ihn an praktischer Berührung mit dem kirchlichen Leben und der Frömmigkeit der Gemeinde. Und dann heißt es: Marheineke hat sich nie „in so inhaltsleere Abstraktionen und lediglich theoretische Reflexionen verloren wie Daub"[47]. Dieses Urteil spiegelt eine Entwicklung, die sich schon bald nach der Mitte des 19. Jahrhunderts abzuzeichnen begann. Wagten die Zeitgenossen Daub und Marheineke kaum in einem Atemzug zu nennen, so gewinnt trotz wachsender Einflußlosigkeit, Verunglimpfung und Verachtung der spekulativen Theologie Marheineke gegenüber Daub in dem Maße an Ansehen, wie dieser es verliert[48].

---

[43] Heidelberger Professoren aus dem 19. Jahrhundert, Heidelberg 1903, 1. Band, S. 84.
[44] ebd. S. 92.
[45] ebd. S. 93.
[46] Zoeller rückt Marheinecke in die Nähe des Pantheismus und sieht in den „Grundlehren" von 1819 im wesentlichen eine Umformung der kirchlichen Hauptdogmen in Schellings Philosopheme (S. 96). — Lenz urteilt noch schärfer: „Marheineke ist niemals selbständig gewesen und hat daher immer der Anlehnung bedurft" (Geschichte der Universität Berlin I, S. 613).
[47] Heidelberger Professoren, S. 94.
[48] G a ß ist der erste in der Reihe derer, die Marheineke nicht nur neben, sondern über Daub stellen. Nach Gaß hat Marheineke zu Daub zwar wie zu seinem Meister emporgeblickt, doch hätte er sich durchaus neben ihn stellen dürfen, da er mehr Theologe gewesen sei als jener (Geschichte der protestantischen Dogmatik, 4. Band, Berlin 1867, S. 486). — Fällt P f l e i d e r e r aufs ganze gesehen über die spek. Theologie ein vernichtendes Urteil (s. o.), so weiß er doch immerhin dem Kirchenhistoriker Marheineke noch eine positive Seite abzugewinnen: „Verdienstlicher als seine in Hegel'scher Scholastik einherschreitende Dogmatik war Marheineke's 'Geschichte der deutschen Reformation' und Symbolik" (Die Entwicklung der protestanti-

Diese Entwicklung erhält ihren sichtbaren Ausdruck und Abschluß darin, daß etwa seit den 20er Jahren unseres Jahrhunderts Daub aus dem theologischen Bewußtsein verschwunden zu sein scheint, während der Name Marheineke noch ganz vereinzelt hier und da begegnet. So weiß W. E l e r t in seinem Buch „Der Kampf um das Christentum" wohl noch um den „Hegelianer" Marheineke, jedoch nicht mehr um den „Hegelianer" Daub[49], und so erwähnt K. B a r t h Marheineke in verständnisvoller Weise in verschiedenen Aufsätzen und mehrfach in der „Kirchlichen Dogmatik"[50]. In ZKG 1955/56 erschien von W. A. Schulze ein kleiner Auf-

---

schen Theologie, S. 129). — G. F r a n k urteilt: „Das spekulative Prinzip, welches in Daub sich vorwiegend sittlich darstellte, erhielt einen kirchlichen Charakter bei Philipp Marheineke... Auf dem Katheder sprach er mit einer Hohenpriesterlichen Grandezza, wie ein Hierophant" (Geschichte der protestantischen Theologie, S. 56). — Bei Fr. H. R. v o n F r a n k, der, wie wir hörten, beider Theologie ablehnt, erfährt Marheineke eine eingehendere Behandlung als Daub. — Auf Lemme wurde bereits hingewiesen. — Eine, wenn auch sehr äußerliche Bestätigung findet unsere Behauptung darin, daß E. H i r s c h in der „Geschichte der protestantischen Theologie" (Band V, S. 366—372) Marheineke v o r Daub behandelt, beide jedoch sehr einseitig beurteilt, wenn er sie nur als Vorbereiter der Vermittlungstheologie sieht.
[49] Der Kampf um das Christentum, München 1921, S. 111—113.
[50] Marheineke habe um das, was Offenbarung bedeute, besser Bescheid gewußt als Schleiermacher (Ludwig Feuerbach, ZZ 1927, S. 23). Er wußte, daß wirklicher Glaube Autoritätsglaube sei und der Mensch der Religion nur nachdenken könne. „Klarstes begriffliches Wissen um das, was Offenbarung ist, dient hier geradezu... dem Triumph des menschlichen Kopfes, der auf die Spitze getriebenen Möglichkeit, den klugen Theologen auf einen Stuhl weit oberhalb Gottes und seiner selbst zu setzen, auf dem er sich, nachdem er auch noch den richtigen Begriff der Offenbarung verdaut hat wie eine Riesenschlange ein Kaninchen, wahrlich nichts mehr sagen lassen kann" (Das Wort in der Theologie von Schleiermacher bis Ritschl, ZZ 1928, S. 102). — „Marheineke nicht weniger tief, aber geradliniger veranlagt" als Daub (Die protestantische Theologie im 19. Jahrhundert, Zürich 1947, S. 442). — „Marheineke ist eine tragische Gestalt." Man habe von ihm den Eindruck, „daß er nicht nur... a u c h als Theologe, sondern daß er zuerst und vor allem eben als T h e o l o g e gedacht hat" (ebd. S. 443). — „Marheineke hat mit dem, was er theologisch sachlich genug als die Offenbarung Gottes bezeichnete, eine t h e o l o g i s c h e Kategorie wieder zu denken gewagt, die das 18. Jahrhundert... ganz naiv vergessen hatte" (ebd. S. 446). — In jüngster Zeit begegnet der Name Marheineke auch in der von W. P a n -

satz mit dem Titel „Friedrich Engels und Marheineke", der, ohne über Marheineke auch nur irgend etwas Neues zu sagen, doch immerhin zeigt, daß Marheineke anders als Daub noch hier und dort Beachtung findet.

Entscheidend hat zu dieser Entwicklung sicherlich Marheinekes größere Leichtigkeit und Gewandtheit in Stil und Darstellung beigetragen. Auch seinen Arbeiten zur Kirchengeschichte und Symbolik hat Daub nichts Vergleichbares entgegenzusetzen.

Nichtsdestoweniger ist an dem Urteil festzuhalten, daß D a u b und M a r h e i n e k e als gleichbedeutsame und entscheidende Repräsentanten einer theologischen Bewegung anzusprechen sind, die in der 1. Hälfte des vorigen Jahrhunderts von nicht unbedeutendem Einfluß war und sich im Urteil mancher Zeitgenossen hohen Ansehens erfreute, dann jedoch bald in nahezu völlige Vergessenheit gefallen ist, aus deren Umklammerung sie sich bis zum heutigen Tage nicht gelöst hat.

---

n e n b e r g herausgegebenen Studie „Offenbarung als Geschichte" (3. Aufl., Göttingen 1965, S. 9) im Rahmen der Erörterung des Offenbarungsbegriffs. Pannenberg sieht an dieser Stelle sehr zu Recht einen Zusammenhang zwischen dem Barthschen Offenbarungsverständnis und dem Offenbarungsbegriff Marheinekes! — vgl. jetzt auch zu Marheineke die oben mehrfach erwähnte Arbeit F. W a g n e r s : „Der Gedanke der Persönlichkeit Gottes bei Ph. Marheineke" (1968).

LITERATURVERZEICHNIS

I. Werke von Karl Daub

1. Über Lebensgenuß. Ein psychologisch-moralischer Versuch. Philosophisches Journal für Moralität, Religion und Menschenwohl, hg. v. Erhard Schmidt und Snell, 1793, II. Band.
2. Predigten nach Kantischen Grundsätzen, 1794.
3. Lehrbuch der Katechetik, Frankfurt 1801 (zit. Katechetik).
4. Das Schulwesen des 18. Jahrhunderts, den Volksunterricht in der Religion betreffend. Schuderoffs Journal für Veredelung des Prediger- und Schullehrerstandes, 1802, I. Band.
5. Orthodoxie und Heterodoxie. Ein Beitrag zur Lehre von den Symbolischen Büchern. Heidelberger Studien, hg. v. Daub und Creuzer, Band II, 1806, S. 1—69.
6. Die Theologie und ihre Enzyklopädie im Verhältnis zum akademischen Studium beider. Fragment einer Einleitung in die letztere. Heidelberger Studien, hg. v. Daub und Creuzer, Band II, 1806, S. 1—69.
7. Theologumena sive Doctrinae de Religione Christiana ex Natura Dei Perspecta Repetendae Capita Potiora. Heidelberg 1806.
8. Über das Theologische Element in den Wissenschaften, besonders in der Theologie selbst. Heidelberger Jahrbücher 1808, 1. Jahrgang, S. 1—33.
9. Einleitung in das Studium der christlichen Dogmatik, Heidelberg 1810 (zit. Einleitung 1810).
10. Judas Ischarioth oder das Böse im Verhältnis zum Guten. Zwei Hefte in einem Band, Heidelberg, 1. Heft 1816, 2. Heft 1. Abteilung 1818.
11. Vorrede zu W. F. Rinck, Beitrag zur Prüfung des luth. und reform. Lehrbegriffs von dem heiligen Abendmahl und der Gnadenwahl nach dem Worte Gottes, 1818.
12. De mortuorum resurrectione (Predigt), 1818.
13. Programm zur Gedächtnisfeier des Geburtstages von Großherzog Carl Friedrich, 1824.
14. Rezension zu Marheinekes „Die Grundlehren der christlichen Dogmatik", 2. Auflage, in: Berliner Jahrbücher für wissenschaftliche Kritik, November 1827, Nr. 211—212; 215—216; Febr. 1828, Nr. 23—28, Aug. 1828, Nr. 25—32.
15. Die dogmatische Theologie jetziger Zeit oder die Selbstsucht in der Wissenschaft des Glaubens und seiner Artikel, Heidelberg 1833.
16. Darstellung und Beurteilung der verschiedenen Hypothesen in Betreff der Willensfreiheit. Vorlesungen, hg. v. J. C. Kröger, 1834.

17. Über den Logos. Ein Beitrag zur Logik der göttlichen Namen. Theologische Studien und Kritiken, hg. v. Ullmann und Umbreit, Hamburg 1833, Jahrgang 33, S. 355—410.
18. Die Form der christlichen Dogmen- und Kirchenhistorie. Zeitschrift für spekulative Theologie, hg. v. Bruno Bauer, 1836, I. Band, 1. Hälfte, S. 1—60, I. Band, 2. Hälfte, S. 63—132, II. Band, 1. Hälfte (1837), S. 88—161.
19. D. Carl Daub's philosophische und theologische Vorlesungen, hg. v. Marheineke und Dittenberger, Berlin 1838—1844, 7 Bände.
 1. Band: Vorlesungen über die philosophische Anthropologie, 1838 (zit. 1. Band).
 2. Band: Prolegomena zur Dogmatik und Kritik der Beweise für das Dasein Gottes, 1839 (zit. 2. Band).
 3. Band: Prolegomena zur theologischen Moral und Prinzipien der Ethik, 1839.
 4. Band: System der theologischen Moral. Erster Teil, 1840.
 5. Band: System der theologischen Moral. Zweiter Teil, erste Abteilung, 1841.
 6. Band: System der christlichen Dogmatik. Erster Teil, 1841 (zit. 6. Band).
 7. Band: System der christlichen Dogmatik. Zweiter Teil, 1844. Nebst einer lateinischen Promotionsrede: De Majorum Nostrorum Ratione in Promovendis Theologiae Candidatis. Oratio habita, cum Ph. Marheineke, 1811 (zit. 7. Band).

II. Werke von Ph. K. Marheineke

1. Predigt über den Ursprung des Bösen, 1800.
2. Predigten für gebildete Christen mit einer Vorrede von Dr. C. F. A. Ammon, 1801.
3. Über den sichtbaren Ausdruck einer unsichtbaren Seelenwürde, 1804.
4. De theologia moralis saeculi 1700 statu et incrementis quae philosophorum qui de iure scripsere meritis ceperit, 1804.
5. Über den unvergleichlichen Wert eines veredelten Herzens, eine Konfirmationsrede, 1805.
6. Programma aditiale de potiori vi quam ad commutandam morum disciplinam christianam exseruit Kantii philosophia practica, 1805.
7. Christliche Predigten zur Belebung des Gefühls für das Schöne und Heilige, 1805.
8. Geschichte der Moral in den der Reformation vorangehenden Jahrhunderten, 1806.
9. Über den Ursprung und die Entwicklung der Orthodoxie und Heterodoxie in den ersten drei Jahrhunderten des Christentums, Heidelberger Studien, hg. v. Daub und Creuzer, 3. Band, 1808, S. 96—200.
10. Über den wahren Sinn der Tradition im katholischen Lehrbegriff und das rechte Verhältnis derselben zur protestantischen Lehre, Heidelberger Studien, hg. v. Daub und Creuzer, 4. Band, 1808, S. 289—357.

11. Über das wahre Verhältnis des Katholizismus und Protestantismus und die projektierte Kirchenvereinigung. Briefe an Herrn Konsistorialrat Planck, 1810.
12. Grundlegung der Homiletik, 1811.
13. S. Patrum de praesentia Christi in St. coena sententia triplex, 1811.
14. Christliche Symbolik oder historisch-kritische und dogmatisch-komparative Darstellung des katholischen, lutherischen, reformierten und sozianischen Lehrbegriffs, 3 Bände, 1810—1813.
15. Institutiones symbolicae doctrinarum Catholicorum, Protestantium, Socianorum, ecclesiae graecae, minorumque societatum christianarum summam et discrimina exhibentes, Berolini 1812; Ed. II, 1825; Ed. III, 1830.
16. Predigten vor verschiedenen Gemeinden zu Berlin gehalten, 1814.
17. Aphorismen zur Erneuerung des kirchlichen Lebens, 1814.
18. Über den religiösen Wert der deutschen Bibelübersetzung, 1815.
19. 5 Reformationspredigten nebst mehreren anderen Religionsvorträgen, 1818 (Predigten vor verschiedenen Gemeinden Berlins gehalten, 2. Teil).
20. Die Grundlehren der christlichen Dogmatik, 1819 (zit. Grundlehren 1819).
21. Ottomar, Gespräche über die augustinische Lehre von der Freiheit des Willens und der göttlichen Gnade, 1821.
22. Betrachtungen über das Leben und die Lehre des Welterlösers, 1823.
23. Lehrbuch des christlichen Glaubens und Lebens für denkende Christen und zum Gebrauche in den oberen Klassen der Gymnasien, 1823; 2. Auflage 1836 (zit. Lehrbuch 1823).
24. Die Grundlehren der christlichen Dogmatik als Wissenschaft, 1827 (zit. Grundlehren 1827).
25. Über die wahre Stelle des liturgischen Rechts im evangelischen Kirchenregiment, 1825.
26. Zwei Reden bei der feierlichen Bestattung des königlichen Professors Dr. G. W. F. Hegel, 1831.
27. Geschichte der deutschen Reformation. 1. Auflage 1816, 2 Bände; 2. Auflage 1831—1834, 4 Bände.
28. Vorreden zu Band I, II, IV, V, VI von Daubs philosophischen und theologischen Vorlesungen, hg. v. Marheineke und Dittenberger, 1838—1944.
29. Über Dr. Möhlers Symbolik oder Darstellung der dogmatischen Gegensätze der Katholiken und Protestanten, 1833.
30. Über christliche Kirchenverfassung, Zeitschrift für Philosophie und spekulative Theologie, Band I, 1. Heft, 1836, S. 162—183.
31. Beleuchtung des Athanasius von Goerres, 1838.
32. Entwurf der praktischen Theologie, Berlin 1837.
33. Zur Verteidigung der evangelischen Kirche gegen die päpstliche. Predigten im Winter 1838/39 in der Dreifaltigkeitskirche zu Berlin gehalten.
34. Rede am Grabe des Professors Dr. Gans, 1839.

35. Das Gebet des Herrn in 13 Predigten, 1840.
36. Einleitung in die Öffentlichen Vorlesungen über die Bedeutung der Hegelschen Philosophie für die christliche Theologie, Berlin 1842 (zit. Einleitung 1842).
37. Zur Kritik der Schellingschen Offenbarungsphilosophie. Schluß der Öffentlichen Vorlesungen über die Bedeutung der Hegelschen Philosophie für die christliche Theologie, Berlin 1843 (zit. Kritik).
38. Predigt zur Feier der tausendjährigen Selbständigkeit Deutschlands, 1843.
39. Der Erzbischof Clemens August Freiherr von Droste-Vischering als Friedenstifter zwischen Staat und Kirche, 1843.
40. Die Reform der Kirche durch den Staat, 1844.
41. Die Reformation, ihre Entstehung und ihre Verbreitung, 1846.
42. Marheinekes theologische Vorlesungen, hg. v. St. Matthies und H. Vatke, 1847—1849.
1. Band: System der theologischen Moral, 1847.
2. Band: System der christlichen Dogmatik, 1847 (zit. System 1847).
3. Band: Christliche Symbolik oder komparative Darstellung des katholischen, lutherischen, reformierten, sozianischen Lehrbegriffs und des Lehrbegriffs der griechischen Kirche nebst einem Abriß der kleineren okzidentalischen Religionsparteien, 1848.
4. Band: Christliche Dogmengeschichte, 1849.
43. Vorrede zu Hegels Religionsphilosophie. Band XI der vollständigen Ausgabe von Hegels Werken durch einen Verein von Freunden des Verewigten, 1832—1845.

III. Philosophische Werke

von Baader, Franz: Schriften zur philosophischen Erkenntniswissenschaft als spekulative Logik, hg. von F. Hoffmann, Band I, Leipzig 1851. —
Vorlesungen über spekulative Dogmatik, 1. Heft Tübingen 1828; 2. Heft Münster 1830.
Descartes, René: Meditationen über die Grundlagen der Philosophie, Philosophische Bibliothek Band 271, hg. von L. Gäbe, Hamburg 1960.
Feuerbach, Ludwig: Das Wesen des Christentums, hg. v. K. Quenzel, Leipzig 1904.
Fichte, Johann Gottlieb: Die Anweisung zum seligen Leben, Philosophische Bibliothek, hg. von Fritz Medicus, Hamburg 1954.
Hegel, Georg Wilhelm Friedrich: Die Phänomenologie des Geistes, Philosophische Bibliothek, Band 114, hg. von Johannes Hoffmeister, Berlin 1952. —
Vorlesungen über die Philosophie der Religion, 2 Bände, Philosophische Bibliothek, hg. von Georg Lasson, Darmstadt 1966. —
Enzyklopädie der philosophischen Wissenschaften, sämtliche Werke, 6. Band, hg. von H. Glockner, Stuttgart 1927.

Jacobis Spinoza-Büchlein, hg. von Fritz Mauthner, München 1912.
Kant, Immanuel: Die Religion innerhalb der Grenzen der bloßen Vernunft, Philosophische Bibliothek Band 45, hg. von Karl Vorländer, 7. Aufl., Hamburg 1961.
Schelling, Friedrich Wilhelm: Darstellung meines Systems, Schellings Werke, 3. Hauptband, hg. von M. Schröter, München 1958, S. 1—108. —
Bruno, hg. von Chr. Harrmann, Philosophische Bibliothek, Hamburg 1954. —
Vorlesungen über die Methode des akademischen Studiums, Alfred Kröner Verlag, Stuttgart 1954. —
Fernere Darstellung aus dem System der Philosophie, Schellings Werke, 1. Ergänzungsband, hg. von M. Schröter, München 1956, S. 385—562. —
Philosophie und Religion, Schellings Werke, 4. Hauptband, S. 1—60. —
Aus den Jahrbüchern der Medizin als Wissenschaft, Schellings Werke, 4. Hauptband, S. 61—222. —
Über das Wesen der menschlichen Freiheit, Reclams Universal-Bibliothek Nr. 8913—15, Stuttgart 1964. —
Stuttgarter Privatvorlesungen, Schellings Werke, 4. Hauptband, S. 309 bis 376.
Überweg, Friedrich: Grundriß der Geschichte der Philosophie, 13. Auflage, Tübingen 1951.

IV. Benutzte Literatur

Allgemeine Deutsche Biographie, 4. Band, Leipzig 1876 (Daub: S. 768); 20. Band, Leipzig 1884 (Marheineke: S. 338—340).
Althaus, Paul: Die christliche Wahrheit, 2 Bände, Gütersloh 1947/48.
Barth, Karl: Die christliche Dogmatik im Entwurf, München 1927. —
Ludwig Feuerbach, ZZ 1927 (über Marheineke: S. 23). —
Das Wort in der Theologie von Schleiermacher bis Ritschl, ZZ 1928 (über Marheineke: S. 101/102). —
Die protestantische Theologie im 19. Jahrhundert, Zürich 1947.
Baur, Ferdinand Christian: Die christliche Lehre von der Dreieinigkeit und Menschwerdung Gottes, 3. Teil, Tübingen 1843 (S. 829—841 Besprechung von Daubs Theologumena).
Biedermann, Aloys Emanuel: Christliche Dogmatik, 2 Bände, 2. Aufl., Berlin 1884/85.
Bornkamm, Heinrich: Die Heidelberger theologische Fakultät, Ruperto-Carola, Sonderband aus Anlaß des 575jährigen Bestehens der Ruprecht-Karl-Universität Heidelberg.
Bretschneider, Karl Gottlieb: Handbuch der Dogmatik der evangelisch-lutherischen Kirche, 1. Band, 2. Aufl., Leipzig 1822. —
Über die Grundansichten der theologischen Systeme in den dogmatischen

Lehrbüchern der Herren Professoren Schleiermacher, Marheineke und Hase, Leipzig 1828.

Dorner, Isaak August: Geschichte der protestantischen Theologie, München 1867. —
System der christlichen Glaubenslehre, 1. Band, Berlin 1879.

Dulckeit, Gerhard: Die Idee Gottes im Geiste der Philosophie Hegels, München 1947.

Eberlin: Nekrolog des Geh. Kirchenrats und Professors der Theologie D. Karl Daub zu Heidelberg, Allgemeine Kirchenzeitung Nr. 25, 1837, Sp. 201 bis 214.

Eilers, Gerd: Meine Wanderung durchs Leben I, Leipzig 1856.

Elert, Werner: Der Kampf um das Christentum, München 1921.

Fischer, Karl Philipp: Zur hundertjährigen Geburtsfeier Franz v. Baaders. Versuch einer Charakteristik seiner Theosophie und ihres Verhältnisses zu den Systemen Hegels, Daubs und Schleiermachers, Erlangen 1865.

von Frank, Franz Hermann Reinhold: Geschichte und Kritik der neueren Theologie, 4. Aufl., Leipzig 1908.

Frank, Gustav: Marheineke, in: RE XII, 3. Aufl., Leizpig 1903. —
Geschichte der protestantischen Theologie, hg. von L. Loesche, Leipzig 1905, Teil IV.

Ionnanis Gerhardi Loci Theologici, Editio alterna, Tomus primus, Lipsiae 1885.

Gaß, Wilhelm: Geschichte der protestantischen Dogmatik in ihrem Zusammenhang mit der Theologie überhaupt, 4. Band, Berlin 1867.

Grenzboten, hg. von G. Freytag und J. Schmidt, 17. Jahrg., 2. Semester, III. Band, Leipzig 1858: Die doktrinäre Theologie zu Anfang des 19. Jahrhunderts (Verfasser?).

Hallische Jahrbücher für deutsche Wissenschaft und Kunst, hg. von Ruge und Echtermayer, 4. Jahrg., Leipzig 1841 (Marheineke: S. 117/118).

Hausrath, Adolf: D. F. Strauß und die Theologie seiner Zeit, 2 Bände, Heidelberg 1876—1878. —
Geschichte der theologischen Fakultät zu Heidelberg im 19. Jahrhundert. Akademische Rede zur Feier des Gedächtnisses an Herzog Karl Friedrich, Heidelberg 1901.

Herrmann, Wilhelm: Die speculative Theologie in ihrer Entwicklung durch Daub, Hamburg-Gotha 1847. —
Der Verkehr des Christen mit Gott, 5. und 6. Aufl., Stuttgart-Berlin 1908.

Hirsch, Emanuel: Kierkegaard-Studien, 2. Band, 3. Heft: Der Denker, Gütersloh 1933. —
Geschichte der neueren evangelischen Theologie, Band IV und V, 3. Aufl., Gütersloh 1964.

Holtzmann, Heinrich: Die Entwicklung des Religionsbegriffes in der Schule Hegels, Zeitschrift für wissenschaftliche Theologie, 21. Jahrg., Leipzig 1878. —
Karl Daub, in: Badische Biographien, hg. von Fr. v. Weech, 2. Ausgabe, 1. Teil, Karlsruhe 1881. —
Karl Daub, in: Ruperto Carola, 1886, Nr. 9, S. 137—139.
Ihle, Elise: Philipp Konrad Marheineke. Der Einfluß der Philosophie auf sein theologisches System, Diss., Leipzig 1938.
Kaftan, Julius: Dogmatik, 5. und 6. verbesserte Aufl., Tübingen 1909.
Kahnis, Karl Friedrich August: Der innere Gang des deutschen Protestantismus, 2. Aufl., Leipzig 1860.
Kattenbusch, Ferdinand: Die deutsche evangelische Theologie seit Schleiermacher, 6. Aufl., Gießen 1934.
Keller, Rudolf August: Geschichte der Universität Heidelberg im ersten Jahrzehnt nach der Reorganisation durch Karl Friedrich (1803—1813), Heidelberg 1913.
Landerer, Max Albert: Daub, in: RE IV, 3. Aufl., Leipzig 1898.
Lemme, Ludwig: Die Vertreter der systematischen Theologie, in: Heidelberger Professoren aus dem 19. Jahrhundert, 1. Band, Heidelberg 1903.
Lenz, Max: Geschichte der Universität Berlin, 1. und 2. Band, Halle 1910.
Lipsius, Richard Adalbert: Lehrbuch der evangelisch-protestantischen Dogmatik, 3. Aufl., Braunschweig 1893.
Martensen, Hans Lassen: Die christliche Dogmatik, vom Verfasser selbst veranstaltete deutsche Ausgabe, Berlin 1856. —
Aus meinem Leben I, Karlsruhe—Leipzig 1883.
Maurer, Wilhelm: Aufklärung, Idealismus und Restauration, 2 Bände, Gießen 1930.
Mücke, August: Die Dogmatik des 19. Jahrhunderts in ihrem inneren Flusse und Zusammenhange mit der allgemeinen theologischen, philosophischen und literarischen Entwicklung desselben, Gotha 1867.
Neuer Nekrolog der Deutschen, 14. Jahrg., 1836 (Daub: S. 731—754).
Nippold, Friedrich: Richard Rothe. Ein christliches Lebensbild, 1. Band, 2. Ausgabe, Wittenberg 1877.
Nitzsch, Carl Immanuel: System der christlichen Lehre, 6. Aufl., Bonn 1851.
Nitzsch, Friedrich: Die romantische Schule und ihre Einwirkung auf die Wissenschaften, namentlich die Theologie. Preußische Jahrbücher, Band 75, hg. v. Delbrück, 1894.
Pfeiffer, Ehrhard: Zur Erinnerung an Karl Daub, ZThK 1936, S. 273—279. —
Karl Daub und die Krisis der spekulativen Theologie, Diss., Leipzig 1943.
Pfleiderer, Otto: Die Entwicklung der protestantischen Theologie in Deutschland seit Kant und in Großbritannien seit 1825, Freiburg 1891. —
Geschichte der Religionsphilosophie von Spinoza bis auf die Gegenwart, 3. Aufl., Berlin 1893. —

Grundriß der christlichen Glaubens- und Sittenlehre, 6. Aufl., Berlin 1898.
Reinhard, Franz Volkmar: Vorlesungen über die Dogmatik, hg. v. J. G. I. Berger, 3. Aufl., Sulzbach 1812.
Die Religion in Geschichte und Gegenwart. Handwörterbuch für Theologie und Religionswissenschaft, 3. Auflage, Tübingen.
Ritschl, Albrecht: Die christliche Lehre von der Rechtfertigung und Versöhnung, 3. Band, Bonn 1874. —
Unterricht in der christlichen Religion, hg. v. G. Ruhbach, in: Texte zur Kirchen- und Theologiegeschichte, Heft 3, Gütersloh 1966.
Rosenkranz, Karl: C. Daub's Darstellung und Beurteilung der Hypothesen in Betreff der Willensfreiheit. Aus den Jahrbüchern für wissenschaftliche Kritik, 1835, Januar Nr. 1 und 2 (als Anhang in: Erinnerungen an Karl Daub). —
Erinnerungen an Karl Daub, Berlin 1837. —
Kritische Erläuterungen des Hegelschen Systems, Königsberg 1840.
Rothe, Richard: Zur Dogmatik, 2. Aufl., Gotha 1869. —
Dogmatik, aus dem Nachlaß hg. von D. Schenkel, Heidelberg 1870.
Schleiermacher, Friedrich Daniel: Reden über die Religion an die Gebildeten unter ihren Verächtern, Philosophische Bibliothek, Band 255, Hamburg-Bahrenfeld 1958. —
Der christliche Glaube, 2 Bände, 3. Aufl., Berlin 1835/36.
Schulze, Wilhelm August: Friedrich Engels und Marheineke, ZKG 67, 1955/56.
Schwarz, Carl: Zur Geschichte der neuesten Theologie, 4. Aufl., Leipzig 1869.
Schwarz, Friedrich Heinrich Christian: Grundriß der kirchlich-protestantischen Dogmatik, Heidelberg 1816.
Stephan, Horst: Geschichte der deutschen evangelischen Theologie seit dem Deutschen Idealismus, 2. neubearbeitete Aufl. von M. Schmidt (Die Theologie im Abriß, Band 9), Berlin 1960.
Strauß, David Friedrich: Das Leben Jesu, 2 Bände, Tübingen 1835/36. —
Die christliche Glaubenslehre, Band 1, Tübingen—Stuttgart 1840. —
Schleiermacher und Daub, in: Charakteristiken und Kritiken, Leipzig 1844.
Theologische Jahrbücher, hg. v. E. Zeller, Band 1, Tübingen 1842: Die Hegelsche Rechte. Daub und Conradi (Daub: S. 745—761).
Thomasius, Gottfried: Christi Person und Werk. Darstellung der evangelisch-lutherischen Dogmatik vom Mittelpunkte der Christologie aus, 1. Teil, 2. Aufl., Erlangen 1856.
Tillich, Paul: Systematische Theologie, Band 1, 3. Aufl., Stuttgart 1956.
Vatke, Wilhelm: Religionsphilosophie oder Allgemeine philosophische Theologie. Nach Vorlesungen hg. v. H. Preiss, Bonn 1888.
Wagner, Falk: Der Gedanke der Persönlichkeit Gottes bei Ph. Marheineke. Repristination eines vorkritischen Theismus, in: Neue Zeitschrift für

systematische Theologie und Religionsphilosophie, 10. Band 1968, Heft 1, S. 44—88.
Weber, Georg: Heidelberger Erinnerungen am Vorabend der 5. Säkularfeier der Universität, Stuttgart 1886.
Weisse, Christian Hermann: Philosophische Dogmatik oder Philosophie des Christentums, 1. Band, Leipzig 1855.
Wendt, Hans Hinrich: System der christlichen Lehre, Göttingen 1907.
De Wette, Wilhelm Martin Leberecht: Über Religion und Theologie, 2. Aufl., Berlin 1821. —
Lehrbuch der christlichen Dogmatik, 1. Teil, 3. Aufl., Berlin 1831; 2. Teil, 2. Aufl., 1821.
Zimmermann, Ernst: Karl Daub, Allgemeine Kirchenzeitung, 10. Jahrg., 1831, Sp. 1131.
Zoeller, Friedrich: Marheinekes „Grundlehren der christlichen Dogmatik" in ihrer Abhängigkeit von Schelling, Diss., Erlangen 1909.

NAMENREGISTER

Althaus, P. 70, 151, 153 f
v. Ammon, Ch. F. 15
Anselm v. Canterbury 103
v. Arnim, A. 11, 15
Athanasius 137
Augustin 137

v. Baader, F. 80, 90, 155, 166
Barth, K. 5, 151 ff, 169
Bauer, B. 4, 14
Biedermann, E. A. 1, 84 ff, 96, 149
Brentano, C. 11, 15
Bretschneider, K. G. 19, 26, 55, 83, 122, 147, 163 f

Cicero 109
Conradi 162, 166 f
Creuzer, F. 11 f, 15

Daub, K. passim
Descartes, R. 62
Dittenberger 14, 158
Dorner, I. A. 149 f

Eberlin 10, 14, 160
Eichhorn, J. G. 15
Eilers, G. 165
Elert, W. 169
Engels, F. 170

Feuerbach, L. 17, 86, 148, 160
Fichte, J. G. 15, 28, 67, 69, 87, 126, 159 f, 163
Fischer, K. Ph. 166
v. Frank, Fr. H. R. 167, 169
Frank, G. 163, 169
Fries, J. F. 39

Gabler, J. Ph. 167
Gaß, W. 168
Gerhard, J. 63
v. Görres, J. 11 f, 15
Göschel, K. F. 167
Goethe, J. W. 159

v. Hase, K. A. 147, 161, 164, 166
Hausrath, A. 12, 166
Hegel, G. W. F. 1, 3 ff, 8 f, 13 f, 16 f, 19, 30 ff, 34 f, 45 f, 48 f, 59 f, 63, 75 ff, 80, 87, 93, 101, 103 ff, 115, 122, 127, 137 ff, 143, 145 f, 150, 154 f, 159 ff, 167 f
Hengstenberg, E. W. 16
Herrmann, W. 144, 160 f, 163
Hirsch, E. 14, 19 f, 24, 40, 169

Ihle, E. 2 ff, 6 f, 15 ff, 30, 145

Jacobi, F. H. 39, 133
Justin 149

Kahnis, K. F. A. 166
Kant, I. 1, 3, 5, 10 f, 14, 18, 27 f, 65 f, 87, 103, 105, 107, 159
Kattenbusch, F. 156
Keller, R. A. 11, 167
Kierkegaard, S. 14, 40
Kirn, O. 149

Landerer, M. A. 167
Lemme, L. 167 ff
Lenz, M. 15 f, 168
Lessing, G. E. 139
Lipsius, R. A. 149 f

Maerker, F. A. 164
Marheineke, P. K. passim
Martensen, H. L. 149 ff, 167
Michelet, C. L. 160
Mieg 10
Mücke, A. 166

Neander, A. 16
Nippold, F. 158
Nitzsch, F. 166

Pannenberg, W. 169
Paulus, H. E. G. 12, 19
Pfeiffer, E. 2 f, 6 f, 10 f, 13 f, 27, 34, 38, 144 f, 156, 160
Pfleiderer, O. 149 f, 167 f
Planck, G. J. 15

Reinhard, F. V. 19 f, 67, 82, 122, 134
Reischle, M. 149
Ritschl, A. 149
Röhr, J. F. 19
Rosenkranz, K. 3, 11 ff, 143, 158 ff, 163 ff
Rothe, R. 79, 149 f, 158 f, 163, 167 f
Rust 167

Schelling, F. W. 1, 3, 6, 8 f, 11, 13 ff, 19, 22, 27 ff, 32 ff, 41, 45, 52, 55, 72, 74, 80, 87, 90, 115, 124, 126 f, 135, 139, 143, 145, 149, 159 ff, 167

Schleiermacher, F. D. 15 f, 18 f, 35 ff, 54, 68, 88, 108, 132 f, 147, 149, 159 ff, 166 f, 169
Schopenhauer, A. 127
Schulze, W. A. 169
Schwarz, F. H. C. 1, 73, 97, 122, 135, 166
Stephan, H. 1, 39
Steudel, J. C. F. 19
Storr, G. C. 19
Strauß, D. F. 2, 4, 13, 17, 35, 85 f, 96, 139, 147 f, 161 f, 164 f

Talleyrand, Ch. M. 3, 159
Tiedemann 10
Tillich, P. 151, 154 ff

Ullmann, K. 13
Umbreit, K. 13

Vatke, W. 1, 14 ff, 18, 84 f, 96, 164
Voß, J. H. 12, 15, 19

Wagner, F. 2, 4 ff, 145 ff, 156, 170
Weber, G. 12
Wegscheider, J. A. L. 19, 24
Weiße, C. 149
Wendt, H. H. 149
De Wette, W. M. L. 12, 16, 19, 35, 39 f, 68, 73, 99, 106, 110, 132, 147, 166

Zeller, E. 162, 165
Zimmermann, E. 158 f, 163
Zoeller, F. 16, 168

SACHREGISTER

Abbild 90, 98 f
Aberglaube 50 f
Abhängigkeitsgefühl 36, 88
das Absolute 28 f, 34, 41, 48, 143
Abstraktion 78, 114, 144 f, 168

actus purus 84
Analyse 54, 110, 117, 154
Anthropologie 14, 27, 48 f, 148, 158 f
Aseität 98, 101, 110

Atheismus 87 f
Attribut(e) 100 f, 111, 114
Aufklärung 12, 29, 35, 38
autonom 85 f, 91
Autorität 6, 12, 23, 33, 40, 47, 51, 58, 106

Begriff(e) 3, 6, 8, 25 f, 31, 33 ff, 41 ff, 46 ff, 52, 54, 58 ff, 65, 68, 73, 75 ff, 81 f, 86, 89, 96, 100 f, 103 ff, 112 ff, 122, 124 f, 129 f, 133 ff, 139 f, 143, 148 ff, 154 f, 162
Beweis(e) 24, 31, 33, 49, 103 ff, 117, 148, 154
Bewußtsein 7, 18, 21, 23, 25, 31, 36 f, 53 f, 56, 60 ff, 68 ff, 75 ff, 84, 87 ff, 93 f, 106, 116, 127, 130 f, 140, 149, 153, 169
Bibel, biblisch 15, 21 ff, 25, 40, 56 ff, 83, 86, 116, 139, 146 f, 163
Bibelkritik 4

Charakter 8, 21, 30, 36, 66, 104 f, 132, 150, 158, 162 f, 169
Christentum 3 f, 15, 22, 29, 73 ff, 84, 94, 101, 104, 118, 129, 131 f, 136, 153 f, 169
communicatio idiomatum 111

Dasein 21, 24, 52, 64, 69, 87, 96 f, 103 ff, 114, 117, 126, 129, 154
Dialektik, dialektisch 4 f, 25 f, 30, 32 f, 35, 37, 48, 58 f, 62, 64 f, 75, 104, 115, 121 f, 129 ff, 138, 143, 146, 166 f
Ding an sich 27 f
Dogma 2, 29 f, 38, 47, 64, 85 f, 126, 130, 132, 139, 145, 147 f, 151, 156, 162, 167 f
Dogmatik 1, 4, 6, 8 f, 11, 13, 16, 19 ff, 24, 26 f, 29, 35, 37 ff, 42, 46 f, 49 ff, 53 ff, 67, 70 ff, 75, 77, 79, 81 ff, 94 ff, 100, 103, 108, 110, 131 f, 137, 143 ff, 153, 155, 161 ff, 166, 168 f
Dogmatismus 5
Dreieinigkeit 29, 65, 131 ff, 137, 141, 151
Dualismus 28, 165

Ebenbild 90 ff, 126 f
Eigenschaft(en) 23, 64, 69, 74, 96 f, 99 f, 107, 110 ff, 134, 144, 148, 160, 162
Einheit 5 f, 25, 28, 34, 36, 41, 59, 65, 72, 75, 77, 97, 100, 103, 107, 112, 114 ff, 119 f, 125 f, 128 f, 134, 136, 139 ff, 150, 162
Element(e) 31, 44 ff, 48, 58, 60 f, 77, 85, 93, 139, 143, 147, 149 f, 151, 154, 156, 161 f
Empirie, empirisch 3, 33, 52, 73, 109, 149
Enzyklopädie 11, 14, 31, 49, 52 f, 57
Epigonen 1, 96
Erfahrung 21, 23 f, 71, 103, 109, 153, 166
Erkenntnis(se) 21, 24, 28, 30, 32, 36 f, 41 ff, 47 ff, 52, 57 ff, 63, 65 ff, 70 ff, 85, 87 ff, 93 ff, 101 f, 105 f, 109, 113, 115 ff, 125, 129, 131 f, 135, 137, 139 f, 150, 159
Essenz 108
Ethik 27, 50
Evangelium 154
Ewigkeit 97, 99, 101 f, 109, 111 f, 119, 135, 152
Existenz 31, 34, 48, 76, 87, 104 f, 127 f, 133, 136, 153 ff

Fetischismus 93, 118
Freiheit 13, 34, 45, 47, 66, 101 f, 111 f, 119, 126, 135 f, 161

Frömmigkeit 36, 67, 161, 168

Gedanke Gottes 58, 60 ff, 75 f, 78, 84, 89, 93, 96, 101, 108, 117 ff, 143
Gefühl 23 f, 35 f, 39 f, 46, 53, 68, 91, 109, 139
Geist 21 f, 28 ff, 32, 42, 44 ff, 49, 52, 58, 61, 63 ff, 71 ff, 76 f, 80 ff, 84, 86 ff, 91 ff, 106 f, 111, 116 ff, 121, 132 f, 138 f, 141 ff, 148 f, 152, 159 f, 166 f
Gelehrsamkeit 21, 23 f
Geschichte, geschichtlich 2 f, 7, 10, 14 f, 18 ff, 24, 29, 33, 38 ff, 50, 57, 73 ff, 80, 85 f, 88, 93 ff, 101, 109 f, 114, 126, 130, 136 f, 145 ff, 150 ff, 156, 158, 160, 162 f, 166 ff
Gewissen 21, 56, 112, 153
Glaube 5 f, 13, 21, 23 ff, 27, 31, 33, 35, 39 f, 46, 48, 56 f, 59 ff, 66 ff, 75 ff, 81, 84 f, 91, 93, 102, 104 f, 108 f, 119, 131, 139, 141 f, 146, 150, 157, 159, 164, 166, 169
Gnosis, Gnostiker 6, 70, 162
Gott (als Geist) 4, 65, 73, 96, 100, 111 f, 131, 134 ff, 137 ff, 152 f
— (als Sohn) 4, 65, 73, 96, 100, 111 ff, 124 ff, 144, 152 f
— (als Vater) 4, 64 f, 73, 96, 100, 111 f, 125 f, 128 ff, 152 f
Gottesbegriff 8 f, 120, 136, 142, 148
Gottesbeweis(e) 35, 96, 103 ff, 154 f
Gottesbewußtsein 23, 35, 54, 88
Gotteserkenntnis 24, 36, 67, 87 ff, 91 ff, 95, 109
Grammatik, grammatisch 21 f, 83

Hegelschule 4, 17, 31 f
Historie, historisch 4 f, 14, 20 ff, 25 f, 33, 40, 50, 52, 83, 85 f, 109, 147, 149, 155, 161 f, 166 f
Homogenität 42, 44 f, 47, 56

Homousie 126, 130, 136
Hypostase 69, 152

Idealismus, idealistisch 1, 3, 7, 19, 26, 30, 49, 80, 82, 87, 145 f, 149, 156 f, 161
Idee(n) 21 f, 28 ff, 33, 36, 40 ff, 45, 47, 52 ff, 60 ff, 66, 68, 73 ff, 80 f, 83 f, 87 ff, 96 f, 100 f, 103 f, 106 ff, 115, 117, 119, 123, 125, 130, 133, 136 ff, 142 f, 146 f, 150, 154 f, 167
Identität 28, 31, 62, 64, 72, 90, 115 f, 121 f, 128 f, 136, 138 ff
Identitätsphilosophie 11, 27, 29, 33, 72, 124, 126
Indifferenz 28 f, 34, 136
intellektuelle Anschauung 28, 34
Irrationalismus 34

Kategorie 8, 34, 45 f, 110, 155, 169
Kirche, kirchlich 2, 14, 18 f, 21 ff, 26, 37 f, 40, 51, 56, 70 f, 80, 83, 85 f, 126, 134, 145 f, 148, 150, 159, 167 ff
konfessionell 37, 150
Kontemplation 46, 57 f
Korrelation 94, 155
Kritik, kritisch 1 f, 4 ff, 10, 14 f, 21, 23, 26 ff, 32 f, 38 f, 55, 70, 79, 83, 85 f, 103, 106 f, 119, 139, 145, 147 ff, 154 f, 158 f, 161 ff

Liebe 135 f, 138 f, 141 f, 152 f
Logik, logisch 13, 26, 33, 55, 71, 76, 83, 106, 114, 122, 128, 138, 140, 154
Logos 125 ff
Logoschristologie 126

Materialismus 161
Metaphysik 5, 28, 32, 147
Methode 3, 6, 22, 28 ff, 33 ff, 38 f,

41, 48, 52, 74, 80, 84, 102, 117 ff, 126, 144 f, 154 f
Monismus 9, 28, 143 f
Mysterium 74, 127, 139
Mystik 24, 34

Natur 21, 28, 33, 45, 47, 56, 65, 71, 80, 87, 93, 98 f, 106, 120, 162, 164 f
Negation 5, 7, 25, 31, 94, 101, 116, 138, 140 f
Neologie 19
Nicäno-Constantinopolitanum 126
Notwendigkeit 26, 34, 43, 45, 47, 49 ff, 56, 60 f, 74, 77, 104 f, 109, 112, 114 f, 117, 123, 132 f, 135

Objektivität, objektiv 3, 23, 28, 36, 39, 74 ff, 80, 103, 155, 166
Offenbarung 5, 19, 21, 23 f, 32 f, 40, 56, 58, 71, 73, 78, 80, 84 f, 93, 95, 117, 124 f, 128 f, 139, 150 ff, 169 f
ontologisch 103, 105 ff
Organismus, organisch 28 f, 35, 41 f, 44, 47, 54 f, 72, 83, 98 f, 131, 144, 146
Orthodoxie, orthodox 11, 36, 63 f, 69, 74, 102, 126, 147, 156, 168

Panlogismus 166
Pantheismus 17, 101, 124, 167 f
Persönlichkeit 2, 4, 6, 112 f, 119, 121, 158, 160, 162 f, 167, 170
Phänomenologie 14, 30 f, 33 f, 46, 48, 63, 77, 140, 143
Philologie, philologisch 10, 22 f, 83
Philosophie, philosophisch 1 ff
Polytheismus 118
Prinzip 22, 25, 29 ff, 33, 36, 41, 43 ff, 49 f, 53 ff, 64 f, 67, 69 ff, 81, 83, 88 f, 97 f, 106, 109, 112, 115, 117, 119, 124 f, 128, 132 f, 143, 148, 158, 162, 169

Realprinzip 85
Rationalismus, rationalistisch 12, 17, 19 f, 22 ff, 29, 35, 38, 55, 87, 91, 164
Rechtshegelianismus 4
Reflexion 27, 46, 54, 57 ff, 61, 73, 76, 101, 103, 105, 107, 117, 120 f, 124, 154, 168
Religion 5, 20 f, 24, 29, 31 f, 35 ff, 39 f, 49 ff, 63, 65 ff, 80 f, 83 ff, 87, 92 f, 95, 101 f, 104, 110, 114, 116, 121 f, 125 f, 129, 131 f, 134, 136 f, 141 f, 153 f, 167 ff
Religionsphilosophie 2, 6, 17, 59 f, 65 f, 77 f, 80, 82, 84, 93, 101, 103 f, 137 f, 167
Repristination 2, 147
Restauration, restaurativ 5, 156, 159
Romantik, romantisch 11 f, 15, 27 f, 34, 45, 108, 133, 166 f

Schrift 6, 19 f, 23, 55 ff, 116, 135
Sein (Seyn) 27, 81 f, 89 f, 94, 103 ff, 112, 114 f, 117, 120, 132, 136, 140 f, 155
Selbständigkeit 24, 42 ff, 47, 56, 68, 97 ff, 101 f, 145
Selbstanschauung 135
Selbstbewußtsein 36, 38, 54, 63, 89, 116, 140
Selbstgenügsamkeit 97, 99
Selbstoffenbarung 103, 127, 129, 152
Selbstverleugnung 52, 61
Seligkeit 99, 101 f, 111 f, 119, 134
Spekulation, spekulativ passim
Spiegel 90, 116
Subjektivität, subjektiv 22 f, 28, 31, 36, 44, 47, 52, 69, 74 ff, 84, 86, 93, 103, 137 ff, 155
Substantialität 139 f

Supranaturalismus, supranaturalistisch 15, 17, 19 f, 22 ff, 35, 67, 134
Symbol, Symbolik, symbolisch 11, 14 ff, 22, 40, 44, 53, 72, 95, 125, 168, 170
System, systematisch 1 ff, 6 f, 9, 13, 15, 18 f, 22, 27 ff, 32, 34, 36 f, 40 ff, 47 ff, 54 ff, 70 ff, 79, 82 f, 97, 101 f, 104 f, 107 f, 110, 114 ff, 119, 127 ff, 137, 139 ff, 145, 147, 149, 151, 155 f, 159, 161 ff

Theismus 2, 147
Theologie, theologisch passim
Theopneustie 20
theosophisch 90
Totalität 30, 41 ff, 45, 47, 103, 133
transzendent 52
transzendental 28
Transzendentalphilosophie 11, 14
Trinität, Trinitätslehre, trinitarisch 4, 6 ff, 29, 38, 40, 94, 96, 108, 126, 130 ff, 139, 142 f, 144 ff, 148 ff

das Übersinnliche 21, 57, 68, 71, 74, 87 f
Unglaube 50 f
Ungrund 136
Universalität 3
Unmittelbarkeit 25, 58, 75 f, 78, 115, 128, 140
Urbild 22
Urgrund 71, 81, 87
Uroffenbarung 153 f
Urreligion 73 f, 153
Urwissen 28 f, 41, 48, 90

Vermittlung 31, 58, 65, 68, 76, 78, 84, 103, 105, 107 f, 110, 115, 128, 140, 147, 161
Vermittlungstheologie 169
Vernunft 5, 19, 21, 27, 32 f, 40, 51, 53, 55, 57, 59, 62 f, 66, 71, 73, 80 ff, 85, 87, 89 ff, 97 ff, 104, 106 ff, 114, 128, 135, 153
Verstand 60, 86, 88, 91 f, 107, 110, 112, 114, 139
Vorstellung(en) 8, 31, 58, 60, 69, 78, 91, 93, 110, 116, 118, 126 ff, 139, 142, 148 ff, 157

Wahrheit(en) 21, 25, 31 f, 36 f, 39 ff, 52 ff, 57, 59, 61 f, 70 ff, 78, 81, 83 f, 86 f, 91, 101 f, 104 f, 107, 109, 111, 119, 128 f, 132, 134, 137, 139 f, 142, 146, 151, 153 ff, 157, 159
Weltgeist 77
Wesen 8 f, 20, 27 f, 30, 33, 36, 38 ff, 42 f, 47 f, 55, 60, 64, 67, 70, 72 ff, 80, 84, 87, 90, 92 ff, 96 ff, 107 ff, 112 ff, 117, 120 f, 123, 125 ff, 133 ff, 139 f, 149, 152, 162, 164 f
Wirklichkeit 30, 35, 48, 61, 91, 103, 108 f, 114, 119 ff, 144 ff, 153
Wissen 5, 7, 22, 25 f, 28, 30 ff, 39 ff, 45 f, 48, 50, 53 f, 58 ff, 63, 68 ff, 75 ff, 81, 85, 87 f, 90 f, 102 f, 104 ff, 108, 111, 114, 117 f, 120, 127, 129, 139, 141 f, 166, 169
Wissenschaft 4 ff, 13 f, 16, 21 ff, 25, 28, 31, 33, 37, 41 ff, 68, 71 ff, 75, 77 ff, 86 ff, 90, 105, 108, 124, 139, 141, 150, 159 ff, 165

Zweifel 33, 48, 50 f, 59, 61 f, 104 ff, 117, 139, 150

Theologische Bibliothek Töpelmann

Sakrament nach Luther. Von E. Roth. 38 S. 1952. DM 4,50 (Heft 3)

Natürliches und gepredigtes Gesetz bei Luther. Eine Studie zur Frage nach der Einheit der Gesetzesauffassung Luthers mit besonderer Berücksichtigung seiner Auseinandersetzung mit den Antimonern. Von M. Schloemann. VII, 137 S. 1961. DM 16,— (Heft 4)

Über den Glaubenswechsel in der Geschichte des Christentums. Von K. Aland. 147 S. 1961. DM 12,— (Heft 5)

Die Botschaft des Thomas-Evangeliums. Von E. Haenchen. 76 S. 1961. DM 7,80 (Heft 6)

Das Heil des Menschen und sein Traum vom Geist. Ferdinand Ebner, ein Denker in der Kategorie der Begegnung. Von Th. Schleiermacher. XII, 189 S. 1962. DM 24,— (Heft 7)

Schleiermachers Christliche Sittenlehre im Zusammenhang seines philosophisch-theologischen Systems. Von H. J. Birkner. 159 S. 1964. DM 22,— (Heft 8)

Die philosophischen Wurzeln der Theologie Albrecht Ritschls. Ein Beitrag zum Problem des Verständnisses von Theologie und Philosophie im 19. Jahrhundert. Von P. Wrzecionko. 264 S. 1964. Lwd. DM 36,— (Band 9)

Luthers Konzilsidee in ihrer historischen Bedingtheit und ihrem reformatorischen Neuansatz. Von Ch. Tecklenburg Johns. 214 S. 1966. Lwd. DM 28,— (Band 10)

Der Begriff der Freiheit im Neuen Testament. Von K. Niederwimmer. VIII, 240 S. 1966. Lwd. DM 48,— (Band 11)

Gott existiert. Eine dogmatische Studie. Von C.-H. Ratschow. 2. Aufl. IV, 87 S. 1968. DM 12,— (Heft 12)

Das Evangelium und der Zwang der Wohlstandskultur. Von W. Trillhaas. VIII, 82 S. 1966. DM 12,— (Heft 13)

Thesen und Thesenanschlag Luthers. Geschehen und Bedeutung. Von H. Bornkamm. VIII, 70 S. 1967. DM 6,80 (Heft 14)

Religion und Christentum in der Theologie Rudolf Ottos. Von H.-W. Schütte. VIII, 160 S. 1969. Lwd. DM 28,— (Band 15)

Schleiermachers Einleitung in die Glaubenslehre. Eine Untersuchung der „Lehnsätze". Von D. Offermann. VIII, 342 S. 1969. Lwd. DM 58,— (Band 16)

Das Skandalon als Grundlagenproblem der Dogmatik. Eine Auseinandersetzung mit Karl Barth. Von H. Bintz. VIII, 163 S. 1969. Lwd. DM 32,— (Band 17)

Reflexion und Gefühl. Die Theologie Fichtes in seiner vorkantischen Zeit. Von R. Preul. VIII, 164 S. 1969. Lwd. DM 36,— (Band 18)

Glauben und Denken. Dogmatische Forschung zwischen der Transzendentaltheologie Karl Rahners und der Offenbarungstheologie Karl Barths. Von U. Browarzik. XII, 282 S. 1970. Lwd. DM 38,— (Band 20)

Massenmedien im Dienst der Kirche. Theologie und Praxis. Von B. Klaus. VIII, 215 S. 1970. DM 9,80 (Heft 21)

Walter de Gruyter & Co · Berlin 30

GEO WIDENGREN
Religionsphänomenologie
Oktav. XVI, 684 Seiten. 1969. Geb. DM 38,—

Ein ganz großer Vorzug dieser Religionsphänomenologie scheint mir die Tatsache zu sein, daß sie in bewußtem Gegensatz gegen den vor 25 Jahren in Schweden und heute sonst noch weithin herrschenden Evolutionismus geschrieben ist, und zwar unter Hervorkehrung des Hochgottglaubens, des sakralen Königtums, der rituellen Deutung der Mythen und des spekulativen Elementes in der Religion, die sich heute als Themen in der internationalen Forschung weithin durchgesetzt haben.

Methodisch grenzt der Verfasser seine Arbeit als Religionsphänomenologie von der Religionsgeschichte ab, wobei freilich zugegeben wird, daß die Grenzen immer etwas fließend bleiben. Während die Religionsgeschichte mit ihrer rein historischen Methode die Entwicklung der einzelnen Religionen erforschen soll, will die Religionsphänomenologie alle Äußerungen und Erscheinungen des religiösen Lebens darstellen, wo immer sie sich finden.

Prof. Dr. Josef Hasenfuß, Würzburg

HJALMAR SUNDÉN
Die Religion und die Rollen
Eine psychologische Untersuchung der Frömmigkeit

Groß-Oktav. VIII, 451 Seiten. 1966. Ganzleinen DM 68,—

Sieben Jahre nach dem Erscheinen der ersten schwedischen Auflage liegt das in Skandinavien vielbeachtete Werk nun auch in deutscher Sprache vor. Der hervorragende Gelehrte bietet uns hier eine der bedeutendsten Arbeiten auf dem Gebiet der neueren Religionspsychologie.

Das Buch bietet mehr als der Titel verspricht. Der Verfasser gibt einen umfassenden Überblick über die religionspsychologischen Probleme. Zur Interpretation des empirischen Materials werden Freuds und Jungs Theorien benutzt, was aber nicht bedeutet, daß der Verfasser seine Selbständigkeit aufgibt. In einer Zeit, in der auf dem Gebiet der Religionspsychologie eine gewisse Spannung zwischen dem Erbe Karl Girgensohns und Werner Gruehns und den neueren und neuesten psychologischen Problemstellungen und Methoden sichtbar wird, ist das Buch von ganz besonderer Bedeutung. Zudem muß gesagt werden, daß ein religionspsychologisches Werk wie dieses dem heutigen ökumenischen Anliegen Rechnung trägt, indem es zu einem besseren interkonfessionellen Verständnis beiträgt.

Lutherische Umschau

Walter de Gruyter & Co · Berlin 30

DE GRUYTER LEHRBUCH

Helmuth Kittel — Evangelische Religionspädagogik
Oktav. XXVIII, 489 Seiten. 1970. Gebunden DM 32,—

Georg Fohrer — Geschichte der israelitischen Religion
Oktav. XVI, 435 Seiten. 1969. Gebunden DM 32,—

Ernst Haenchen — Der Weg Jesu
Eine Erklärung des Markus-Evangeliums und der kanonischen Parallelen
2., durchgesehene und verbesserte Auflage. Oktav. XVI, 594 Seiten. 1968. Gebunden DM 32,— (Bisher Sammlung Töpelmann Reihe II Band 6)

Bo Reicke — Neutestamentliche Zeitgeschichte
Die biblische Welt 500 v. — 100 n. Chr.
2., verbesserte Auflage. Oktav. VIII, 257 Seiten. Mit 5 Karten. 1968. Gebunden DM 28,— (Bisher Sammlung Töpelmann Reihe II Band 2)

Leonhard Fendt
Bernhard Klaus — Homiletik
Theologie und Technik der Predigt. 2. Aufl. Oktav. X, 147 S. 1970. DM 16,— (Bisher Sammlung Töpelmann Reihe II Band 4)

WALTER DE GRUYTER & CO · BERLIN 30